受壓迫者教育學：五十週年版

Pedagogy of the Oppressed: 50th Anniversary Edition

保羅·弗雷勒（Paulo Freire） 著
方永泉、張珍瑋 譯

受壓迫者教育學：五十週年版

國家圖書館出版品預行編目（CIP）資料

受壓迫者教育學 / 保羅．弗雷勒 (Paulo Freire) 著 ; 方永泉，張珍瑋譯．-- 初版．-- 高雄市：巨流，2019.12
面； 公分
五十週年版
譯自：Pedagogy of the oppressed, 50th anniversary ed.
ISBN 978-957-732-586-0（平裝）

1. 教育哲學

520.11　108017903

原著書名　Pedagogy of the Oppressed: 50th Anniversary Edition
原著者　保羅・弗雷勒（Paulo Freire）
譯者　方永泉、張珍瑋
責任編輯　林瑜璇
封面設計　黃士豪

發行人　楊曉華
總編輯　蔡國彬

出版　巨流圖書股份有限公司
80252 高雄市苓雅區五福一路 57 號 2 樓之 2
電話：07-2265267
傳真：07-2264697
e-mail: chuliu@liwen.com.tw
網址：http://www.liwen.com.tw

編輯部　10045 臺北市中正區重慶南路一段 57 號 10 樓之 12
電話：02-29222396
傳真：02-29220464
劃撥帳號　01002323 巨流圖書股份有限公司

法律顧問　林廷隆律師
電話：02-29658212

出版登記證　局版台業字第 1045 號

ISBN ／ 978-957-732-586-0（平裝）
初版一刷・2019 年 12 月
初版二刷・2021 年 9 月

定價：350 元

獻給受壓迫者，以及那些與他們
一起受難和作戰的人

目錄

五十週年版導言／多納度・馬賽多（Donaldo Macedo） 001

三十週年版臺灣中文版序／伊拉・索爾（Ira Shor） 035

譯序：弗雷勒與《受壓迫者教育學》／方永泉 043

前言 071

第一章 079

受壓迫者教育學辨正；壓迫者與受壓迫者間的矛盾，以及這種矛盾是如何克服的；壓迫與壓迫者；壓迫與受壓迫者；解放：不是一種恩賜，也不是自我的成就，而是一種共同相互的過程

第二章 113

做為壓迫工具的教育「囤積」概念——它的預設——一個批判；做為解放工具的教育「提問」概念——它的預設；「囤積」概念與師生矛盾；「提問」概念與師生矛盾的超越；教育：一個相互的過程，是以世界為其媒介；人即一種未完成的存有，他們覺察到本身的不完美，而試圖變得更為完整與人性化

第三章 133

對話學——教育的本質即自由的實踐；對話學與對話；對話與方案內容的尋索；人與世界的關係，「創生課題」，與教育方案的內容即自由之實踐；「創生課題」的探究及其方法論；藉由「創生課題」達到批判意識的甦醒；探究的不同階段

第四章 177

反對話學與對話學構成了文化行動理論中的對立理論：前者即壓迫的工具，後者即解放的工具；反對話行動理論及其特徵：征服、分而治之、操控與文化侵略；對話行動理論及其特徵：合作、聯合、組織與文化統合

「戰鬥還在繼續」：《受壓迫者教育學》的後記 243
／伊拉・索爾（Ira Shor）

訪談當代學者 249

瑪琳娜・阿帕里西奧・巴伯蘭（Marina Aparicio Barberán）
諾姆・喬姆斯基（Noam Chomsky）
古斯塔沃・E. 費雪曼（Gustavo E. Fischman）
拉蒙・費萊察（Ramón Flecha）
羅納德・大衛・格拉斯（Ronald David Glass）
瓦萊麗・金洛克（Valerie Kinloch）
彼得・梅奧（Peter Mayo）
彼得・麥克拉倫（Peter McLaren）
馬戈・岡澤－雷伊（Margo Okazawa-Rey）

英文版初版序（1970）／理查・索爾（Richard Shaull） 271

五十週年版導言

多納度・馬賽多（Donaldo Macedo）
（麻薩諸塞大學，波士頓，美國）

紐約市當地餐廳販售 1,000 美金的貝果、27,000 美金的巧克力聖代，而締造了最昂貴點心的金氏世界紀錄。

路透社新聞，2007 年 11 月 7 日[1]

1 能夠撰寫保羅・弗雷勒所著《受壓迫者教育學》一書的導言，的確是我的榮幸。正當世界進入非常黑暗的 21 世紀時，這本書無疑是一本經典之作，並在過去的半世紀裡顯得越來越有意義。諾姆・喬姆斯基（Noam Chomsky）、齊格蒙・鮑曼（Zygmunt Bauman）、亨利・吉魯（Henry Giroux）、阿蘭達蒂・羅伊（Arundhati Roy）、艾美・古德曼（Amy Goodman）、湯瑪斯・皮克提（Thomas Piketty）等重要的知識分子均明智地且持續不斷地警告：若左派未察覺，世上的人們可能會因極右翼強權所行（即否認氣候變遷、過度的經濟不平等、潛在的核災）導致我們所知的人類（性）終止的可怕結果。因此，不只是必須堅守另類的政治路線，這樣議題的核心也必須是發展個人批判自覺，以知他們在世上的處境並與世界共處——這就是弗雷勒在《受壓迫者教育學》中所堅持的立場。這就是說，弗雷勒在《受壓迫者教育學》中的主要目標並非是提出一個創新的方法論（這與他對公式化教育模式的批判是對立的），而是在發動一種解放的教學過程，其中邀請並挑戰學生透過批判性地讀寫，以學習如何與世

2 界交涉，並在其中以全面批判的自省態度發現自己，進一步揭露與處理在壓迫者與受壓迫者之間持續本質性存在的緊張與矛盾關係。因此，弗雷勒的《受壓迫者教育學》中心目標是在喚醒受壓迫者所具備的知識、創意，以及持續批判反思能力，以揭開、解密、理解應對他們受壓迫邊緣化負責的權力關係，並透過這樣的認知，開展實踐一個解放的計畫，而此需要持續、不停的批判反思與行動。現今，雖然越來越多擁抱弗雷勒的教育者，但其中有許多人（包括一些自由主義者與進步主義者）卻因他們一方面譴責壓迫的狀況，但另一方面卻良好地適應於導致此壓迫的統治結構中，這樣缺乏連貫性的立場背叛了他們的批判論述。這一點，我晚一點會再回來述明。

大約是在保羅．弗雷勒於 1997 年 5 月 2 日過世的前一個月，我與他走在紐約的第五大道上，討論著紐約市因其居民炫富呈現出城市中的明顯矛盾，例如花 27,000 美金只為在華麗的餐廳中吃一份巧克力聖代的富人，與同時存在的成千上萬名的遊民（包括那些帶著幼童在車上、橋下及在擁擠的庇護所生活者）。在 1997 年我與弗雷勒在哈佛大學教育學院共同授課時的主要目標就是在解開上述這些矛盾，我們同意要邀請學生在學術界對於不常被重視的知識內容進行批判對話，如倫理學、四年一次狂歡式投票週期民主的實質意義（我們最近都親眼見證唐納．川普——Donald Trump 在總統大選的勝利），並針對意識型態的嚴謹研究，及這在學生閱讀文字及閱讀世界時所扮演的角色等。我們在第五大道散步時，弗雷勒常問我是否可以停下腳步來，讓他能
3 更強調其觀點，並述及對新自由主義在已發展國家與發展中國家中所進行破壞性與壓迫性力量的擔憂。我們經常會將身體靠在壯觀建築物的牆邊，避開那些總是以令人眼花繚亂的方式瘋狂匆忙

行走超前其他行人的人們，但他們偶爾會在眾多陳列誘人時尚與最新科技玩意的商店櫥窗前慢下腳步以滿足其消費的好奇心，這就是一個強迫消費主義社會的標誌。這種社會是以「金錢為萬物的尺度，獲利才是首要目標。在壓迫者的心中，所謂的有價值指的便是要擁有更多——總是要追求更多——即便以受壓迫者的一貧如洗來做為他佔有慾的代價。對於壓迫者而言，*存有*便是佔有（*to be* is to have）……」（p.58）。回想起來，我現在瞭解弗雷勒當時頻繁地要求停下腳步，應多是與他心臟狀況而產生的疲勞感有關，但他很少為此抱怨，只將這樣的病痛留給自己。

雖然弗雷勒始終以為歷史是一種可能性，並且維持堅定的希望，即一個較不歧視、更為正義、較少不人性化、且更為人性的世界是有可能的，他仍對於「解放的宣傳……『植入』自由的信念，以為這樣即可贏得受壓迫者的信任」[2] 表示批判的態度。因此，弗雷勒相信「正確的方式是在於對話……〔一種揭露的過程〕……受壓迫者相信他們必須為自己的解放而戰鬥，因為解放不是革命領袖所賞賜的，而是受壓迫者自身*覺醒*（*conscientização*）的結果。」[3] 在與弗雷勒這段漫長且持續交流的散步中，弗雷勒半開玩笑地與我分享「統治階級永遠不會送我們去科帕卡巴納（Copa Cabana）【譯者註】度假，如果我們想要去科帕卡巴納，我們必須為其而戰。」在這段最後與弗雷勒的散步與對話中，他常會對於一些由進步主義轉向成為新自由主義神學者顯露出感到挫折，有時甚至是接近「正義之怒」，就像是被殘忍地殺害與拷打巴西人的新納粹軍事獨裁者流放到智利的前任巴西總統費爾南多．恩里克（Fernando Henriques）。事實上，巴西在費爾南多．

4

【譯者註】此處為著名的度假海攤。

恩里克政府時就經歷了新自由主義的實驗，加劇了原已嚴峻的狀況而置數百萬的巴西人於飢餓、人類苦難，與絕望之中，加大經濟與教育不平等的差距，並形成更系統化的貪腐政府。令人難過的是，當時在西方世界大部分的社會主義政府都與其原先的社會正義、平等，與公平理念相違背，並朝向新自由主義市場的瘋狂意識型態邁進，這不僅摧毀了人們期待更好世界的希望，也使得貪腐盛行而打垮了如葡萄牙、西班牙與希臘等國的政府。在希臘，由首相喬治・巴本德里歐（George Papandreou）所領導的社會主義黨，允許貪腐持續蔓延，如泛希臘社會主義運動（PASOK）會為住在美國的希臘公民買飛機票回國投社會主義者一票。這種行為回應了西方民主國家經常批評的詐欺選舉操控策略，他們常將這些國家稱為「第三世界香蕉共和國」。這樣的情況嚴重到許多洲的社會主義政府都因其貪腐醜聞失去政權，這也使中間偏右與極右翼的政府（希臘是一個例外，其是由基進左派 Syriza 黨得到政權）得到不滿者與被剝奪公民權者的選票，選民成為在新自由主義政策緊縮措施中的受害者。

弗雷勒也並未遲疑地譴責許多膚淺自由主義者的批判姿態，並對一些沉溺於消費主義並躲藏於學術界的所謂批判教育者表現出「正義之怒」。弗雷勒同時也會攻擊這些批判教育者內含新自由主義之市場神學的批判論述。如弗雷勒所說的，常發生的是，這些淺薄的自由主義者與所謂的批判教育者存在於世界並與世界共處的方式，是在以書面進行批判論述時結合新自由主義的市場解決方案。在他們每日的練習中，這些膚淺的自由主義者與所謂的批判教育者，以模糊且不著邊際的批評聲稱其政治計畫，而常未能進行實踐且總推遲行動——即後者是在改變現今市場新自由主義神話的危害性，使市場邁向能夠達到公平、平等、真實民主程序的新民主結構目標。換句話說，許多膚淺的自由主義者與所謂的批判教育者都穿戴他們宣稱的馬克斯主義在袖口（常只有在書面論述或在大學安全的環境中表現）以炫耀自己的左翼認證，並且有時甚至會進一步誇耀他們的基進主義超越了馬克思計畫，但實際上他們在政治傾向上是更接近「毛澤東」主義（Maoist）——這在他們看來是比馬克思更加基進。最終，在學界的左翼標籤成為一種適當且特別的政治與文化貨幣，以鞏固其學術象牙塔之馬克思主義者（Marxist-in-residence）地位，但其實這只是一個別緻的品牌——實際上，這種交易發生在名義和標籤的象徵性登記名冊中，常只具空洞的實質，而這樣的消費主義縮影仍持續存在著。本質上，一些高舉「馬克思主義」品牌的批判教育學者是將道德與政治行為轉變為一種奇觀，而使左翼觀點商品化。而其既為商品，這些自我賦予的「基進」立場和標籤清空了其進步的內涵，直到他們與有節操的行為完全脫鉤——批判性思維的集體社會參與並不受鼓勵，而激烈殘酷的競爭則被獎賞的新自由主義市場神學存在的再生產脫鉤。將批判性論述與行為脫鉤的過程中不知不覺加劇了對其「言行不一」的合理化：例如，這給予在學界的「馬克思主義者」宣稱反種族主義的機會，但同時卻將這種反種族主義的言論轉換成無生命力的老生常談，而未給予批判與討論白人種族優越主義意識型態的教學空間。在這樣的過程，他們的進步位置常同時使其只在書面批判論述的層次譴責種族主義，有意識地拒絕承認與參與在拆除這種種族主義的行動中，且可一直從堅固的制度種族主義中獲得特權。 6

因此，這些馬克斯主義者也忽視種族主義對政治與制度的影響，而這從 2016 年美國總統選舉中可以充分見證得到，並且在每一次唐納．川普以點燃白人對他人的憤怒，而非對國家的憤怒如此算計過的宣示則更讓人震驚。諷刺地是，那些宣示大部分是起因於憤怒的白人勞工所擁護的新自由主義政策。川普的總統大選在本質上就揭露了後種族（post-race）所宣示「種族主義已經終結」的謊言——這樣的口號是在第一任黑人總統巴拉克・歐巴馬（Barack Obama）大選時所成形。此外，未能承認種族主義所行的毀滅與破壞，卻同時擴大貧民區、常態化由黑人與拉丁裔美國人自學校進入監獄的管道，並且將人類的苦難擴大為種族主義的副產品，這些本身就構成了一種種族主義的行為。當這些宣稱的馬克斯主義者與在學界的毛澤東主義者（Maoists-in-residence）將反種族主義轉變為一種抽象觀念，並抗拒其智識與社會壓力將這種抽象概念從書面的批判論述轉化為能夠帶來更種族民主的社會與機構的行動時，這就是種族主義。舉例而言，大學有多種族民主？大部分的學系仍舊幾乎都是白人教師，而有色的教師與學生僅佔象徵性的少數。例如，在幾乎沒有非裔美國人（不論是教師或學生）存在的古典文學科系，是否表示種族議題正扮演某種角色？或者是非裔美國人天生就對古典文學研究沒有使命，因此並未進行相關研究？更有害的是，當這些學界中自稱為的左派人士（leftists-in-residence）參與社會建構時，卻視而不見他們的言論與行為中根深蒂固的種族主義。以在具多元性的市區大學中任教的自由主義立場白人教授為例，他宣稱：「我們只是要教黑人小孩學會如何學習。」這樣的言論不只是如弗雷勒在《受壓迫者教育學》中提出深刻見解的一種僵固的種族中心主義觀，也顯示個體在做這樣的陳述時仍被白人優越主義意識型態所束縛，他們重複被灌輸迷思與信念——某些種族與文化的小孩天生就是比較不會學習，直到教師從他們的古馳（Gucci）皮包或公事包中拿出提供給窮人與受壓迫者的處方並得授事先就設計好的課程計

7

畫，這些非裔美國人才能夠得到之前從未獲得過的知識。這些非白人的小孩因此被迫處於殘酷的狀況中求生存，他們非常瞭解如何學習在如強納森．寇佐（Jonathan Kozol）數本著作中描述的「野蠻不平等」環境中生存。這些學界的馬克思主義教育者的子女能在這樣根深蒂固的社會不平等中生存且毫髮未損地持續在高風險考試中間脫穎而出嗎？多半不會。因此，能夠從這些最可怕的種族主義、種族隔離、性別與階級歧視中存活下來者，不僅具備高度智慧，也更表明其具備霍華德．加德納（Howard Gardner）提出的超過西方中心「智慧」概念的多元智慧。

弗雷勒在他最後與我的對話中常在他譴責在「絲綢內衣」中生活的批判教育者中表現出「正義之怒」，而這樣的憤怒也轉換成為創新的力量直至他生命的盡頭，如在他最後一本專書《自由教育學》（*Pedagogy of Freedom*）中所述，以及他後續在世界上的其他對話與演講中所示。弗雷勒正確地反對這些偽批判教育者，因其智識不連貫（intellectual incoherence）背離其社會正義政治計畫，並且其粗魯的野心被弗雷勒常說的新自由主義市場「倫理」所充滿。換句話說，許多批判教育者的智識不連貫最終定義與侷限他們的政治計畫僅止於新自由主義的粗魯野心。然而，很重要的是指出弗雷勒對於這種粗魯的野心者感到噁心並非因他反對追求事業。弗雷勒所認同的是非工具主義式政治計畫的事業，其在追求弗雷勒所說的那種更完美、較少不正義、更為民主的世界，而野心家則是為了自身發展，以詭辯與貪婪為標誌地進行其政治計畫，且在過程犧牲公平、平等與真正的民主。以上兩種事業追求無疑存在明顯的差異，即野心家的政治計畫最終只是為了保有自己的事業，粗魯的野心家「將未能展開（或將放棄）對話、反思、溝通，而會落入使用口號、公告、獨白，與指

8

令，表面上轉向的解放行動正存在這樣的危險。」[4] 例如，只限於學界安全的環境中書寫飢餓是很危險的，且這與實際的飢餓經驗是脫節的。或是做出口號般的宣示：「我是毛澤東主義者」，卻拒絕去 Gucci（名牌）化，並允許自己繼續擁抱由大部分新自由主義項目挹注的資產階級價值觀，其認為佔有與積累事物要比人性的擴張開展更重要。如弗雷勒在《受壓迫者教育學》中有見識地指出：「受壓迫者的解放是一種男人與女人所有人們的解放，而不是物的解放，因此，沒有人可以僅藉著自己（他或她）的努力就能使得自己（他或她）獲得解放，但也沒有人（他或她）可以被他人所解放。解放，做為一種人類的現象，它不能由半人類所完成，任何試圖將人類視為半人類的嘗試（例如白人優越主義與父權主義）都只是使人更加地非人性化。」[5] 一個半人類只關心事物而非關心人，而永遠不能且沒有意願去提供一種帶來解放與釋放的讀寫能力。恰恰相反地，一個半人類若是追求將人類*他者化*（*othering*）的過程，則會導致貶低並強制轉換他們已然失去的人性，直至他或她無法看到他人的人性。因此，

> 對弗雷勒而言，識讀能力不是在預備學生進入勞動與「事業」世界的工具，而是在預備其自我管理人生。而自我管理只能在當人們達成教育的三項目標時能夠發生：自省，達到如有名的詩句所述：「瞭解你自己（know thyself)」，即理解他們生活世界的經濟、政治，與心理面向。特別地，「批判」教育學幫助學習者成為對這些一直宰制他們的生活、特別是形塑其意識的各方勢力更能進行覺察。第三個目標則是幫助設定能夠產生一個新生活的條件，這套新的安排使得權力已被或將被轉入那

些透過改造自然和自己來實際創造社會世界者。[6]

因為弗雷勒常被批評其並未在《受壓迫者教育學》書中批判種族關係議題，我們 1997 年在哈佛大學教育學院合開的一門課程「對話：文化、語言，與種族（A Dialogue: Culture, Language, and Race）」就是在延續並開展與此相關之對話，並發表在《哈佛教育評論》（*Harvard Educational Review*）[7] 中。在這個對話中，弗雷勒自我批判並解釋其在撰寫《受壓迫者教育學》時為何書寫階級壓迫的部分超過種族關係，是因形塑巴西的壓迫歷史脈絡——一種弗雷勒及其家人所經歷的壓迫使其失去原有的中產階級地位，並需要搬離都市至名為健康山（Morro da Saúde）的區域與較下層階級的窮人同住。弗雷勒並不似一些熟練的自由主義者與偽批判教育者，他對於壓迫的譴責並非只在進行一種智識性的練習而已。他在譴責壓迫結構時所展現的傑出智識與勇氣是植基於一種非常真實與物質的經驗，即他在童年與青少年階段生活在健康山那段時光所經歷的一切。在童年時所經歷的飢餓、失去過往中產階級家庭的經濟基礎，使得弗雷勒一方面能夠認同與發展出「與城鎮邊緣的貧童之間的團結」[8]，並且另一方面瞭解到「儘管飢餓讓我們團結……儘管這讓我們連結以尋找生存之道，對貧窮的孩子們而言，我們的遊玩時間常將我們設定為來自另一個世界而偶然墜入此一世界的人。[9]」這實現了階級界線並持續地引導弗雷勒對於階級社會的基進抗拒與譴責。

10

雖然一些流派的後現代主義會忽略弗雷勒在《受壓迫者教育學》書中詳細的階級分析，然而假設我們現在生存在一個沒有階級的世界，實是一個巨大的錯誤（亦為學術的不誠實）。雖然弗雷勒非常瞭解「物質的壓迫與情感的投資將受壓迫的群體與統治的邏輯綁在一起，並不能以階級鬥爭的單一邏輯去掌握其內存的複雜性。」[10] 他持續地論辯，一種針對壓迫的透徹理解總是必須要經過一些形式的階級分析。同時，後現代往往過分慶祝認同政治，這不只是引領到本質主義，其也內化壓迫的種子。舉例而言，麻省進步主義派的參議員伊莉莎白·華倫（Elizabeth Warren）宣稱自己是美國印第安人，即使她已脫離好多世代的美國印地安血統，並以白人身分長大，且完全脫離了保留區那裡的受壓迫生活。華倫參議員投機地使用種族牌，以使其更有吸引力去競爭哈佛大學法學院的教授位置，而哈佛大學也以聘用她此舉證明該校在多元性方面的努力，這只彰顯了壓迫的機構如何以表

11

面文章強化其排他政策，表明其不歡迎非白人族群在他們機構中存在，而非利用其做為有意義性的代表。實際上，投機地使用種族或性別牌，已拔去了公民權法案（Civil Rights Act）主要精神的尖牙。這也提供種族隔離主義者與那些支持父權制及白人至上者彈藥，去摒棄及批判反對排斥種族或性別的反歧視法律。

弗雷勒直到過世前都很勇敢地指責提倡歷史終結與階級終結這樣錯誤觀念的新自由主義。他不認為社會已達演化之終點，歷史也並非已失去它的意義，弗雷勒總將歷史的覺察視為使人們更好、開啟更好未來機會的持續狀況，「當認知到歷史是一種充滿可能性且並非無情的已被決定的——即未來是充滿問題的，且並非是已經決定的宿命。」[11] 相似地，弗雷勒持續反對任何階級鬥爭已結束的虛假宣稱。雖然他不斷修改自己早期的階級分析，但從未放棄或貶低階級，而持續將階級視為一個重要的理論範疇，以對壓迫狀況進行更好的理解。在弗雷勒最後一次（事實上是我們最後一次一起工作）到紐約時，我們曾有一次很長的對話——他重申雖然個體不能化約所有因素而只論階級，然而階級仍然是

在理解數種壓迫形式的重要因素。後結構主義者可能想要宣稱階級分析已經終止，但他們仍然必須解釋導致如弗雷勒敘述的可怕人類狀況，即巴西東北部的一個家庭在垃圾堆中搜尋有用之物做為食物時，在其中「找到一塊被切開的人類胸膛，並預備將其做為週日的午餐。」[12]

即使我有幸與保羅一同合作約十六年的時光，首先是翻譯許多他的書成英文出版，後續則與他合作其他的書籍計畫，我自己則一讀再讀《受壓迫者教育學》許多次，每次閱讀此書都獲得對於現今存在世界——一個充滿製造戰爭、擴大人類苦難、淫穢貪婪的世界——的新啟發與認識。我不需要假謙虛，但我總感覺自己能夠理解弗雷勒在《受壓迫者教育學》之中所呈現的主要理念，及其中所呈現的細微差異。後來直到我去拜訪過健康山——這個座落在巴西東北部海息飛（Recife）市郊的窮困社區之後，我才真的能完全抓住弗雷勒哲學的多層次複雜性。

12

如前所述，弗雷勒與其家人曾在 1930 年代，因經濟破產將弗雷勒家族猛力拉下原在的中產階級位置後，搬至健康山。隨著經濟情況越來越糟，他們無法負擔在海息飛的房租，弗雷勒的家人搬至在健康山那裡的儉樸房子，讓保羅的手足、父母親、其他親近的家人一同居住。從中我看到了《受壓迫者教育學》的寫作原因與新的面向。當我走進這社區中簡陋的、僅有黑暗狹小的房間、沒有屋內浴室且沒有天花板的房子時，我開始瞭解弗雷勒所環繞的環境與創傷，他需要面對一種由殘酷的制度所創造與維持的新學校教育形式——生活，其無情地將數以百萬計的巴西人降格為半公民與次等人。我也在弗雷勒及其朋友過去曾在其中洗澡的河流邊經過，在同一條河流中，其女性鄰居則每日都在其中洗衣，而陽光是弗雷勒唯一能用以擦乾肌膚的毛巾。

弗雷勒很快地學到用一種心理階級的高牆包裝他的新現實環境，而當他開始去與新朋友與鄰居熟識時——他們的人性使得弗雷勒能夠同理他的阿姨 Natércia 最在意的就是要「隱藏」他們家中的貧困，也瞭解到「為何家人不願意放棄盧爾德（Lourdes）」的德國鋼琴，或是仍保留〔他〕父親的領帶」[13]，即使當時他父親在小工廠是在做手工的雜務。但弗雷勒很快瞭解到他的家人仍堅持一些中產階級的標誌，以多少減輕他們的痛楚——「這種痛苦幾乎總是被用不敬的語言對待……〔像他的母親，被拒絕以信用欠帳的方式購買日常物品，因為他們家永遠都結不了帳〕只好離開這間店到下一家店，然而對他們而言新的攻擊幾乎總是加到已在受苦的人身上。[14]」因為那時全鎮已無商家願意給他們家簽帳，為了保護母親的自尊不受到這些每日的打擊，弗雷勒常會到隔壁鄰居的後院去偷雞，而這也常成為家中每日唯一的一餐。為了保護家中的中產階級敏感神經，弗雷勒會委婉地說他的後院偷竊行為是「奇襲鄰居的後院」。弗雷勒的母親是一名天主教徒，無疑是會視此「奇襲」違反自己的道德原則，但她也一定瞭解到「她也可以去嚴厲斥責〔弗雷勒〕並要〔他〕退還這隻還活著的雞給〔他們的〕鄰居，或是將這隻雞做成一頓美味佳餚。在這過程中，她的常識獲勝了，她保持靜默地拿了雞跨越庭院進入廚房，開始進行她長時間內沒有做也快忘記如何做的事。」[15] 弗雷勒的母親知道偷竊鄰居的雞在道德上是錯誤的，而且已經是一種犯罪行為，但她也知道這社會已經犯了一種*先驗的*罪：製造飢餓。如弗雷勒所遇到的，

〔社會不公平所製造的〕飢餓問題……是真實的，且具體的飢餓感沒有準確離開的日期。相對地，我們的飢餓

> 是種未宣布也未經授權就來到的一種看不到盡頭的感覺。這種飢餓如果未經我們自己的方式予以軟化，會佔據我們的身體，並讓我們瘦骨嶙峋的。腿、膀臂、指頭都是皮包骨的，眼窩深陷到都快看不到眼睛了。我們許多的同學都經歷到這樣的飢餓，而且今天仍持續折磨百萬名巴西人每年因此暴力而死亡。[16]

為了對抗這種形式的暴力，弗雷勒憤怒地且有熱情地寫出了《受壓迫者教育學》。事實上，我相信若不是弗雷勒經歷了階級的錯置與飢餓，是不會出現《受壓迫者教育學》的。在我拜訪過他在健康山簡陋的家之後再次閱讀弗雷勒的見解、他對於去人性化狀況的譴責，與他對於「改變是困難但可能」的宣告，我心裡宣洩出對於他的死亡極大的失落感與再次確認的複雜情緒——一種「極度痛苦、疑惑、期望，與難過」[17]交雜的失落感。同時，每一次看到新出版了弗雷勒尚未發表的作品時，以及關於他對於女人與男人的解放相關理論出版時，「我們可以歡慶〔弗雷勒〕的回歸」[18]，因為他一再地促動與挑戰我們去想像一個較不殘酷、更為正義且更為民主的世界。然而，如同弗雷勒如此積極地在他的作品中所堅持的，在宣布一個更正義且人性的世界之前，必須要先斥責那產生、告知並形成歧視、人類不幸，與去人性化的宰制力量。因此，譴責壓迫的社會力量不能只透過弗雷勒所述的「囤積式」教育形式教導以麻痺與馴化心智。然而，弗雷勒針對教學方法的譴責持續被濫用與曲解。一些學者很諷刺地一面質問弗雷勒的方法是否有效，一面又辯解似地提供弗雷勒式學校*確實有用*的例子。如 2013 年 5 月在哈佛舉辦的*阿斯克維斯論壇*（*Askwith Forum*）中，霍華德・加德納、諾姆・喬姆斯基與布魯

14

諾（Bruno de la Ciesa）在弗雷勒的主題場次討論中，就是在促使弗雷勒的智識有所貢獻及其主要理論更為通俗化。將弗雷勒的先進理論與哲學概念化約成只是一種方法，也是凸顯出加德納所吹捧的「多元智能」理論易受心胸狹窄的心態影響，特別是當弗雷勒的理論被視為是「無關緊要的」而被忽略——其實是被意識型態所掌控的忽視。因此，由加德納向諾姆．喬姆斯基、布魯諾，及*阿斯克維斯論壇*的參與者提出要求提供更多弗雷勒方法的實例，這也彰顯出弗雷勒的方法本身是有效的，[19] 其所隱藏的實在要較其闡明的更多。關於弗雷勒在《受壓迫者教育學》中的概念與理論的實際問題，是在討論將弗雷勒的識讀計畫看做單純的教育方法（如在阿斯克維斯論壇中諾姆．喬姆斯基所回應加德納的）是否正確。根據喬姆斯基的說法，弗雷勒將識讀用作「一種喚醒意識的方法。[20]」簡單地說，喬姆斯基是在激勵一般教育者、特別是批判教育者，突破其盲目崇拜北美教育者的方法論，及至其思考、創新與創造力被麻痺的過程，即如莉莉亞．巴托洛梅（Lilia I. Bartolomé y）在她於《哈佛教育評論》[21] 中刊登的經典文章〈超越對於方法的迷戀：邁向一種人性化的教育學〉（Beyond the Methods Fetish: Toward a Humanizing Pedagogy）中所提出的發人深省現象。

因此，必須超越讀寫教學方法來看待與理解弗雷勒，應透過批判性地領會弗雷勒所指的*意識覺醒*（*conscientization*）概念。「意識覺醒」常被誤解，甚至被那些自認為是弗雷勒式的批判教育者所誤解，以及只有興趣使用弗雷勒所指對話法且為求方便就忽略此意識覺醒概念的教育者，常因此將弗雷勒化約成只是一個教學的方法論者。在這些對於「方法的盲目崇拜」教育者之外，對於弗雷勒原初所用概念——*覺醒*（*conscientização*）的挑戰之一是發出這個葡萄牙字的困難（葡萄牙語使用者也經歷在發音上的多重困難），並且大部分針對這個深具意義概念的解釋與定義都與弗雷勒心中所想的公平之意相差甚遠。弗雷勒總是堅持在嘗試去定義*覺醒*此一概念前，需要堅持這概念的精髓，並問：「其定義為何？其要對抗什麼？為了誰而對抗？然後是對抗誰？」如果我們開始問這些問題，我們很快就會瞭解到即使是對很多弗雷勒思想的追隨者而言，*覺醒*呈現出的是在矯正發音之外的困難，弗雷勒一開始就拒絕將*覺醒*彙翻譯成英文，他說：「我拒絕。為何不能單純就接受這個詞？我不需要去接受*壓力*【譯者註】，但我必須。那麼為何你不能接受*覺醒*？[22]」。弗雷勒最終同意將他的詞彙翻譯成近似的英文翻譯：*意識覺醒*。 16

對弗雷勒而言，*意識覺醒*的去迷思化必須納入重新宣告受壓迫者自己的話做為一種發聲的過程，他視其為「第三世界的基本主題——意指一種對其人民困難但非不可能的任務，贏得其發聲權，即發出自己話語的權利。」[23] 這是受壓迫者需要再次宣告的權利，以說出自己的話，「做〔自己〕的權利，去承擔〔自己〕的命運。」[24] 這是統治力量極力要壓制的一種權利，以隱藏受壓迫者的聲音——那些可以揭露壓迫且被扭曲或是抑制機制的詞語。即如亨利・吉魯所建議的：「在一個沉溺於歷史和社會健忘症的社會中，政治與社群的語言更容易被竊取並像武器一樣被部署，以清除如民主、自由、正義和任何可行意義的社會狀態等詞語。」[25] 在學術論述和主流媒體過度使用和濫用委婉語（euphemism）之中，可明顯看出由壓迫的統治力量所行的語言

【譯者註】此處弗雷勒所指的是「壓力」一字的英文 stress，是在舉例弗雷勒對於英文的「壓力」一字只能接受並使用，那麼為何其他人不能接受覺醒此字就是葡萄牙字發音與拼音。

隔離，其中自由主義教育者甚至傳道式地說要「賦權增能弱勢者」與「給予他們聲音」，但他們自身卻同時代表統治的大多數人。

委婉語不只是迷思化且扭曲現實的語言形式，其也是常被統治力量（媒體、政治權威人士，與受教育的階級）所使用的伎倆，以分散對真實議題的注意力並使社會受苦，如可憎的貧富差距、有害的中產階級萎縮，以及將被剝奪者普遍異化。根據阿蘭達蒂．羅伊（Arundhati Roy）所述，將語言予以壓抑或扭曲是一種戰略，這也顯現如下：

> 篡奪單詞並像武器一樣部署他們……使用他們去掩蓋意圖並表現出與他們傳統指涉之意完全相反的意見，這已經是新時代的獨裁者最輝煌勝利的聰明策略之一。這也允許他們邊緣化他們的批評者，並得以剝奪他們的話語來表達批評。[26]

17

當這些隔離的伎倆沒有作用時，統治力量就會採取更嚴酷的手段，如那時在亞利桑那州的圖森公立學校（Tucson Public Schools）明訂禁止在課堂中使用弗雷勒的《受壓迫者教育學》，因為根據亞利桑那州教育廳長官所說：「我們不應該教導〔孩子〕……他們是被壓迫的。[27]」換句話說，*意識覺醒*——做為一種獲得必要批判思考工具的過程，使學生不會內化他們所接受到的壓迫，並能理解權力結構如何運作以否定他們可以被平等對待、獲得平等的機會，與正義的平等——上述顯然並非是圖森公立學校的目標，因其禁止各種處理種族關係、道德、意識型態議題等的課程，而教師則被鼓勵去提倡透過大型謊言的教學以馴化學生（在此例中，指的是低社經階級的墨西哥裔美國人學生）。在美國幾乎完全沒有公眾針對關於審書制度，與以命名現實的話語對抗壓迫的大型抗議，這「可以證明是我們失敗的主要原因」[28]。目睹學者們在委婉語方面的積極投入是讓人驚訝的，因為他們積極反對任何破壞統治語言並命名以揭露隱藏現實的論述。而那些自認是弗雷勒式的教育者未能看到受壓迫者在*意識覺醒*的過程中瞭解到明顯的不可能性是更讓人驚訝的，「深化對其所處情境的意識……做為一種可以改造的歷史現實。」[29] 當此同時，這些自由主義教育者仍有志一同地努力消除一些語詞的意義——如「受壓迫者」。許多這樣的自由主義者都極度地擁抱委婉語以指涉受壓迫者，如「弱勢者」、「被剝奪者」、「經濟上的邊緣者」、「少數」與「有風險者」等，透過這樣做以混亂足以解釋「『此地此時』構成〔受壓迫者〕在其中沉淪、興起與行動情境」[30] 的歷史狀況，譴責與面對壓迫自己的上位者以「追求完全人性化。」[31] 這種將語言予以隔離，就是否決人們理解壓迫者與受壓迫者之間辯證關係的可能性。如果你存在一種受壓迫者，你也一定有一種壓迫者。

18

因此，語言不只是一個爭議的場域，語言也是達到做為*意識覺醒*核心的批判反思去迷思化過程之必須工具——弗雷勒不肯使這樣的過程通俗化，且化約其僅如所謂第一世界進步主義教育者所使用的方法，且其在許多例子中仍受束縛於「方法與技巧的迷思化，且的確將*意識覺醒*化約為在拉丁美洲進行成人識字運動所使用的某些方法與技巧」[32]。因此，如我前述的，弗雷勒的主要目標並非在發展一種適用於全世界受壓迫者識讀的方法論，他的主要目標是在用識讀與後續他為成人學習者特定族群所發展的方法以帶領人民進行*意識覺醒*。換句話說，不論我們來自何處，

> 我們全都參與在意識覺醒的永久過程中，做為思考的存在主體，我們與我們行動的客觀現實之間進行辯證關係。意識覺醒的內容、方法與目標會因時空有所不同……〔當人類開始覺知〕且使其有能力去揭露自己的所在現實，知道現實、且理解所知道的。[33]

另一個關於*意識覺醒*的嚴重誤解是視此概念「為一種自熱帶來的外來物，是典型的第三世界產物。人們稱之是要在『複雜社會』才可行的目標，但第三世界國家自身也並不複雜。」[34] 這種在所謂第一世界與第三世界中間所存在的假性二分，所代表的是另一種語言的隔離，以引發一種迷思化的形式——達到分散注意力的功能，以再製並創造一個浪漫化歐洲中心價值的核心，同時將其他文化表現降低到邊緣。就西方媒體、政治專家，與學者等而言，現今針對伊斯蘭與穆斯林的攻擊，大致上常是整體看待宗教－文化極端主義者，並一概而論這樣的極端主義擴及所有的穆斯林，將他們視為潛在的恐怖分子。在此同時，我們卻很容易地忽略西方的極端主義分子，如傳道派的帕特．羅伯遜（Pat Robertson）偽裝他的偏見並持續攻擊女性。舉例來說，羅伯遜指出「女性主義議題並非是要追求女性有同等權利，其反而是一種社會主義式的、反家庭式的政治運動，在鼓勵女性離開她們的先生、殺死她們的兒女、施行巫術、消滅資本主義並成為女同性戀。」[35] 如果有人在羅伯遜上述言論中，以「塔利班教士」取代「女性」，並轉換成「社會主義」、「資本主義」等文字，則西方政治階級、媒體，與其他非穆斯林的宗教界領袖就有一個日夜可以攻擊伊斯蘭本質與極端主義的場域，並同時忽略穆斯林世界內涵的多元性，及其所包含的來自不同文化、階級、民族的數十億

19

民眾。因此，在西方國家與大部分的世界運作的制度化機制，都大致上包含與維持這些所謂常因統治文化持續不斷的言論而被消音的原始第三世界文化，以此隱藏這些「文化的沉默部分」，或至少讓它們不在公眾討論或辯論的內容中出現。弗雷勒的*意識覺醒*過程有助揭露西方傾向於將消逝的文化更快消失無形，並隱藏西方自身恐怖主義程度不下於穆斯林的極端主義。我們會怎樣描繪美國在阿富汗、伊拉克與越南所行的殘忍行為，這些「常延伸出極度的墮落、無理由的折磨、射擊練習式的殺害，以及對兒童與嬰兒的屠殺」[36] ——而帕特·羅伯遜與他的同類在擁護支持生命者的方式，即單純不願以道德的與政治的詞彙加以陳述。我們不能或不願意參與這種*意識覺醒*的過程，就是為何我們可以簡單地接受帕特·羅伯遜錯誤地二分描繪第一世界與第三世界之間脈絡的意識型態性的區別，主要是用以再製西方對於第三世界「野蠻且原始」文化的論述，這反而更強化西方行使它的「道德責任」，並合理化由美國海軍陸戰隊所行使的屠殺，以「屠殺幼童與嬰兒」使其脫離本身的命運——即「不用可憐他們，他們長大就會成為越共！」[37] 太多美國人在「無人飛機轟炸」與「智能炸彈」隨意殺害阿富汗與巴基斯坦的女性與兒童時仍保持沉默，遑論美國同時還稱自己是維護女性權利與自由者。西方媒體、政治專家與大部分的學者也針對關於西方的極端主義保持沉默，即如「前任國務卿瑪德琳·奧爾布萊特（Madeleine Albright）針對1996年報導的大規模毀滅性制裁所造成的500,000名伊拉克兒童傷亡竟回應——『這是值得的。』」[38]

美國外交政策的社會建設與一些學者和研究人員所在進行的研究計畫之間的差異並不大，後者忙碌申請經費與計畫去研究與推動像海地識字這類的計畫，卻忽略在美國當地正有數千名海地人在公立學校內掙扎著接近輟學邊緣。2010 年在海地發生的大地震及其後因聯合國軍隊所帶來的霍亂傳染，讓海地被置於西方國家的雷達上，西方國家的回應應證了一種由溫和的家長式主義轉為慈善的種族主義的過程，後者據艾伯特．梅米（Albert Memmi）所述，「與殖民主義是同性質的。[39]」白人學者與研究者去海地蒐集資料與人類學化這些受苦海地人為研究對象，再回到他們美國的校園向學生與同事說一些富有異國情調的故事，並發表研究所得，得到終身職。然而，在此同時，上萬的海地人仍舊留在海地的貧民窟中，只能用泥漿做成的餅乾欺騙自己的胃，告訴自己已經吃飽了、不會再餓。此外，這些人類學觀光客一方面去到當地研究海地人並蒐集資料，另一方面卻在自己美國的課堂上常歧視海地學生。我記得曾問過一位 1980 年代常去海地進行聯邦政府獎助計畫的白人美國教授，為何不花點時間服務自己所任教大學附近的數千名海地人？他的回應很誠實但可悲：「獎助單位並不覺得在美國的海地人夠『迷人』。」如果這自由的第一世界國家學者能夠參與一個誠實且嚴謹的*意識覺醒*過程，他就可能不會如此舒服地將工作場域與仍受限於無人性、殘忍不平等環境的百萬名海地人之艱苦環境區隔開來。如果他能夠在自己的工作目標與使海地存在壓迫再製的美國外交政策之間有所連結的話，他就可能會察覺到自己的誠實回應中已存在的病狀。這位研究者可能會發展出對於海地人的較深理解，並瞭解他們現在生活狀況的成因大部分因接受美國透過入侵海地、佔領與持續支持違反大眾利益的右翼獨裁者所行之干預政策。透過誠實的反思與自我質問的形式，白人美國教授可能會瞭解他的政治計畫要比他的工作更為重要。如果這位第一世界的學者做出了這些連結，他可能會譴責具有神聖地位的前任總統柯林頓與老布希在海地大地震後所行之人道工作。這位白人美國教育者可能會看到，這兩位前總統的對外政策對地震前的大量人類苦難負有部分責任，而地震所行的後果是同時在加劇這些次等人的狀況，包括將數萬名海地人降級。同樣地，這也發生在卡崔納（Katrina）颶風侵襲時在新奧爾良（New Orleans）所出現對非裔美國人的結構種族歧視與去人性化等。即使海地地震如此恐怖，但第一世界的教育者卻在當地進行人類學觀光時投宿豪華「五星級」的皇家酒店、拒絕自付每晚 1,320 美金，而於此同時並忽視由「世界銀行的國際金融公司而來的 7,500 萬美金……與從柯林頓布希海地基金（Clinton Bush Haiti Fund）而來的 200 萬美金」[40] 所建置的棚戶區、簡陋小屋，與帳棚等。以如此方式展示第一世界的富裕，並高舉標誌第一世界國家的人道慷慨，但超過一百萬流離失所的海地人在地震後仍然是無家可歸，且持續在次等人的狀況中生活，住在沒有熱水、自來水，沒有電、沒有可以餵飽自己與家庭食物的棚戶與帳棚裡。如果第一世界教育者確有經歷*意識覺醒*的過程，他就可能在前總統布希與柯林頓於太子港（Port-au-Prince）接受數千海地人歡迎時，察覺出其所展現之假善行。前總統布希在與人群中的海地男人握手後，竟試圖在另一位前總統柯林頓的上衣上擦拭自己的手，而這已傳遞到全世界的 YouTube 影片內容所展現的是其對海地人民居高臨下的不屑。

22

在*意識覺醒*過程中可能會掀起特權者的面紗，即 *blans*[40]【譯者註】在海地所享受的，這些白人或外地人／外國人創造出可以滿足其殖民慾望及達自身需求的海地異國風情論述——且這在許多方面都少與海地人日常只為求生的經驗有關。在許多方面，這

【譯者註】blans 意指白人，外地人／外國人。

些第一世界的 *blans*，不論他們的政治傾向為何，均未能理解為何他們的介入風格與弗雷勒的取向毫不相似：

23

> 受壓迫者教育學，其活力來源是真實的與以人為本的（不是人道主義式的）寬大，它應該是人類的教育學。自壓迫者利益出發的教育學，是一種以家父長式之假慷慨為其遁辭的自我中心主義，它使得受壓迫者成為其所謂人道主義的對象，另方面卻又十足地展現對於壓迫現況的維持，它只是一種非人性化的工具。[42]

人道主義做為非人性化的彰顯最好的例子就是紅十字會，此慈善團體募集超過 4 億美金以減緩萬名以上因地震受流離失所之苦的海地人，但該團體所住的是耗資上百萬美金的豪華旅館，[43] 同時超過百萬名的海地人仍舊是無家可歸。當其所住的旅館提供 NGOs 隊伍、其他人道團體，與其他 *blans* 朋友們，及仍具第一世界國家薪資收入的同工們如「Happy Hour」這樣抒壓的享受時，上萬名的海地人卻持續在艱難地尋找避難所，及於垃圾堆中找可吃的食物，努力地達致可以再次宣告他們「成為完整人類的本體與歷史志業。[44]」在外國工作者維持可以吃五星級餐廳與享受健康服務（包括心理諮商）等物質條件時，大部分的海地人自從 2010 年大地震後就流離失所，渴望知道如何才是成為完整人類的意義。舉例而言，埃米．威倫茲（Amy Wilentz）

> 描述 Mac McClelland 是一個 *Mother Jones* 人權記者，因為目睹最近一名受強暴的海地女性時的加害者，而在之後像是被傳染得到創傷後壓力症候群（PTSD）的病

> 毒一般受到精神損傷，McClelland 因此發佈一個她所選擇的家庭諮商方式，即安排一個朋友前去強暴她自己，以最大化這樣關係的真實性。[45]

雖然 McClelland 在海地地震後以接觸暴力的諮商選擇進行自己的人道工作，並對類固醇產生了迷戀，在不同程度上，它也代表在壓迫者的人道主義介入中都包裝成慈善捐贈，嵌入「披著假家父長主義的利己主義慷慨」，塞入以第一世界秩序為中心的善心膠囊中。這些慈善的介入在絕大部分都並非只存在巨大的失敗（在海地的例子中），但是第一世界人道主義者未能理解解放只能來自解除在壓迫者與受壓迫者之間緊張與矛盾關係的過程。因此「如果受壓迫者的目標是在更加地人性化，那此一目標的達成並非僅取消一些矛盾的語詞或是將受壓迫者與壓迫者的地位倒轉來即可。[46]」出於同樣的原因，壓迫者不能期待只單將與壓迫者的地位倒轉過來、直接經歷到受壓迫的暴力，即可解放受壓迫者，因壓迫者需要繼續適應甚至扯平受壓迫者所經歷過的苦難，如 McClelland 的例子中所指涉的一樣，而 McClelland 所選擇的治療法，與許多自由主義教育者做法相同，他們覺得需要對其奪取利益的「統治官僚主義」[47] 做出一些公開宣示，如在孩子正式上學之前將住家暫時移入貧民區等。根據弗雷勒的解讀：解放永遠並非是暴力、人類不幸，與可憎貧窮的民主化而已。解放是解除在壓迫者與受壓迫者之間的矛盾，只可藉由「新人類的出現：既非壓迫者也非受壓迫者，而是在解放過程中的人而得解決。[48]」

24

無能解決在壓迫者與受壓迫者之間的矛盾、無能去建立兩者間的連結、成為一個「顯而易見的流浪」(tramp of the obvious)，是直接與弗雷勒在《受壓迫者教育學》中所指出的廣為流行的失敗「囤積」教育模式相關——

> 教育因此成為一種存放的活動，學生變成了存放處，而教師則變成了存放者。教師所採行的方法，不是溝通，而是藉著發出公告，製造一些學生必須耐著性子接受、記憶與重複的存放物。此即為教育中「囤積」的概念。在囤積的教育概念中，其允許學生進行的活動範圍僅限於接受、歸檔，與存放囤積的東西。[49]

25

教育的「囤積」模式大部分是在提供給窮人的工具性識字課程中，透過能力本位的形式、學校教育的技能囤積取向，甚至是透過高等教育（對富人工具性識字的最高形式），以專業特殊化的形式獲得。然而，暫且不論它們明顯的差異，這兩種取向分享一個相同的特徵：它們都阻止發展批判思考——其能夠使人批判地「閱讀世界」，且理解在事實之後，以及在那些看似顯而易見現況卻難以明白的原因與連結。總體而言，透過「囤積」教育為窮人預備的識字課程，是透過無需動腦的、無意義的訓練與練習，以「預備多選題的考試、撰寫冗長文章以模仿其周邊的心理學術語。」[50] 這種「囤積」與工具性的教育取向目的是在麻痺心智，如詩人約翰・阿什伯利（John Ashbery）在「何為貧窮？」中所精彩表達的：

> 在學校
> 所有的思想都被梳理過：
> 剩下來的就像是一片原野。[51]

對那些未經批判就接受「囤積」教育模式的教師，是在以控制好日常活動慣例化的速度，在練習單與工作備忘錄中、在不用動腦思考的電腦練習中進行教育的「梳理」。這種訓練與練習形成一種用以麻痺學生思考能力的生產線，並預備好供教師進行教導的好土，在其中教師

> 講述（教師身為講者）引領學生去進行機械化記憶講述內容。更糟的是，這讓學生成為「容器」，成為「儲藏所」，等待被教師所充滿。容器越逆來順受地允許他們自身被充滿，學生就發展地更好。[52]

學生接著就是要接受高風險測驗的評量，這反映出的是一種軍事化的、教師論述與學生對於機械性論述「內容」記憶的控制處理程度。因此，這種機械性「囤積」教育的明顯效應，無疑地是創造出有利於死記硬背學習的教育結構，且必定因資本的需要而降低教育的優先程度，麻痺學生的批判能力，以「馴化的社會秩序達到自我保護。」[53]

26

在光譜的另一頭，社會秩序的馴化也能夠藉由一個為富人所設之平等教育機制所達到，即透過超專業化的方式，一方面囤積高層次技能，另一方面則不支持不同知識體系的連結，以「純粹」為名產出一種專業化的專門學科，根據西班牙哲學家何塞．奧特加．伊．加塞特（José Ortega y Gasset）所述：「對於宇宙中自己所在的小角落瞭若指掌，〔但〕對於其餘的部分則是根本無知。[54]」事實上，這種沒有能力連結不同知識體系最終會造成傲慢，這可由一個知名大學的數學教授說她有不去知道的權利時看得出來。這樣的陳述發生在提及伊拉克戰爭的新聞時，或是因為

她在同事公開表明反對戰爭的立場感到不舒服時——她就突然宣佈：「我有不知道這個新聞的權利。」雖然她有*權利*選擇不去知道，但做為一個在民主社會的學者與公民，她有*責任*知道她的領導者們在做什麼——並且尤其是在當人權已受威脅之時選擇知道。例如，充滿野蠻主義的政策、造成慘狀的政策，如由無人機控制的轟炸對象包括無辜平民、女性、小孩所形成的大屠殺，這在政策擬定者只感到是「戰爭中不幸的部分」或是單純「附加的傷害」。獨裁主義者的無感與完全不尊重人類生活再一次展現在當菲律賓總統羅德里戈・杜特蒂（Rodrigo Duterte）「指示海軍與海岸警衛隊『如果看到綁匪而且他們嘗試要逃跑，就將他們全炸死……他們說有『人質。』抱歉，那就是附加的傷害』。」[55]

27

透過嚴謹定義學科界線構成知識的社會組織，並進一步地構成專家階級，即工程師、醫生、教授等，而各種專業均再區分至更為限定的專門領域。這種專家是「只熟悉於一門科學，甚至是只在其中一小部分活躍的研究者。他甚至主張這是一種美德，即他對於這一狹小領域之外的部分沒有特定的認識，並且對於一般方案有好奇心，也只是顯現出業餘的知識。」[56] 這種「業餘的知識」是不被鼓勵的，而在個別狹窄的專業化中則虛構出需要發現絕對客觀的真理，這馴養出一種特殊化知識的形式，不只生產出一種在社會與文化關係哲學的斷裂——其文化性嵌入觀點與知識多元性的美好前景——也隱藏了創造與支持假兩分、嚴格劃定領域界線其後的意識型態。這種意識型態也告知了「自然科學」、「客觀性」，與「科學嚴謹」觀點肯定是自「人文科學」的淩亂數據中，與首先產生這些類別的社會與政治實踐中進行脫節重組。此外，教育的這種「囤積」模式產生了知識的斷裂，此縮減學生的批判意識，有利於接受既有的現實，其削弱「在他們介入這個世界並成為世界的改造者時所發展成的批判意識，當他們越接受別人所強加給他們的被動角色時，他們就越只能被動地順應這個世界與接受存放給他們的片面現實觀點。[57]」這樣可怕的結果，就是擁有最多財富及最多機會的最高特權階級因此宣布放棄他們本體論志業，及退出可能可以改造世界與在其間被改造的歷史主體。根據弗雷勒所述：「囤積式的教育會減少或摧殘學生的創造力，使得學生不經思索地為壓迫者獻上服務。而壓迫者本身其實並不關注世界的揭露，也不關心是否能看到世界的改造。[58]」

28

教育的「囤積」模式也常被用做是對大部分保守主義與許多自由主義教育者的避風港，他們隱藏自己的物質主義與消費主義教育概念，如弗雷勒所召喚的「知識的『消化』概念，在現今教育實踐中十分普遍」[59] ——一種視學生為「營養不良者」的實踐，且以學生的「意識是『空的』，且必須被『填充』才能知道」[60] 為理由，使教師需被迫提供給學生一個不切實際、根本永遠在課堂上都讀不到或討論不到的閱讀清單內容。我記得一位教授給他學生的課程大綱包括一份共計 80 頁的閱讀清單，他太清楚根本不可能嚴謹地在一學期課程中對所有書籍進行討論，這是一種重視數量勝於品質的教學方法。同一位教授要求學生寫一份 40 頁的文章（為何不是 25、35，或 38 頁？）——在這樣的頁數中，他不僅難以讀完，更少提供廣泛且具啟發性的評語。在學生修改過的 54 頁報告中，教授提供簡短的評語，如：「寫得好」、「高 vs. 低文化」、「太棒」，或「教學力量」等。簡而言之，一份總計 54 頁的報告得到的是一共 43 字的評語。這種教育的「營養學家」取向路線與「尚 - 保羅・沙特（Jean Paul Sartre）的主要概念相同，當他批判『我知，故我吃』這樣的概念時，所用的感嘆:『噢!食品哲學!』」[61] ——在「文字被改造成為只是『〔教師的〕字彙的囤積』過程——心靈食糧是要〔學生〕去『吃』與『消化』」[62] 教師的知識(如:未對知識客體理解的定義清單;被當做工具包使用的各項方法,特別是在一些現行的新科技方面,其未能察覺內含某些意識型態是如何被使用的;偽裝成貶低實踐理論的公式化文本;與豐富的詞彙表)。學生不斷地「被餵」資訊像是不思考的儲藏所,其後再被要求在授權的考試中「吐」出這些資訊,一方面是在確認教師所擁有的優越知識/銀行帳戶,而另一方面則是去餵飽他/她自戀的需求——一種在大部分人道主義者(非人文主義者)教育取向中的內在動機。最終,即使是在進步主義教育的掩蓋下所提供的「營養學家的囤積」教育取向,其主要的目標是在透過「儲存」教師的知識養大學生的腦袋,學生在這種教學模式下吸收理解「非由〔做為〕學習者〔自身〕創造性的努力。」[63] 這種教育,與事實的再製有關,而非因領會知識的對象以生產新知,這會導致學習者因教師過多強加的知識,而麻痺了其在認識論方面的好奇心與創造力,「事實上這些知識大部分是……完全異化的與被異化的,與學生所在的社會文化根本幾乎沒有相關。」[64]

在本質上,透過《受壓迫者教育學》,弗雷勒提供我們一個基於實踐且邁向革命性改革之意識型態地圖,「無法將這種實踐與反思二分為前一階段和後一階段,行動和反思是同時發生的。」[65] 簡言之,弗雷勒挑戰我們所有人去發展出批判的反思工具,可使我們不忘記殘酷的經濟不平等、殘忍的暴力、需要被譴責的非人性化等危險記憶。一定要譴責這些人類受苦的經歷,以保護必要的智性上的融會,以幫助他人理解在如人類學觀光客對飢餓的研究與真實經歷飢餓之間、在痛惜暴力與經歷過暴力並存活下來之間、在「給予發聲」的假仁慈與制度性地被迫無聲之間的重要差異。因此，偽批判教育者宣示的需要「給予」有色人種或是女性發言權，並未能理解發言權並非是一種禮物，而是民主的權利，是人權。

30

弗雷勒總是強調鬥爭以求解放的理由是使這些權利再生，這是沒有自治就永遠無法達成的。依次，若無真實的與在參與解放鬥爭的人共享自治也無法達到最終的目的。換句話說，主導批評語言的形式多只透過書面話語譴責社會不公義，缺乏與人民一起行動所代表的共享情境。這樣的例子常是：當學者們像是人類學觀光者般蒐集他們的研究資料，僅短暫地與人民進行往來，並很快地讓陷入困境的社群自怨自艾。與受壓迫者進行真實的交流，是指個人有意願去除其自身的階級與種族，這所代表的遠遠超過「單純地跨越界線從一個空間到另一個，從壓迫者跨越至受壓迫者……階級自殺是一種再生的形式；這包含透過文化與意識型態的脈絡提出問題。」[66] 即如弗雷勒簡潔地說：

> 在革命過程中，否認溝通或是以組織民眾、強化革命力量、確立聯合陣線為藉口來避免對話，實則都是出於一種對於自由的恐懼，它對民眾感到恐懼與缺乏信心。……革命既不是由領導者為民眾來實現，也不是民眾為領導者而實現，而是由兩者在一種不可搖撼的團結中共同行動。這種團結的產生，只有在領導者本身透過他們謙遜的、充滿愛的、充滿勇氣的與民眾的邂逅來見證時，才會產生。不是所有的人都有足夠的勇氣可以進行這種邂逅——但是當人逃避溝通時，他們會變得更僵化，並且會把他人都只當成某種客體；他們不再致力於

31

滋養生命，而是扼殺生命；他們不再追尋生命，而是逃離這種追尋。這些也正是壓迫者的特徵。[67]

參考資料

1 薇薇安．羅德里格斯（Vivianne Rodrigues），〈紐約 25,000 元點心　創下金氏世界紀錄〉（"New York's $25,000 Dessert Sets Guinness Record"），載於路透社（*Reuters*）（November 7, 2007），http://www.reuters.com/article/us-dessert idUSN0753679220071107。

2 保羅．弗雷勒（Paulo Freire），《受壓迫者教育學》（*Pedagogy of the Oppressed*）（New York: Continuum, 1970），p. 67。

3 同前註。

4 同前註，p. 66。

5 同前註。

6 史丹利．艾羅諾威茨（Stanley Aronowitz），〈序〉（"Forward"），載於希拉．L. 馬克麗娜（Sheila L. Macrine）編，《不確定時代下的批判教育學：希望與可能性》（*Critical Pedagogy in Uncertain Times: Hope and Possibilities*）（New York: Palgrave MacMillan, 2009），p. ix 。

7 保羅．弗雷勒（Paulo Freire）、多納度．馬塞多（Donaldo Macedo），〈對話、語言與種族〉（"A Dialogue, Language, and Race"），載於 *Harvard Educational Review*, vol. 65, no. 3，1995 秋季號，P377-402。

8 保羅．弗雷勒（Paulo Freire），《致克里絲提娜的信：對於我的生命及工作的反省》（*Letters to Cristina: Reflections on My Life and Work*）（New York: Routledge, 1966），p. 21。

9 同前註。

10 亨利．A. 吉胡（Henry A. Giroux），〈基進教育學與受教者的希望：追憶弗雷勒〉（"Radical Pedagogy and Educated Hope: Remembering Paulo Freire."），打字稿。

11 同前註。

12 保羅．弗雷勒（Paulo Freire）、多納度．馬塞多（Donaldo Macedo），打字稿。

13 弗雷勒（Freire），《致克里絲提娜的信》（*Letters to Cristina*），p. 23。
14 同前註，p. 41。
15 同前註，p. 24。
16 同前註，p. 15。
17 安娜·瑪麗亞·阿勞霍·弗雷勒（Ana Maria Ara ú jo Freire），〈序言〉（"Prologue"），載於《憤怒的教育學》（*Pedagogy of Indignation*），p. xxvii 。
18 同前註，p. xxvii 。
19 https://www.youtube.com/watch?v=2Ll6M0cXV54。
20 同前註。
21 莉莉亞·I. 巴多洛梅（Lilia I. Bartolomé），載於 *Harvard Educational Review*, vol. 64, no. 2，1994 年夏季號，pp. 173-94。
22 保羅·弗雷勒（Paulo Freire），《教育政治學：文化、權力與解放》（*The Politics of Education: Culture, Power, and Liberation*）（New York: Bergin & Garvey, 1985），p. 185。
23 保羅·弗雷勒（Paulo Freire），《追求自由的文化行動》（*Cultural Action for Freedom*）（Cambridge, MA: Harvard Educational Review, 1970），p. 4。
24 同前註，p. 4。
25 亨利·吉胡（Henry Giroux），〈緊縮時代下的新極權主義與分裂政治〉（"The New Extremism and Politics of Distraction in the Age of Austerity"），載於 *Truthout*，2013 年 1 月 22 日，http://truth-out.org/opinion/item/13998-the-new-extremism-and-politics-of-distraction-in-the-age-of-austerity 。
26 阿蘭達蒂·羅伊（Arundhati Roy），〈我們對民主做了什麼？〉（"What Have We Done to Democracy?"），載於 *The Huffington Post*，2009 年 9 月 27 日，http://www.huffi ngtonpost.com/arundhati-roy/what-havewe-done-to-demo_b_301294.html 。
27 湯姆·霍爾納（Tom Horne），艾利森·凱斯（Allison Keyes）主持人（訪問），*Tell Me More*，全國廣播電台新聞，2010 年 5 月 13 日，http://www.npr.org/templates/story/story. php?storyId=126797959。
28 阿蘭達蒂·羅伊（Arundhati Roy），〈我們對民主做了什麼？〉（"What Have We Done to Democracy?"）。
29 弗雷勒（Freire），《受壓迫者教育學》（*Pedagogy of the Oppressed*），p. 85。
30 同前註。
31 同前註。弗雷勒（Freire），《教育政治學》（*The Politics of Education*），p. 172。

32 同前註，p. 172。

33 同前註，p. 171。

34 同前註，p. 172。

35〈永恆的彌天大謊——帕特·羅伯森〉（"Timeless Whoppers—Pat Robertson"），載於 *The Nation*，2013 年 1 月 10 日，http://www.thenation.com/timeless-whoppers-pat-robertson 。

36 喬納森·謝爾（Jonathan Schell），〈越南真正的美國戰爭〉（"The Real American War in Vietnam"），載於 *The Nation*，2013 年 2 月 4 日，http://www.thenation.com/article/172264/real-american-war-vietnam 。

37 同前註。

38 愛德華·S. 赫爾曼（Edward S. Herman），〈超越「丘茲帕」〉（"Beyond Chutzpah"），載於 *Z Magazine*，2013 年 2 月，p. 6。

39 艾伯特·梅米（Albert Memmi），《殖民地開拓者與開拓殖民地》（*The Colonizer and the Colonized*）（Boston: Beacon, 1991）。

40 艾咪·威倫茨（Amy Wilentz），〈來自海地的信〉（"Letter from Haiti"），載於 *The Nation*，2013 年 1 月 28 日，p. 22。

41 同前註。

42 弗雷勒（Freire），《受壓迫者教育學》（*Pedagogy of the Oppressed*），p. 54。

43 威倫茨（Wilentz），〈來自海地的信〉，p. 22。

44 弗雷勒（Freire），《受壓迫者教育學》（*Pedagogy of the Oppressed*），p. 55。

45 麥迪遜·史馬特·貝爾（Madison Smartt Bell），〈九年的時期：在海地〉（"Nine Years in One Day: On Haiti"），載於 *The Nation*，2013 年 1 月 28 日，p. 22。

46 弗雷勒（Freire），《受壓迫者教育學》（*Pedagogy of the Oppressed*），p. 56。

47 同前註，p. 57。

48 同前註，p. 56。

49 同前註，p. 72。

50 派翠克·L. 寇特（Patrick L. Courts），《識字與賦權：意義創造者》（*Literacies and Empowerment: The Meaning Makers*）（South Hadley, Massachusetts: Bergin & Garvey, 1991），p. 4。

51 約翰·阿什貝利（John Ashbery），〈詩歌是什麼？〉（"What Is Poetry"），載於《船屋的日子：詩集》（*Houseboat Days: Poems*）（New York: Penguin Books, 1977），p. 47。

52 弗雷勒（Freire），《受壓迫者教育學》（*Pedagogy of the Oppressed*），p. 72。
53 弗雷勒（Freire），《教育的政治學》（*The Politics of Education*），p. 116。
54 何塞．奧特嘉．伊．加塞特（José Ortega y Gasset），《大眾的反叛》（*The Revolt of the Masses*）（New York: W. W. Norton, 1964），p. 111。
55〈杜特蒂宣誓打擊武裝分子、俘虜〉（"Duterte vows to hit militants, captives"），The Boston Globe，2017 年 1 月 16 日，p. A3。
56 何塞．奧特嘉．伊．加塞特（José Ortega y Gasset），《大眾的反叛》（*The Revolt of the Masses*）（New York: W. W. Norton, 1964），p. 111。
57 弗雷勒（Freire），《受壓迫者教育學》（*Pedagogy of the Oppressed*），p. 73。
58 同前註。
59 保羅．弗雷勒（Paulo Freire），《追求自由的文化行動》（*Cultural Action for Freedom*）（Cambridge, MA: Harvard Educational Review, 1970），p. 7。
60 同前註。
61 引自弗雷勒（Freire），《追求自由的文化行動》（*Cultural Action for Freedom*），p. 8。
62 同前註。
63 同前註。
64 同前註。
65 同前註，p. 128。
66 保羅．弗雷勒（Paulo Freire）（主編）、傑米．福瑞澤（James Fraser）、多納度．馬塞多（Donaldo Macedo）、潭雅．麥金農（Tanya McKinnon）與威廉．史杜基斯（William Stokes），《導師指引：與保羅．弗雷勒批判的對話》（*Mentoring the Mentor: A Critical Dialogue with Paulo Freire*）（New York: Peter Lang Publishing, 1997），p. 316。
67 保羅．弗雷勒（Paulo Freire），《受壓迫者教育學》（*Pedagogy of the Oppressed*）（New York: Continuum International Publishing Group, 2000），p. 129。

三十週年版臺灣中文版序

伊拉・索爾（Ira Shor）

在各位手中的這本書，可說是近一百年來最具有影響力，而且最廣為流傳的書本之一。鮮少有書籍能翻譯成這麼多種的語言，而且又再版這麼多次；也很少有書籍能引發這麼多的爭議，同時又如此被廣泛地應用。自從這本書於 1968 年首次問世以來，還有什麼能說明《受壓迫者教育學》所帶來的非凡影響呢？如果這位傳奇的巴西教育學者弗雷勒，我的朋友與恩師，能夠活到現在，親身慶賀中文版的出版，那他應該有 82 歲了。但是不幸地，就在 1997 年我們最後一次於紐約碰面之後的幾個禮拜，他辭世了。在許多因著閱讀弗雷勒著作，和他共同開會以及認識他而受益的教育工作者中，我是其中之一。而在此同時，其實仍然有著許多從事不同方案的教師一直在發展著弗雷勒及本書中所提倡的教育學。

在此我要說的是，弗雷勒在這本書簡要的四個篇章中融入了他一系列高度的關懷，而這或許可以部分說明《受壓迫者教育學》的影響：

（一）他以教育哲學、反抗的政治學，再加上課堂上的實踐，以及對於社會正義的夢想等，為批判教育學做出了綱要；透過這樣的學習過程（這種學習過程注重的是相互討論，而不是教師的演講），該追求社會正義之教育學質疑了那些具有暴力，而又不平等的社會現狀；此一討論過程（「對話」），是和學生一起建構知識，其目的是為了學生，不是為了轉移官方準則的思想與事實（「囤積教育學」)。它的研究方法是奠基於社會語言學與人類學，透過如此的研究方法，教師對於學生進行了探究因而獲得了在地知識，並且依據學習者的生命（「創生課題」)，研發出其課程題綱。

（二）弗雷勒倡導了下列的知識論，他將學習定義為一種社會建構的經驗，而不僅僅是自教師到學生之間事實或資訊的傳遞，學習也不是孤零個人接受職業訓練之通道，卻是一種屬於社會－認知領域的教育。在社會－認知的領域中，自我是透過教學討論而社會性地被建構出來，因而自我也可以藉著另類方法來進行重建。同時，在這個社會－認知的領域中，在地與全球於知識構作及意識形成（連同意識型態，意識型態仍是相當重要的因子，即使它總不被認做是此一過程的一部分）之過程中相會。

（三）弗雷勒堅持一種「教育倫理學」(ethics of pedagogy)，主張教師與學生道德抉擇的重要性，亦即是，我們應該選擇相互的對話，而非強加的知識。因為只有前者的學習形式才能有助於團結及相互依存的價值。學習是一種協商的過程，它使得參與的民眾更加人性，促成民眾的平等，而不是去削弱他們的權能。至於如何克服師生之間的矛盾，則是任何課堂裡學習的首要之務。民主的主張只有要在其真正落實於當地的日常實踐和經驗時，才能夠完整。不是口頭上說說而已，教育要不是與追求自由的教學，否則就會淪於追求支配；教育要不是以人性化為其職志，否則就會墮入非人性化。因為所有的教育學都是政治性的，它們不是中立的；所有的課程只有兩種選擇，要不便是順應現況，否則就得要質疑現況；而所有課程題綱則是在以不同的方向導向某些思想或是行動。

（四）弗雷勒將教育立足於其所處當時的社會歷史中，在他的看法中，教育包含了當代生活中的某些重大課題，也包含了世界中存在的權力鬥爭。他認為，教育不是象牙塔，也不是職業訓練設施，而應該是一個與公民生活及世上事務有關的重要部門，在教育中，民眾和不同的團體，都應該就政策、知識、財富及權威等議題進行爭論。

（五）弗雷勒也就抗爭活動之領導過程中所必須肩負的責任及可能產生的陷阱，進行了思索，他提出了相關的理論及實踐方式。針對那些試圖去質疑現況，進行改造之教學，以及懷抱社會正義夢想的人士，他也釐清了某些兩難問題。

單單前述的幾項內容，便足以說明為何這本小書的影響如此深遠長久。《受壓迫者教育學》的寫作，並不是被當成一本學術著作而在圖書館裡完成，它是來自於弗雷勒以一個教育活動的行動者身分，就其數十年來的實踐所進行的反省而成。「單單只有思想及研究，並不能生產出《受壓迫者教育學》這本書」。弗雷勒在前言中這樣寫著，他告訴我們，「這本書是植根於具體的處境，它描繪了我所直接觀察到的，或是在我教育工作過程所間接看到的，勞工（農人或都市中的勞工）及中產階級人們的反應」。

在這本書中，就如我前面所提的，弗雷勒有系統地從幾個不同的角度闡述了他的實踐活動。在他的理論中，指出了教與學之共同經驗中所包含的幾個令人注意的環節。教師與學生的確是在日常會面的課堂中，來塑造他們自己及他們的世界，但問題是，我們是從哪種世界開始？弗雷勒要我們去追問，到底我們所企想的是何種的世界？我們要如何從現有的世界到達我們所企想的世界？

弗雷勒將理論與實踐搭上關係，他也將教育描述為一種社會－認知的經驗，足以改造民眾與社會。他的這些看法，可說是與美國最重要的哲學家杜威（1859-1952）所關注的重點及其所提出的科學方法有關。弗雷勒承認，他的思想正是立足在杜威的肩膀之上，他尊崇杜威，因為杜威提出了一種新型的大眾教育，這種新型的教育是以基進的民主為基礎，強調自經驗中學習，重視社會的思想及合作的關係。弗雷勒同意杜威的看法，認為不管是在巴西、美國、歐洲或亞洲，正式教育體系的運作，都會維護了階級之間的不平等。直到今日，這個由杜威及弗雷勒所觀察到的問題依舊存在：我們要如何將學校體系，從不平等的動因改造為追求社會正義的動因？然而，由於弗雷勒對於社會正義的關注，卻使得這位 20 世紀後半的思想家，在權力的歷史問題以及主體性的教育問題上，要比杜威早年作品看得更為深入。弗雷勒不僅是受到解放神學、人本心理學的影響，此外，他也受到馬克思主義、反殖民思想及存在主義思想家的影響，這些都可以從本書的引註中看出來。

舉例言之，在接下來的章節中，各位將會看到，弗雷勒如何看待批判教育學所具有的力量。他認為批判教育學所具有的力量，是來自主體性與社會情境之間的關連（透過教材中的「創生課題」及「提問式」教學方法，讓學生可以去形成知識，而不是被動地等待別人告知那件事具有什麼意義以及該如何做）。對於弗雷勒而言，批判教育學能夠形成一股改變的力量，因為它是一種植根於處境的課程，它可以帶來對立性的思考，讓我們去思索日常生活中熟悉但卻從未被檢視過的經驗。是以在接下來的篇頁中，弗雷勒又提出了一種對話性的探究，認為這種探究方式可以改造教師及學生的生命。這種探究的方式，將平常之物吸納入不平常的過程中，重新思考社會及歷史中與權力有關的處境及日常語言。正是用這樣的方式，《受壓迫者教育學》所談的不只是弗雷勒本人教學及和工農一同工作的故事，它更是有關平民大眾如何習得識字技能批判性察覺的故事。它也闡明了：（一）日常生活中的關係與普通習性如何束縛了被宰制者與宰制者，使得他們也受制於將他們綁在一起的體系；（二）傳統的教育過程之目標就是在使我們配合現況，以致於讓我們去維護原有權力關係。

弗雷勒早年是教葡萄牙文法的，1940年代時他又轉到法律的實務工作，到了1950年代時，弗雷勒在巴西的東北部從事了農民及勞工的成人識字教育，並以此為終生職志。在從事成人教育的過程中，弗雷勒發展了他有關創生課題的對話方法，弗雷勒認為創生課題是採自學生的日常生活之中。而在他的提問式教學中，所使用的討論題綱，則是將學生日常熟悉的處境予以密碼化，並且重新呈現，以供做團體討論以及寫作／閱讀活動之用。接近1963年之時，某些民選的巴西政治人物要求弗雷勒在巴西全國各地推展他的識字方案。然而，弗雷勒所主張的民主觀念終究不能見容於那些富有的菁英和軍人（這些人在1964年時推翻了原來的政府），後者終於毀掉了這些識字方案，並且將許多活動工作者囚禁入獄，其中也包括弗雷勒。經過十個星期的囚禁後，弗雷勒被驅逐出巴西，然後流亡，直到1979年為止。弗雷勒流亡過的國家包括智利等處，在此期間，他依然工作不輟，並且儘量找時間來寫作，其作品包括了這本書在內。1970年時，這本書首次在英國及美國問世。

就在1964年恐怖政變後的數十年間，弗雷勒和這本書穿越了國界，對於非洲地區新近解放的政權以及西歐、美國、加拿大、南美各地的教育方案都提供了相當多的協助。一直到他重新回到巴西之前，弗雷勒都是透過位於日內瓦之普世教會協會來進行工作的。在他回到巴西後，弗雷勒又開始進行教學工作，並且幫助創設了工黨，該黨並於 2003 年初時贏得了巴西的總統大選（這一直是弗雷勒所深切期盼的，但不幸的卻是在他死後才發生）。正如同其生命最後數十年所開展的教育議題一樣，弗雷勒反對美國學校中盛行的標準化課程與測驗，他認為這些課程與測驗其實是一種強加於師生自由之上的權威。在弗雷勒的看法中，標準化測驗及教本強化了一種具單向性官方語言的「獨白」，否定了師生皆具有啟動從下而上之對話的民主權利。

而在《受壓迫者教育學》方面，這本書則繼續在世界各地被廣泛地閱讀著，因為這本書提供了弗雷勒關於社會正義之抗爭教育學所做的最有系統之陳述。在本書穿越國界的旅程中，它吸引了世界各處從事追求平等、反抗宰制之無數教師的注意力。而隨著時間的演進，又經過美國的女性教育工作者批評之後，弗雷勒亦改變了其在二十年紀念美國版中所一貫使用的英文男性代名詞，以便減少對於男性的性別指涉意義。在本書首次問世時，弗雷勒原先是以男性代名詞做為其標準用法的。弗雷勒的地位及本書的聲譽之所以鵲起，與 1960 年至 1970 年間風起雲湧的全球性社會運動的世界舞台有著密切的關連。在當時，追求社會正義的群眾運動，發動了主動的攻勢，高度希望能夠改造學校及經濟，迫使菁英及特權階級僅能採取守勢。就在劍拔弩張的氣氛下，像《受壓迫者教育學》這樣的一本書，以及像弗雷勒這樣具有學術深度的教育工作者、社會運動者，可說出現的正是時候。即使在 20 世紀最末的幾年，注重特權及階層的保守主義氣息重新高張的時候，《受壓迫者教育學》仍然保持了它的吸引力，它不斷地吸引了新的讀者，因為其所訴說的，正是我們對於社會正義，以及學校和社會中民主關係的長遠期望。這本書，以及弗雷勒這個人，已然成為我們從事民主抗爭的象徵和武器。

當各位在讀這本書時，請牢記弗雷勒思想中的某些基本觀念：所謂的自由，仍然需要有權威，才能夠算得上真正的自由。因為教育應該是民主的紀律，而非任意的放縱——在課堂中，學生教師並不是隨意自由想做什麼就做什麼，而是必須要為彼此負責，也必須共同擔負起批判性探究過程的責任來：所有那些企圖去質疑社會現狀，並且採行追求社會正義的人們，都必須是一位「有耐心的急公好義者」（patiently impatient）以及「謙遜的鬥士」（humble militant）。因為改造學校與社會是一件如此長遠與困難的計畫，它不僅需要堅忍、愛心、變通，也需要有幽默及謙卑；在課堂之中，主張批判觀點的教師必須不以否定學生來做為其肯定自身觀點的前提，因為學生也有不同意的權利，後者不應該在爭辯或懲罰中，被強迫接受教師的觀點。而且我要強調的是，最重要的，弗雷勒所加上的但書，「實驗不能夠全盤移植；它們必須重新創發。」（引自《過程中的教育學：致幾內亞比索的信函》（*Pedagogy-in-Process: Letters ot Guinea-Bissau*），1978, p.9）。這點提醒了我們必須要去創造出能夠適合我們所處情境的教育學來。

弗雷勒的作品中，傳達了當代幾個最重要的課題——民主化、自由、改造、主體性。這位十足特殊的人物於 1997 年時離開了我們。甚願我們能將弗雷勒的作品帶入歷史，比其在世時所旅行的距離，要能走得更為長遠；而在弗雷勒生命及作品中所懷抱的社會正義夢想，也願我們能夠真正地實現。

伊拉・索爾
紐約市立大學研究所
紐約市，紐約州，美國
2003 年 7 月 1 日

譯序
弗雷勒與《受壓迫者教育學》【譯者註】

「動搖國本」的危險人物

「教育是什麼？」過去對這個問題的解答，往往多是四平八穩的答案，諸如：「教育是傳遞社會文化的一種活動」、「教育是經驗的改造」、「教育是人格的陶冶」、「教育是社會所需人才的培育」等比較安全的答案。雖然我們相信教育與政治之間有著極為密切的關係，但是我們都只「敢」談到教育具有的政治「功能」：「教育的政治功能在協助民眾有著更成熟的政治態度、政治眼光及政治修養，最終目的在完成政治的民主化」。在政治與教育之間，我們始終維持了一條清楚的界限，以為這就是「教育中立於政治之外」。

【譯者註】pedagogy 一詞在本書中將譯為「教育學」一詞。有關 pedagogy 的中譯，在國內教育社會學界引發了一場激烈的論戰。其中有一方學者贊成將其譯為「教育學」，但另一方學者則認為 pedagogy 較強調教學的層面，故主張將其譯為「教學論」或「教育論」。本書之所以仍將其譯為「教育學」一詞，有以下幾個原因：第一，是沿襲國內教育學界向來對此字的用法，以便於一般人士理解；第二，pedagogy 在美國 critical pedagogy 的脈絡下，固然較強調教學的意義，但在其他國家的脈絡（如歐陸國家）下，與 pedagogy 相同的字眼仍包含「教育學」的意義在內；第三，弗雷勒在本書中所論述到的教育觀點，應該不只視為關於教學方法的論述，其中更包括了更多層面的論述，如教育重心的轉移、師生角色的改變、教育目標的轉變等。基於上述原因，譯者仍將本書書名中譯為《受壓迫者教育學》。

對於「教育是什麼？」的問題，做為巴西當代著名的成人教育學者保羅・弗雷勒（Paul Freire, 1921-1997），所提供的答案是直截了當卻又基進的。「教育是一種政治行動」，此位影響當今左派教育理論甚深的教育工作者如是說。弗雷勒對教育的這種看法，當然引發了不少的爭議，但同時也對日後教育理論的發展投下了極為重要的變數並且產生了深遠的影響。

近年來，弗雷勒的教育思想與理念隨著批判教育學（critical pedagogy）在西方的日漸盛行，愈發受到重視，有人甚至稱他為「可能是 20 世紀晚期最重要的教育思想家」（Smith, 1997）。弗雷勒著作的影響力在第三世界極為鉅大，其代表作《受壓迫者教育學》（*Pedagogy of the Oppressed*）早已是拉丁美洲、非洲與亞洲最常被引用的教育經典之一。此外，他的教育理論在第一世界的國家中也逐漸成為左派教育理論家的最愛，引發了不少迴響。對臺灣的教育工作者來說，此時進一步引介弗雷勒反殖民、反文化侵略的教育學說，除了可以幫助對於當代教育理論的發展有著更深刻的認識外，也將可以進而激發我們對於教育所具備之社會改造功能的熱情。

弗雷勒【譯者註】1921 年 9 月 19 日生於巴西的海息飛（Recife），該處位於巴西的東北部，可以說是第三世界中最貧窮、最低度發展的地區之一。弗雷勒的雙親原屬中產階級，但在經濟大恐慌（The Great Depression）時家道中落，弗雷勒因此從兒時就嘗過飢餓的滋味，這使得他對於社會底層階級的貧窮與饑饉頗能感同

【譯者註】本文有關弗雷勒生平，係參考以下資料寫成，王秋絨（1990: 64-69）、Taylor（1993: 12-33）、Palmer（2001: 128-133）、Gadotti 與 Torres 的文章，以及 NLU 成人及繼續教育系網站有關弗雷勒的資料等。其中據譯者所知，學者王秋絨的論述應為國內第一本有系統地探討弗雷勒教育思想的著作。

身受。惟相較於一般巴西的貧苦大眾，弗雷勒家中在物質上或有匱乏，但是在精神上卻依然豐厚。弗雷勒父母所給予弗雷勒的愛與照顧，對其後一生影響甚為重大，弗雷勒從與父母的相處經驗中，很早就開始珍視「對話」的重要性，也瞭解到如何去尊重其他人的抉擇。

當弗雷勒的家境有所改善後，他進入了海息飛大學的法律系就讀，並且研讀哲學與語言學。當時巴西的大學深受法國的影響，在這段求學期間內，他接觸了馬克思（K. Marx）、阿圖塞（L. Althusser）、傅柯（M. Foucault）、弗洛姆（E. Fromm）、李維史陀（C. Lévi-Strauss）的著作，也閱讀了一些天主教知識分子——包括馬里坦（J. Maritain）、波納諾（G. Bernanos）、蒙尼耶（E. Mounier）等人的著作，這些都對於他日後的教育學產生了重要的影響。

從大學畢業後，弗雷勒很快地就成為一位律師，後來在一所中學擔任葡萄牙文的老師。1944 年，弗雷勒與第一任妻子艾爾莎（Elza Maia Costa Oliverira）結縭，艾爾莎為小學教師，他們後來生了兩女一子。由於妻子教育工作及性格的影響，使得弗雷勒開始對於教育工作產生了興趣。此外，由於身為人父，弗雷勒對於教育理論的興趣也開始滋長，這使得他更廣泛地閱讀教育、哲學與教育社會學方面的著作。弗雷勒雖然在大學主修的是法律，但事實上他很早就不以法律為其謀生主要工具，他後來成為一位社會福利方面的公務人員，並成為波納姆布柯（Pernambuco）州的社會服務文化與教育部門的主管。

在服務公職的期間，弗雷勒與轄區內的窮人有著直接的接觸，其所從事的教育與組織工作使得他開始形成一套與貧苦大眾溝通的方式，這在日後也發展出其成人教育中的對話方法。1959

年時，他在海息飛大學獲得博士學位。弗雷勒另外與成人教育有關的資歷，包括他曾在海息飛大學中指導、教授教育哲學與教育史方面的研討會及課程。1961 年開始，弗雷勒成為海息飛大學文化推廣處的首位主任，一直至 1964 年止。

在 1960 年代初時，巴西仍處於不斷的動盪中。許多團體所發動的改革運動都在這個國家中積極尋求他們自身的社會－政治目標。就在這樣的環境中，弗雷勒開始推展一些成人教育與工作訓練的計畫。其中有一項是在推動巴西東北部數以千計的農民識字的計畫。從 1963 年 6 月至 1964 年 3 月這段期間，弗雷勒的團隊，其服務遍及整個巴西。他們主張，只要 30 小時的課程，就可以教導成人不識字者學會閱讀並寫字。

弗雷勒及其團隊成功的祕訣，在於他們不僅是去教導那些農民讀寫的技巧，而是透過閱讀書寫的知識，提升貧苦大眾的政治參與的能力及程度。當這些農民開始識字以後，他們原有的被動性與宿命感就開始動搖，他們不再默默地接受自己的現況，這種結果使得弗雷勒在掌權的巴西軍方與地主眼中，成為一個十分危險的人物。

1964 年 4 月，巴西軍方推翻了具有改革傾向的古拉特（J. Goulart）政府，當時巴西所有帶有進步意味的活動都受到壓制，弗雷勒也被捕入獄。在囚禁的 70 天內他反覆地接受審詢，同時他也著手撰寫其第一部重要的教育著作《教育即自由實踐》（*Education as the Practice of Freedom*）。但是這本書畢竟未能對於當時巴西產生實質的影響，因為就在書還未寫成之前，他被流放至智利。

即使在流亡期間，弗雷勒仍然在智利從事成人教育的工作。當時是由寇特（Waldemar Cortes）領導這個成人教育的計畫。該成人教育計畫吸引了國際上的目光，也獲到 UNESCO 的認可，後者認定智利足可列入已克服文盲問題的國家之一。

1960 年代末，弗雷勒又有機會接觸到另一種新的文化，那就是美國的文化。由於哈佛大學的邀請，他離開拉丁美洲到達美國，成為哈佛大學教育與發展研究中心（Center for Studies in Education and Development）的訪問學者及社會變遷與發展研究中心（Center for the Study of Development and Social Change）的研究員。弗雷勒在美國的這段時間，剛好也正是美國社會動盪起伏的時期。例如當時一些反越戰的運動，使得軍警進駐校園中；而自從 1965 年以來，種族不安的情緒也燃燒到美國的街頭；加上當時一些少數民族的代言人與反戰人士所進行的出版與教學的活動，也深深地影響到弗雷勒。凡此種種，都使得弗雷勒有了新的體認，美國的經驗，對他來說，可說是一種新的覺察的契機。弗雷勒發現到那些在經濟與政治生活中遭到壓迫與排擠的弱勢者，其實並不獨限於第三世界國家或是依賴文化之中。弗雷勒擴展了所謂「第三世界」的意義，從一種地理上的意義延伸到政治上。自從那時起，「暴力」的課題也成為他著作中關切的一部分。

在美國的這段時間內，弗雷勒出版了一本更為著名的作品——《受壓迫者教育學》（*Pedagogy of the Oppressed*）。在這本著作中，弗雷勒明白標示了，教育是通向永恆解放（permanent liberation）之路。教育應該包括了兩個階段：第一個階段，透過教育，民眾「覺醒」了，他們覺悟到自己本身遭到壓迫；第二個階段是要透過實踐（praxis）來改變整個壓迫的狀態。後個階段奠基於前個階段，教育因而成為一個不間斷的從事解放性文化行動的過程。

弗雷勒於 1970 年代初離開哈佛，期間他曾擔任普世教會協會（World Council of Churches）的教育顧問及副祕書長。在普世教會協會服務的期間，他到世界各地進行演講，並且全力投入亞、非等洲一些新近獨立國家（包括坦尚尼亞、幾內亞比索等國）的教育計畫中。弗雷勒相當地活躍參與各種國際性的教育行動計畫，之後並成為文化行動研究所（Institute for Cultural Action, IDAC）執行委員會的主席。1979 年弗雷勒應當時巴西政府之邀，結束流亡生涯重新回到國內，並在聖保羅天主教大學任教。1988 年至 1991 年間，他擔任聖保羅市的教育部長——這個位置使弗雷勒能夠進行巴西國內三分之二學校的教育改革。

1992 年時，超過 200 名來自世界各國的成人教育工作者、教育改革者、學者及基層社會運動者齊聚紐約慶賀弗雷勒 70 歲生日，當時亦曾舉辦為期 3 天的活動及工作坊以對弗雷勒表達敬意，這充分顯示了弗雷勒教育工作及思想對於現代教育工作者的重大影響。1997 年 5 月 2 日，弗雷勒於里約熱內盧（Rio de Janeiro）辭世，享年 75 歲。

「動搖國本」的教育主張

在一般人的看法中，教育與政治之間應該是涇渭分明的，教育應該是中立於政治之外的。但如果照弗雷勒的說法，教育是一種「政治行動」，這樣的說法是否未免太過「泛政治化」呢？

其實弗雷勒的目的，正是要將教育「泛政治化」。弗雷勒之所以做出教育即政治行動的基進描述，主要原因即在於其認定過往「教育是中立」的主張原本就是充滿政治性的。傳統的教育及教學模式在面對著現有的政治體制與既得利益者的權益時，常是曲意維護的，教育根本就沒有獨立於政治之外的空間，甚至於我們還可以說，教育就是為宰制者服務的，它是隸屬於現有政治體制之下的。弗雷勒強調，為了要克服社會上種種的不公與不義，我們必須要承認教育行動本身的政治性，教育的政治性在於教育本身即是一項極為重要的社會改造與人民解放行動。為了要發揮教育行動的改造功能，我們必須戳破「教育是中立於政治之外」的迷思。固然教育仍然是為政治服務的，但過去教育是為宰制者、壓迫者而服務，現在則應該是為被宰制者、受壓迫者服務，進而成為屬於受壓迫者的教育學。教育應該回復為一種真正以人為本的人性化解放行動。從弗雷勒的觀點來看，教育做為一種政治行動，它幾近於一種「動搖國本」的革命性激烈行動。弗雷勒的受壓迫者教育學不只是革命性的教育學（revolutionary pedagogy），更可說是一種為了革命的教育學（pedagogy for revolution）。由於它是如此的基進，也難怪弗雷勒的教育學說雖然十分有影響力，但卻不一定見容於一些主流教育的機構或知識分子。

弗雷勒之所以形成如此革命性的基進教育學說，除了來自於其本身從事成人教育的親身體驗外，在其理論的形成上亦有其淵源。根據我國學者王秋絨的歸納（王秋絨，1990: 55-69），弗雷勒教育學說主要受到兩種學術思潮的影響，一是來自歐洲的學術思潮，另一則是巴西本身所處的拉丁美洲的哲學思潮。

在後者部分中，影響弗雷勒較深者，有墨西哥的吉伊（Leopoldo Zea）、阿根廷的杜賽爾（Enrique Dussel）以及拉丁美洲的解放神學等。其中吉伊所給予弗雷勒的啟發主要在所謂的「哲學關懷」方面。吉伊指出，哲學的主要關懷有下列幾點：（一）做為人類就是做他自己。（二）強調此時此地的人類問題的解決，而且解決問題的方法是辯證。（三）重視對於科技意識型態及人類不平等之社會問題的分析。（四）思考人類如何解放、追求自由的問題。（五）哲學是從行動中反省而來，而反省本身則是不間斷的，哲學的本質也是不斷變動的。從這些哲學關懷看來，弗雷勒所強調的人性化、存在的經驗、自由、解放等基本的哲學觀念，都可說承繼了吉伊的看法。

杜賽爾則從「中心」與「邊陲」的角度，解析拉丁美洲受到壓制的地位。他認為拉丁美洲人民的生活都是在為他人而活，缺少真實的反省。因此與歐洲哲學強調理性、邏輯不同的，拉丁美洲哲學常是以批判的、辯證的態度來看待社會的變遷。杜賽爾進一步認為，我們應以辯證的方式來改變不合理社會事實的實踐方式。杜賽爾實踐的、變動的辯證哲學，對弗雷勒日後發展對話哲學的辯證方法可說有著很大的啟發。

另外在解放神學方面，由其強調以知識分子做為解放運動的主角，並且主張以揭櫫信仰、公義的生活做為神學的主體及反省的對象，這使得解放神學充滿了人道主義的色彩。解放神學更主張關懷窮人、向窮人學習、免除壓制窮人的偏見，並重視發展啟迪民眾改變自己異化的動機與能力的方法，以形成反省與實踐合一的革命行動階段。弗雷勒受到解放神學實踐革命決心及人道主義的影響，使得他在教育思想與方法上特別重視自主、自由與平等、尊重的觀念。

弗雷勒受到歐洲學術思潮的影響方面則顯得相當多元，概可分為教育的無政府主義、位格論（personalism）、存在主義、左派佛洛依德、早期法蘭克福學派及馬克思主義等幾方面的影響。

其中在教育的無政府主義方面，包括古德曼（P. Goodman）、伊利希（I. Illich）、歐利格（I. Ohliger）、費瑞爾（F. Ferrer）等人的看法，這些學者率多主張，教育要從國家控制中解放出來，並充分享有教育自由。弗雷勒雖未基進到完全反對政府涉入教育實務，但卻採行了教育應享有充分自由、尊重個性、發揮人性的主張。在位格論方面，果多努（P. Godonoo）認為弗雷勒特別受到蒙尼耶作品的啟發。蒙尼耶是一位法國的知識分子，也是一位批判傳統基督教與歐洲理性主義的天主教作家。弗雷勒的思想有許多與蒙尼耶的類似之處：他們都認為歷史有它的意義；雖然人類歷史仍不乏戰爭與疾病，但歷史依然是朝著更好的人性與解放在邁進；人性有著一個光榮的使命，就是要進行其自身的解放。所謂的位格論其實並非一種政治制度，也非哲學；它是一種觀點，一種樂觀的看待世界的方式，也是一種對於行動的召喚，而這些亦都是弗雷勒思想的特點。在現象學及存在主義方面，從弗雷勒的著作中，我們常可看到沙特（J.-P. Sartre）、雅斯培（K. Jaspers）、馬塞爾（G. Marcel）、海德格（M. Heidegger）、卡繆（A. Camus）等存在主義學者的影響力。例如弗雷勒主張「真實的認知行動」，要求人們成為具有存在志業的「主體」及對於「對話」的重視、關於「界限處境」（limit situation）的分析等，在在都顯示了存在主義在弗雷勒身上的影響痕跡。

弗雷勒在壓迫心理學上的分析，主要受到了一些精神分析學者——如佛洛依德（S. Freud）、容格（C. Jung）、阿德勒（A. Alder）、弗洛姆及法農（F. Fanon）等人的影響。弗雷勒相信教育能夠抵消壓迫心理的影響，改進人類處境，並且對於人類的存有志業帶來貢獻。其中特別是在左派佛洛依德學說所提供的影響上。此派學說主要是對於佛洛依德所提出的心理分析學說進行了社會性的修正，其認為佛洛依德的理論固然有助於洞察人的本質總是受到道德要求與社會期望的潛意識影響，但仍不能據此改變社會結構與價值，反而會試圖藉由精神治療方式來幫助個人適應既有社會體制。左派的佛洛依德學者進而認為，精神分析的目的應是在建構一個平等、自由與沒有人性壓抑的社會，而不是在使個人重新適應社會。弗雷勒採取了左派佛洛依德的看法，嘗試透過精神分析來解釋民眾雖然明知自己利益所在，卻仍不能以實踐來爭取己利，因而主張透過對話來發展出「覺醒」，造成個人的解放，進而透過民眾的實踐，達成社會結構的改革與人性的解放。另外在早期的法蘭克福學派的影響方面，主要影響弗雷勒則是弗洛姆及馬庫色（H. Marcuse）的學說。弗洛姆的「為己存有」的觀念常被弗雷勒引用為評估農民生活是否合乎人性的主要依據，而弗洛姆的「擁有或存有」（to have or to be）的觀點也常為弗雷勒所使用。弗雷勒有時也會引用馬庫色的觀點來批判巴西的壓迫者將技術與科學合法化為其壓迫的工作，使人民在科技理性的支配下，逐漸失去了表達自己情感與反省的能力，並將自己物化。

在馬克思主義的影響方面，雖然馬克思本人對於教育的作用似乎頗為懷疑，但馬克思在解釋人類社會發展現象時所使用的論點，往往卻成為弗雷勒解釋巴西當時社會現實、文化發展的基礎。例如弗雷勒會從階級壓迫的觀點來說明宰制菁英對於受壓迫者大眾的操控與侵害，並將受壓迫者所接受的教育視為統治階級塑造意識型態的工作，他在作品中常常使用馬克思主義的術語，包括假意識（false consciousness）、異化（alienation）、宰制（domination）、壓迫（oppression）、階級鬥爭（class struggle）、文化革命（cultural revolution）等，這些都可以看出馬克思主義對於弗雷勒的啟發。而在當代的馬克思主義學者中，格蘭西（A. Gramsci）是較常為人所注意到且常為弗雷勒所引用的學者。此外，還有一位弗雷勒在其早期著作中較少提到，但在後期著作卻多處提及的學者柯錫克（K. Kosik）。弗雷勒主張具體現實亦是日常生活現實的一部分，它是人類可以改變的。這種說法應該是受到柯錫克提出之「具體現實」（concrete reality）——包括制度、觀念、概念等——觀點的影響。泰勒（P. V. Taylor）曾比較了柯錫克著作《具體的辯證》（*Dialectic of the Concrete*）及弗雷勒《受壓迫者教育學》中各章的主旨及論題架構，發現到弗雷勒與柯錫克之間有許多共通處（Taylor, 1993: 44-45）：

柯錫克《具體的辯證》各章的論題架構

第一章　智識與社會的再製：整體、具體的現實

第二章　經濟人（homo oeconomicus）vs. 社會囤積結構（social banking structures）；合理性（rationality）的增長，關於現實之有意識或潛意識的觀點；藝術即歷史與文化

第三章　文本的閱讀及對世界的閱讀；在勞動及自我實現背景中的人類即主體／客體（Subjects/Objects）

第四章　實踐（praxis），歷史與自由，人類的本性，意識與歷史中的世界現實

弗雷勒的《受壓迫者教育學》的架構

第一章　說明受壓迫者的教育學的正當性，解釋壓迫現實的成因

第二章　囤積式教育（banking education）vs. 提問式教育；人類即一種有意識的、未完成性存有，其所處的是一種不斷追求人性化的生成過程

第三章　在做為主體的民眾之間的對話，自由的社會實踐，意識的階段。

第四章　對話論（dialogics）與反對話論（antidialogics）：實踐的母體；在世存有與壓迫、征服及解放的本質。

從兩書的架構中，我們可以看到兩書中有許多論題是共通的，包括社會再製及壓迫現實、社會囤積式結構與囤積式教育、對於世界的閱讀以及對話的實踐；自由實踐及對話理論等。當然，弗雷勒並不是全盤「抄襲」柯錫克的思想，但在這樣的比較之中，我們卻不難發現兩人學說之間的關連性。照泰勒的說法，正是柯錫克引發了弗雷勒心中祕藏的馬克思主義，而弗雷勒則是吸收了柯錫克的馬克思主義思想，並且加上他對其他教育學理論的消化後，形成了屬於他自己的教育學說。

總而言之，在前述的思想淵源及背景下，弗雷勒形成了下述的基本假定，而與這些假定有關的思想主題則一直貫穿於他的著作之中，成為我們瞭解他教育學說的重要基礎：

（一）對於人性的假定：弗雷勒以為，人生活在這個世上，有其基本的存有志業（ontological vocation）。人做為一種未完成的存有，其存有志業就是要成為一個能夠在世上行動及進行改造工作的主體（Subject），惟有成為這樣的一個主體時，人才能有更多的可能性，讓自己及群體的生命更加的豐富。

此外，弗雷勒對於人性中的主動與批判能力也抱有信心。他相信，每個人不管是如何「無知」或是活在「沉默文化」中，都仍能夠以批判性的眼光看待他的世界，並且與其他人間產生一種「對話性的邂逅」。倘使在這種對話性的邂逅關係中，能夠提供其適當的工具，他將可以漸漸察覺到個人與社會的現實及內含其中的矛盾，並且能夠以批判的態度來處理現實中的問題。這時，即使是一個農民對於其鄰近的友伴來說，都仍然可能比外來的教師更有效地達成這個過程。「人透過世界這個媒介，可以彼此地進行教育。」

（二）對於世界的假定：弗雷勒認為，與人發生關連的「世界」，並非一個靜態與封閉秩序的世界。在靜態封閉的世界中，人只能被動地接受既定現實或是調整自己。但人所處的世界，卻是一個動態開放的世界，其中存在著種種課題及任務，等待著人們去解決與面對。因此，世界對於人來說，應該是用以創造歷史的素材；面對著壓迫現實，人類必須去克服特定時空環境中「非人性化」狀況，進而創造出一個無壓迫的新世界。此外，弗雷勒也提出，西方世界中的先進科技固然提供了人們從事社會改造任務時所需的資源，但是當在社會實況中第三世界人民所受的苦難與掙扎是來自於科技對人性的否定時，我們仍必須對目前的非人性化秩序進行否定的行動。

從前述的看法中，我們可以發現，基本上弗雷勒認為改造世界或社會是可能的。而改造的關鍵，就在於受壓迫者能夠以自己的方式去命名、解讀這個世界，而不再以壓迫者的角度來詮釋自己的生命。當人們能夠主動去命名周遭的世界時，其所進行的不再只是一種抽象性或是巫術性的行動，而是一種發現自我及瞭解自身潛能的方式。以弗雷勒的話來說，就是「每個人都重新贏回他自己的權力」，去「說自己的話，去命名這個世界」。特別是當那些原屬社會邊緣的被宰制者發生徹底的轉變時，他們就不再願意只做一個被動回應周遭改變的「客體」；卻成為一個能夠決定去採取某些抗爭行動，去改變那些原先壓迫他們的社會結構的

「主體」。

（三）對於教育的假定：弗雷勒認為，沒有所謂「中立的」教育過程存在。教育要不就是做為一種統整年輕一代進入現存體系並且使他們能順應體系的工具；要不便成為自由的實踐，藉著教育，人們可以批判地或是有創造力地去面對自己的現實，並發現如何去參與改變這個世界的歷程。

因此，弗雷勒所主張的教育是一種「解放教育」（liberatory education），教師的角色則是批判的文化工作者（critical cultural worker），教育應該能夠提供一個公開的「論壇」。在這樣的教育中，學生、教師與整個社區可以自由地想像、實踐權力，讓所有參與教育的人們都能獲得「賦權增能」（empowerment）。解放教育的內容包括了批判意識（critical consciousness）的培養以及和解放性實踐有關之適切技能的發展。教育的過程應該是對話性的，而且參與教育對話的學生與教師應該具備平等的角色，學生同時也是教師，教師同時也是學生。更進一步地說，解放教育是解放性實踐（liberatory praxis）的一部分，而解放性實踐的目標則是為了要改造社會秩序。是以，弗雷勒眼中的教育，其實是一種為了革命做準備的教育，一種足以動搖壓迫現實之根本的教育。

當然，像前面所說的，弗雷勒這樣的教育主張，無疑會在社會中造成一些緊張，特別是對於社會中的掌權者及少數菁英會帶來相當的壓力。不過我們必須記得的是，弗雷勒教育思想的形成有它的特殊背景及時空因素，當一位滿懷改革理想及熱情的知識分子面對著其所處當時的各種社會不公義及貧富差距的現況時，他必然會對這樣社會中的教育產生不信任甚至質疑，因而會產生出較為激烈的學說與思想。但弗雷勒比一般理論學者更勝一籌的是，其所從事的不是坐在安樂椅上的理論創發，卻是摩頂放踵的起而力行。在他的著作中，發現到的往往不只有基進的學說思想，而是能夠實際地感受到弗雷勒推動改革的熱情及其對於人性抱持的樂觀態度。嚴格說來，在弗雷勒的學說中，理論的嚴密與系統並不重要，真正重要的是流露在字裡行間的對於讀者的殷切召喚。從這個角度來說，弗雷勒的教育學說，不僅在西方教育思想的發展中標誌了一個新的時代的來臨；對於那些想要投身於社會改造工作、尋求教育實驗觀念與方法的人來說，弗雷勒的思想亦將可以對其生命歷程形成極為重大的啟發。

撼動世界的作品【譯者註】

《受壓迫者教育學》（*Pedagogy of the Oppressed*）是弗雷勒在英語世界問世的第一本書。之前他曾以葡萄牙文及西班牙文寫作了許多文章。弗雷勒正式出版的第一本書應該是 1967 年的《教育：自由的實踐》（*Education: The Practice of Freedom*），該書源起於他在 1964 年坐監時所寫的一些摘記，亦可說是弗雷勒教育哲學的導言。在該書中弗雷勒詳細解釋了其創造「創生字詞」（generative words）的方法，並且也略為說明了教師與學生應該被視為覺醒的主體，他們應該成為自己意義的創造者，並且可以對於現實進行批判性的省察。1969 年時，弗雷勒融合了自己在智利的實地工作經驗與長久以來的學術興趣，出版了《推廣或溝通》（*Extension or Communication*）。後來這兩本書翻譯為英文

【譯者註】本部分係參照 Taylor（1993: 12-33）、Graceffo（2001: 113-118）等資料寫成。

後，合在一起於 1974 年時以《批判意識的教育》（*Education for Critical Consciousness*）為名而出版，比《受壓迫者教育學》的英譯還晚了 4 年出版，這或許也可以解釋為什麼許多英語系的讀者常認為後者才是弗雷勒最具影響力的作品的原因。

但是《受壓迫者教育學》卻是弗雷勒第一次以英文在歐美出版的著作。在《受壓迫者教育學》出版之前，弗雷勒曾在 1970 年的《哈佛教育評論》（*Harvard Educational Review*）發表了兩篇文章——該兩篇文章後來則集結在《追求自由的文化行動》（*Cultural Action for Freedom*）中出版。弗雷勒在《受壓迫者教育學》中試圖去重新發現知識分子的人性化使命，它主張知識分子必須和民眾站在一邊，共同從事教育這項重要的文化及政治行動。弗雷勒認為光只有思想或是學術研究，並不足以創造出《受壓迫者教育學》這本書，因為這本書係植根於具體情境，來自於他在實地教育工作中直接或間接觀察到的現實。在弗雷勒為本書所做的前言中，即特別指出這本書是源於他在智利政治流亡 6 年過程中的觀察。

如果說，教育史中的盧梭（J.-J. Rousseau）將教育的重心從成人轉至兒童身上，直可視為「教育史上的哥白尼式革命」。那麼弗雷勒從社會及經濟、心理的角度切入，主張教育應撇棄「壓迫者」的觀點，而建立以「受壓迫者」為主的教育學，其成就及影響力應也不亞於盧梭的貢獻，而且弗雷勒不只是像盧梭一樣空想著愛彌兒的教育實驗，他更是實地投入成人識字教育的工作中，連結了理論與實踐。弗雷勒就指出，所謂「受壓迫者教育學」，其實其勾勒的正是基進主義者的「工作綱領」，也就是說，教育「學」不只是理論的「學」，更是實際工作及行動的「綱領」。透過實地工作所累積的資料，遂使得弗雷勒敢嗆聲地提出一些大膽的主張，並且也能樂觀地看待人性及現實改造的可能性。他主張我們應該堅持下列的信仰：對於民眾的信任、對於整個人類的信心以及對於創建一個更多愛的新世界的信念。

前述的在《哈佛教育評論》中發表的文章及《受壓迫者教育學》的出版，帶給弗雷勒極高的國際聲譽，弗雷勒被視為基進的甚至是革命的教育學代言人，在 1960 年代末各項社會運動及學生運動風起雲湧的時代裡，他甚至成為一個時代的象徵。弗雷勒積極地參加各種國際間的活動，由於出席各種會議之故，他也曾到過莫三比克、祕魯、安哥拉、坦尚尼亞、聖多美與普林西亞、幾內亞比索等處。而其中在幾內亞比索的活動對於其日後觀念及實際工作或許影響最大，所以弗雷勒特別將他在 1975 年至 1976 年間寫給當地教育工作者與政治人物的信件彙集成為《過程中的教育學：致幾內亞比索的信》（*Pedagogy in Process: Letters to Guinea-Bissau*）一書。在這本書中弗雷勒顯示了關於學習、覺醒和自由之間的權力關係的更清楚立場。

1985 年時，弗雷勒出版了《教育政治學：文化、權力與解放》（*The Politics of Education: Culture, Power and Liberation*）一書，該書主要在重新印行之前一些文章及對談的選集（特別是 1965 至 1975 年間），其中一篇較新的文章是 1984 年與馬賽多（D. Macedo）的對談紀錄。1987 年時，弗雷勒又出版了一本《解放的教育學：改造性教育的對話》（*A Pedagogy for Liberation: Dialogues on Transforming Education*），這本書則是他與索爾（Ira Shor）間一系列對談的紀錄。本書不只是受壓迫者教育學的重述，更包括了弗雷勒本身的一些反省及索爾深入與鋒利的分析。弗雷勒本人似乎對於這種談話書（talked book）產生了癮頭，他在 1987 年又出版了《識讀：閱讀話語及世界》（*Literacy:*

Reading the Word and the World)，這本書又是他與馬賽多的對話紀錄，其中所講的「識讀」不是偏重在識讀教學的技巧，而是認為識讀的目標是在學習「可能性的語言」(language of possibility)。1989 年時，弗雷勒與方德茲（A. Faundez）共同出版了兩人的對談紀錄《學習發問：解放的教育學》(*Learning to Question: A Pedagogy of Liberation*)。1993 年，弗雷勒則將其擔任聖保羅市教育部門主管其間的一些會談紀錄編輯英譯成《城市的教育學》(*Pedagogy of the City*）一書。

1994 年《希望教育學》(*Pedagogy of Hope*）一書英文版問世。該書可說是自從《受壓迫者教育學》一書出版後學界翹首盼望已久的弗雷勒作品。該書是《受壓迫者教育學》的進一步擴充，雖說其中並無與前書截然不同的革命性觀念，但透過這本書我們可以更加理解弗雷勒的批判教育學說。弗雷勒自述將該書分為三個部分：首先他敘述了自己的孩提、青年及早年身為律師、教育工作者之專業經驗及其對教學實踐的重要性。這一部分是結束於他寫《受壓迫者教育學》時所發生的一些事件。第二部分則與弗雷勒就《受壓迫者教育學》所遭受批評進行的分析有關。最後一部分弗雷勒描述了他與那些批評《受壓迫者教育學》人士之間的辯論、對話等。弗雷勒之所以稱此書為《希望教育學》就在於，他知道有許多人批評《受壓迫者教育學》是空想的、不切實際的，但他認為「希望」是一種存有上的需要（ontological need)，希望應該植根於實際，以便日後能成為「歷史上的具體」。沒有了希望，人們就會變得無望，因而無法開展改變的鬥爭。當然這本書裡懷抱的不只是希望，它還包括了愛與憤怒。弗雷勒就自承，該書是在「憤怒與愛中寫成，沒有這些就沒有希望」，它要說明及捍衛的是進步主義式的後現代性（progressive postmodernity），但卻拒斥保守及新自由主義的後現代性（conservative, neo-liberal postmodernity）。

1996 年時弗雷勒出版了《致克里絲提娜的信：對於我的生命及工作的反省》（*Letters to Cristina: Reflections on my Life and Work*）一書，弗雷勒在 18 封給其姪女的信中，進一步界定了他的教育及政治哲學。1997 年時弗雷勒過世，不過從 1997 年至 1998 年間，3 本弗雷勒的英文著作卻接連出版：《心的教育學》（*Pedagogy of the Heart*）、《教師即文化工作者：致有勇氣從事教學者》（*Teachers as Cultural Workers: Letters to Those Who Dare to Teach*）、《自由教育學：倫理，民主與公民勇氣》（*Pedagogy of Freedom: Ethics, Democracy and Civil Courage*）。

從前述弗雷勒重要著作（特別是有英譯本者）的概述，可以發現《受壓迫者教育學》在弗雷勒作品中的特殊地位。它不僅奠立了弗雷勒的國際聲譽，而其後弗雷勒的著作其實也不脫對於本書主要觀念的擴充、反省與修正，就連備受期待的《希望教育學》也不例外。是以對於弗雷勒有興趣的讀者來說，研讀《受壓迫者教育學》一書，應該是瞭解弗雷勒教育思想的第一步，也是最重要的一步。

《受壓迫者教育學》簡介

《受壓迫者教育學》可以說是弗雷勒最重要的代表作，自從其出版以來，已經有包括西班牙文、葡萄牙文、英文、德文、法文、義大利文、韓文及日文等版本，至於中文的簡體字版本亦已在中國大陸發行。其中西班牙文版甚至印了超過 35 版、葡萄牙文版則有 19 版、英文版亦已印了超過 12 版。後來本書於 2000 年出版的三十週年紀念版，其中增加了弗雷勒友人馬賽多所寫的序言。在馬賽多的序言中，追憶了弗雷勒的生平及本書所產生的重大影響力。2018 年則出版了五十週年紀念版（即本書），馬賽多又多寫了相當篇幅的導言。不同年代週年紀念本的印行，在在顯示了本書的影響力歷久不衰。

透過《受壓迫者教育學》，弗雷勒將他的教育哲學與批判觀點引介給世界各地的教育工作者、社區組織工作者、教會工作者以及政治、社會科學家等。是以雖然本書是以「教育學」為名，但由於它所處理的不只是教育、教學上的問題，而是更多地注意到語言的力量（power of language），其中弗雷勒還特別注意到「識讀」所具有的政治解放功能，這使得《受壓迫者教育學》不只是以教師為寫作的對象，它的對象其實是包括所有基進分子（radicals）在內，它是為所有具有熱情而急切地想要從事社會改造的人士們而寫的。

弗雷勒除了將成人教育中的識讀教育賦予政治解放及社會改造的意涵外，依照筆者的看法，弗雷勒在本書中至少對於教育思想及教育活動的進行做出了下列的主張，而這幾點主張也可以成為我們在閱讀本書時進一步瞭解弗雷勒教育思想的起點：

（一）弗雷勒轉換了教育學的關注焦點，將教育的重心從壓迫者轉至受壓迫者身上，而且這種教育學不只是「為了」受壓迫者的教育學，它更是「和」受壓迫者一同進行的教育學。在弗雷勒的看法中，教育學必須成為「和」受壓迫者（不論是個人還是民眾）一起從事恢復人性的持續抗爭中淬煉出來的「受壓迫者」。這種教育學必須使壓迫本身及其成因成為受壓迫者反省的對象，而且讓受壓迫者從這種反省中能夠開始為了自身的解放來進行抗爭。就是在這樣的抗爭中，受壓迫者教育學因而能不斷地重新形成。

弗雷勒的受壓迫者教育學可視為一種對於教育活動或教育理論重心的轉移，而且弗雷勒更對這種重心的轉移賦予了社會及經濟的意涵。原先以兒童為中心或以學生為中心的教育都是發生在教育環境或脈絡中的，但是弗雷勒將其分析的架構擴大到整個社會政治經濟結構中。從弗雷勒的分析來看，無論成人、教師，或是既得利益者、宰制菁英、男性等，這些皆可歸為壓迫者，而只要他們企圖仍保持受教對象的非人性化，以遂行其控制之實，他們就是壓迫者。至於受壓迫者教育學則是以受壓迫者為中心，幫助受壓迫者真正瞭解自己的處境及壓迫情境形成的真正成因，以便能夠使受壓迫者擁有批判性意識，從事恢復自己人性的抗爭。受壓迫者教育不是為受壓迫者設計好、擺在他們面前，等待他們來學習的教育，而是要讓受壓迫者真正認清自己，喚起受壓迫者，使他們能夠「覺醒」（*conscientização*）的教育學。「覺醒」一詞在《受壓迫者教育學》中相當關鍵，它指的是受壓迫者能夠去覺察社會上、政治上及經濟上的矛盾，並且進而採取行動，反抗現實中的壓迫性因素。

更深層來說，受壓迫者教育學也是屬於所有人的教育學，因為它是回復人性的教育學，所以它不僅適用於受壓迫者，也適用於壓迫者，當受壓迫者教育真正實現時，壓迫的現實受到徹底的改造，那時就不再有壓迫者，也不再有受壓迫者，只有那些正在追求自由過程中的「人」。

（二）在《受壓迫者教育》中，弗雷勒也進行了教學方法的轉變。特別在第二章中，他論述比較了囤積式教育（banking education）與提問式教育（problem- posing education）之間的不同。按弗雷勒的說法，囤積式教育具有下列特徵（Freire, 2000）：

(a) 由教師來教學，而學生只能被教；

(b) 教師知曉一切，而學生一無所知；

(c) 由教師來思考，至於學生只是被思考的對象；

(d) 由教師發表談話，至於學生則只能乖乖地在旁邊聽話；

(e) 由教師來施予訓練，至於學生則只是被訓練的對象；

(f) 教師可以決定並強化他的選擇，而學生則必須服從遵守；

(g) 教師可以行動，但學生只能透過教師的行動產生自己也有行動的幻覺；

(h) 教師選擇教學的內容，而學生（未經過協商）只能去適應它；

(i) 教師身上混合了知識與專業的權威，其所處的地位則是與學生自由相對立的；

(j) 教師是學習過程中的主體，學生只是客體。

簡言之，在囤積式教育中，學生是被視為被動、溫順的客體，他只能乖乖地接受教師所講的一切東西，教師的教學就好像在銀行中存錢一樣，是在學生身上堆積知識，期待日後有一天存款能自動生息，這些知識也能夠自動增加。但這種教育卻無法培養學生主動、批判思考的能力，甚至會摧殘學生的創造力，使得學生在面對壓迫現實時常會不假思索地為壓迫者獻上自己的服務。

弗雷勒因而主張一種發問式的教育。發問式的教育主張所有人們都是生成過程中的存有（beings）——是一種尚未臻於完美的（unfinished）、未完成的（un-completed）存有，人所處的現實也是未臻於完美的現實（unfinished reality）。的確，與那些也是未臻於完美但不具歷史性的其他動物相較，人知道他自己是未完臻於完美的；人們對於自己的未完成性（incompletion）有所知覺。教育的根基正是在於這種未完成性與知覺中；由於人有這種未完成性，加上現實是可被改造的，所以使得教育必然成為一種繼續不斷的活動。在提問式教育中，人們可以用批判的方式去覺察其存在這個世界的方式；他們不再將世界視為靜態的現實，而是視為過程與轉化中的現實。

與囤積式教育將現實「迷思化」形成強烈對比的是，發問式的教育擔負了「解迷思化」（demythologizing）的任務。囤積式教育排斥對話；提問式教育則認為對話是揭露現實之認知行動中所不可或缺的部分。囤積式教育將學生看成援助的對象（objects of assistance）；提問式教育卻要使學生成為從事批判思考的人（critical thinkers）。囤積式教育抑制了創造力，並且試圖透過將意識孤立於世界之外的方式，來馴服（雖然不是完全毀滅）意識的意向性，囤積式教育由此進而否定了那些使人們能更加人性化的存有性與歷史性志業。提問式教育則是以創造力為基礎，它可以引發對於現實進行真正反省與行動，它對於人類的存有志業有所回應，因為人們只有在其從事探究與創造性改造時，他們才會成為真實的存有。

弗雷勒對於囤積式教育與提問式教育的區分相當著名，很多人只要對於弗雷勒略知一二，大概就會知道 banking education 與 problem-posing education 這兩個名詞。而若要對於這種不同形式的教育有著更深入的認識，本書的第二章是頗值得讀者細讀的。

（三）在論述提問式教育的同時，弗雷勒也提到了在這樣的教學中，教師與學生的角色發生了轉變，教師不僅是教師，在教學的過程中，他同時也成了學生；學生不僅是學生，在教學的過程中，他同時也成了老師。發問式的教育之所以會帶來這種師生關係或角色上的改變，主要原因有二。第一，提問式教育打破了囤積式教育的上下模式特性，強調對話與溝通的重要，這使得原先傳統教育中所謂的「學生的教師」(teacher-of-the-students)與「教師的學生」(student-of-the teacher)不復存在，取而代之的是兩個新的名詞：「同時身為學生的教師」(teacher-student)與「同時身為教師的學生」(student-teachers)。事實上，弗雷勒在論述到提問式教育時，也都是使用「同時身為學生的教師」來代替「教師」一詞，「同時身為教師的學生」來代替「學生」一詞。第二，原先囤積式教育是將教育工作者的行動分成兩個階段。在第一個階段中，教育工作者是認知到某個「認知對象」。在第二個階段中，教育工作者則向其學生解釋說明這個事物，而學生只被要求去記憶這個事物，學生本身並沒有實際執行任何的認知行動，因為與行動目標有關的對象是教師所擁有的「財產」(property)，而非能夠喚起教師與學生之批判反省的媒介。至於提問式教育則不將教育工作者的教育活動截然二分。教師不能在某一時刻是「認知的」(cognitive)，在另一時刻又成為講述的(narrative)。無論其是否在準備一個教學計畫或是正在進行與學生的對話，他總是不斷地在認知當中。教師並不將那些「認知對象」視為自己的私有財產，而是將其當成其與學生共同反省的對象。以此方式，發問式教育工作者可以在學生的反應中不斷更新自己的反省。學生——不再是溫馴的聆聽者——現在成為與教師進行對話的、具有批判力的共同探究者(co-investigators)。

總之，在弗雷勒的提問式教育中，教師不再只是那個教導的人。在其與學生對話的過程中，教師本身也受到了教導；學生在接受教師教導的過程中，學生本身也在教導教師。在進行教學時，教師會基於有關學生的考量提供教材，而當學生表達了他們自己的看法時，教師又重新考量他原先所做的考量。所以教育活動成為教師與學生同時必須擔負的責任。在弗雷勒式的教育中，沒有人可以完全去教另一個人的，也沒有人是可以完全自己教自己（self-taught）的。人們是彼此教導的。

（四）如前述，弗雷勒將教育重心的轉移賦予政治與社會的意涵，這使得他的教育目標也發生了轉變。在弗雷勒的看法中，民眾的識讀能力與批判意識的形成有著密切的關係，教學行動因而是一種政治性的文化行動。弗雷勒亦將教師的角色定位於文化工作者，因為教師從事的不只是教學的活動，其所從事的更是「介入性」的活動，教師必須「介入」現實改造的過程。是以，對弗雷勒來說，教育行動的目標應該是政治性的、解放性的自由教育，教育活動應該促成文化革命的發生，它必須以壓迫現實的消除以及人性的回復做為其終極的目標。受壓迫者教育學可說是為真正的革命所進行的預備工作。

另一方面，因為革命的目標是在試圖透過不斷解放的過程，設立一個屬於人們的社會，克服壓迫的情境，所以革命應該也同時具備教育性、對話性的特質。這樣子革命才會成為一場真正的「文化革命」。革命所具有的教育特性，是一種讓革命免於被制式化、官僚化最有效方式；因為所有的反革命都是來自那些原先是革命分子的反動。從弗雷勒的觀點來看，教育本身應該是革命性的，而革命本身則應該是教育性的。這樣的觀點，應也提供了後來批判教育學學者吉胡（H. Giroux）倡言「使教育更加政治化，使政治更加教育化」的靈感。

弗雷勒在《受壓迫者教育學》中所論及的當然遠遠超過前述所歸納的重點，而某些更深入的分析與敘述是有待讀者去發掘的。當然對於許多讀者來說，閱讀本書應該是一個相當新奇的經驗，它可能會對讀者原有的視野造成一些顛覆甚至挑戰。不少讀者甚至可能覺得本書中的論點會帶來一些負面的反應及危險，例如他們可能會覺得弗雷勒有關於人類解放的論點純粹只是空想而已；有些人則可能會以為關於存有的志業、愛、對話、希望、謙卑、憐憫等問題的討論都只是弗雷勒的夢話而已；更有些人可能不會也不願接受弗雷勒對於那些維護壓迫者之現況者所進行的批判。但是不管如何，在閱讀本書時，讀者都應該更開放自己的心胸，去思索弗雷勒之所以提出如此基進論點的原因，去感受弗雷勒流露在字裡行間的熱情及悲天憫人的胸懷。那麼，這本書所帶給你的改變將不會只有知識的長進而已。

方永泉

參考資料

王秋絨，《弗雷勒批判的成人教學模式研究》。國立台灣師範大學教育研究所博士論文，1990。

Freire, P., *Pedagogy of Hope-Reliving Pedagogy of the Oppressed*. N. Y.: Continuum, 1994.

Freire, P., *Pedagogy of the Oppressed*. N. Y.: Continuum, 2000.

Graceffo, M., "Literacy to Liberate: A Bibliography of Freirean Pedagogy." *Collection Building*, pp. 113-118, 2001.

Palmer, J. A. (ed.), *Fifty Modern Thinkers on Education-From Piaget to the Present*. London: Routledge, 2001.

Reed, R. F. & T. W. Johnson, *Philosophical Documents in Education*. N. Y.: Longman, 1996.

Smith, M. K., *Paul Freire: The Encyclopedia of Informal Education Pages*. Online. Available: http://www.infed.org/thinkers/et-freir.htm, 1997.

Taylor, P. V., *The Texts of Paulo Freire*. Buckingham: Open University Press, 1993.

前言

這篇介紹《受壓迫者教育學》的前言，源於我在這 6 年政治流亡過程中的觀察，透過這段時間的觀察，使我先前在巴西所進行的教育活動的意義更加豐富。 35

在分析*覺醒*（*conscientização*）[1] 角色的訓練課程及解放教育的實際實驗中，我遭遇到了本書第一章中所提之「恐懼自由」的問題。一些參與訓練課程者常常注意到「*覺醒*的危險」，這顯露出他們對於自由的恐懼。他們說，批判意識，即是無法無天。其他人則再加上，批判意識會導致社會脫序。不過有些人也承認：為何要否認它？我過去是害怕自由，但我現在不再害怕！

在這些討論中之一，人們所爭論的是：對於某一特定不公義情境的*覺醒*是否會使他們陷入「毀滅性的狂亂」或是導致「他們世界的全面崩潰」。在討論的過程中，有一位曾擔任過多年勞工的人說出：「或許我是此地唯一來自勞工階級的人。我不敢說我已完全瞭解你們剛才所說的，但我能告訴你們一件事——當我開始這個課程之時，我是*天真的*，而當我發現到自己是如何的天真時，我開始變得有些*批判性*。但這個發現並沒有使我成為狂熱分子，我也沒有感到任何的崩潰。」

---

1 *覺醒*一詞係指學習去覺察社會上、政治上及經濟上的矛盾，並且採取行動，反抗現實中的壓迫性因素。見第三章。——英譯者註。

36 對於*覺醒*可能後者的疑慮，隱含著一個疑慮者隱而未顯的前提：對於那些身為不公義的犧牲者來說，最好就是不要發現他們自己是犧牲者。然而事實上，*覺醒*並不會導致人們「毀滅性的狂亂」。相反地，它會使人們以負責任之主體[2]的身分進入歷史過程中，*覺醒*可以幫助人們尋求自我的肯定而避免盲從。

> 批判意識的覺醒之所以會引致社會的不滿，原因即在於這些不滿其實正是構成壓迫性環境的一部分。[3]

對於恐懼自由的感受，其擁有者不一定會察覺到，但會使得他處處戒慎恐懼。這樣的個人在現實中總想尋求避難所來保證自己的安全，他或她寧可將自由視為危險的。如同黑格爾（G. Hegel）所說的：

> 唯有藉著生命的冒險，才能獲得自由……那些未將自己生命做為賭注的人，也許仍然無疑地可以被認定為一個人（a Person），但他並沒有獲得做為一個獨立自我意識時所認定的真理。[4]

人們很少公開承認自己對於自由有所恐懼，不過常常在無意中將其偽裝起來——以一種自由的捍衛者身分出現。他們將其疑慮用

---

2 *主體*係相對於*客體*而言，所指的是那些主動認知瞭解與行動之人。*客體*則是那些被認知瞭解與被動受到影響之人。——英譯者註。

3 見威弗特（F. Weffort）於弗雷勒《批判意識的教育》（*Educação como Prática da Liberdade*）一書之序言（Rio de Janeiro, 1967）。

4 見黑格爾，《精神現象學》（*The Phenomenology of Mind*）（New York, 1967），p. 233。

一種鄭重其事的態度掩飾起來，因為這種外表比較適合自由的守護者。但他們卻將自由與維持現狀混為一談；乃至於當*覺醒*可能會對現狀造成一些威脅時，似乎就會對於自由有所妨礙。

37

光只有思想或是研究，並不能創造出這本《受壓迫者教育學》；它植根於具體的情境，並且描述了勞工（農民或都市內的勞工）及中產階級人們的反應，這些都是我在教育工作中直接或間接觀察到的。由於不斷的觀察，使我能有機會修正或確認這本具導論性質作品中的論點。

對於許多讀者來說，本書中的論點或許會帶來負面的反應。有些讀者可能會認為我關於人類解放的論點，純粹只是理想；有些人可能甚至會認為關於存有志業、愛、對話、希望、謙卑、憐憫等問題的討論，只是「瞎說」而已。其他人則可能不會（或是不希望）接受我對於那些維持壓迫者之壓迫狀態的批判。因此，這篇具實驗性質的著作其實是為基進主義者（radicals）而寫的。我很確定，包括基督教徒或是馬克思主義者，容或他們是部分或是完全地不同意我，他們仍都會讀到最後。但是對於那些獨斷的、封閉的與「非理性」的讀者來說，他們將會拒斥我在本書中所欲開啟的對話。

源於狂熱心理的門戶之見者，總是自我設限；而受批判心靈所滋潤的基進化（radicalization）卻是充滿創造性的。那些劃地自限的門戶之見會造成神祕化與疏離化；而基進化則進行批判與解放。由於基進化會促進個人對於所選擇立場的投入程度，因而會使得他能更加努力去改變外在具體的現實。相反的，抱持門戶之見的看法者，由於神祕化及非理性的結果，他們會使得現實成為一種假的（也就是不可改變的）「現實」。

無論在任何時候，門戶之見對於人類的解放來說，都是一種阻礙。不幸的是，右派分子並不能招引出它真正的對立面：追求基進的革命分子。某些革命分子在回應時，常常墜入門戶之見中，而變得比較反動。儘管如此，此等可能性也不應使基進主義者變成菁英階級溫馴的爪牙。在從事解放的過程中，面對著壓迫者的暴力，他不能一直保持被動的狀態。

38 另一方面，基進主義者也不是一個主觀主義者。對他來說，主觀的層面僅只存在於與客觀層面有關的時候（具體的現實，正是他分析的客體或對象）。在一個辯證性的整體中，主觀性與客觀性共同參與，產生了與行動結合的知識。反之亦若是。

對於抱持門戶之見者來說，由於受到非理性的蒙蔽，他並未察覺到現實的動態性——要不然他也會曲解它。即使他能夠辯證地去思考，也是以一種「馴服式的辯證」去思考。右派的門戶之見者（我早先曾稱之為*天生的門戶之見者*[5]）企圖減緩歷史的進程，以「控制」時間從而去馴服人。而由左派轉向門戶之見的人，當其嘗試辯證地去解釋現實與歷史時，完全地走叉了路，因而墮入了命定論的立場中。

右派的門戶之見者不同於左派的故步自封者之處在於：前者想要去馴服控制現在，如此可使得未來亦被再製為「馴服的現在」，而後者則是認為未來業已預定——是一種不可避免的命運。對於右派的門戶之見者來說，「今日」與過去緊緊連接，是既定的、不可改變的；對於左派的門戶之見者來說，「明日」事先即已命定，也是不可更動的。無論左派或右派的門戶之見都是反動的，因為它們的基礎是源於錯誤的歷史觀點，這使得他們所

5 見《批判意識的教育》。

發展出來的行動形式會否定了自由的存在。一位想像著「馴服的」現在的人與另一位想像著命定的未來的人在一起，並不表示他們就會袖手旁觀（前者期待現在將會繼續下去，後者則等待那「已知的」的未來經過）；相反地，由於他們將自己封閉於不能逃脫的「確定性循環」（circle of certainty）中，這些人「造就」了他們自己的真理。這種真理不是男人與女人經過奮鬥、遭遇危險時所建造的未來的真理；它也不是男人與女人並肩作戰、一起去學習如何建造未來的真理——它不是群眾接受的既有事物，而是人們所主動創造出來的事物。無論左派或右派的門戶之見都將歷史視為禁臠，其中並無任何群眾的參與——群眾是另一種反對他們的存有方式。 39

右派的門戶之見者，是將自己封閉於「他的」真理中，其目的僅在履行他天生的角色；左派的門戶之見者，則是固執地否定他生來的角色。因為他們一直在「他的」真理周遭打轉，所以當其真理受到質疑時，他們會感到受威脅；他們認定那些不屬他們真理的一切事物都只是謊言。如同一位記者艾夫斯（Marcio Moreira Alves）所告訴我的：「他們患有一種不疑的疾病。」

「確定性循環」會使得現實被囚禁起來，而致力於人類解放的基進主義者則並未成為封閉於「確定性循環」中的囚犯。相反地，當他愈基進的時候，他所進入的現實也就愈加完整，他會更清楚地認識現實，並且更能去改造它。他並不懼於迎向未知世界的挑戰，也不畏於聆聽、目睹這未知的世界。他並不害怕與人們相遇，也不恐懼與他們進行對話。[6] 他不會將自己視為歷史與群

6 「只要理論知識仍然掌握在一小撮黨的『學究』中，黨終將面臨走錯路的危機。」參見盧森堡（Rosa Luxembourg）的《改革或革命》（*Reform or Revolution*），引自米爾斯（C. Wright Mills）的《馬克思主義者》（*The*

眾的領主，也不會將自己視為受壓迫者的救星；但在歷史中，他會與受壓迫者在一起進行戰鬥。

在下面篇幅中提出的「受壓迫者的教育學」，所要勾勒的正是基進主義者的工作大綱，這在門戶之見者的手中是無法實現的。

如果有些具足夠批判力的讀者能夠因著本書而改正自己原先的錯誤與誤解，加深對自己的肯定，並且指出我所未注意到的層面，筆者就心滿意足。雖然有些人可能會對我並沒有實際參與革命性文化行動的經驗，而對我的討論權利有所質疑，不過儘管我個人並無實際參與革命行動的經驗，但卻也不應因而否定我在此論題上進行反省的可能性。更進一步來說，以我做為一個運用對話式與提問式教育的教育工作者來說，我已經累積了相當多的資料，這些資料對我形成了挑戰，並使我大膽地在本書中做出一些主張。

40

藉由本書，我至少希望下列的信念能一直持續下去：我對於群眾的信賴、對於所有人們的信念，以及對於創造新世界的信念。透過這個新世界可以使得人們在其中更容易去愛。

在此我要表達我對於我的妻子艾爾莎（Elza）的感激之意，她是本書的「第一個讀者」，感謝她對於我的作品的理解與鼓勵。我也想要感謝一群朋友對於我的手稿所提供的意見，冒著可能會遺漏掉某些名字的危險，我必須提出考汀荷（João da Veiga Coutinho）、索爾（Richard Shaull）、蘭姆（Jim Lamb）、拉穆斯夫婦（Myra and Jovelino Ramos）、塔索（Paulo de Tarso）、阿方索（Almino Affonso）、山派歐（Plinio Sampaio）、艾納尼・菲歐

Marxists）（New York, 1963）。

利（Ernani Maria Fiori）、葛加多（Marcela Gajardo）、荷西・菲歐利（José Luis Fiori），與查卡利歐第（João Zacarioti）等人的名字，對他們表達我的感謝。不過本書所做主張的責任，當然仍屬於作者個人。

保羅・弗雷勒

第一章

從價值論的觀點來看，人性化（humanization）的問題一直是人類所面臨的核心問題，而此一問題現在則是我們無法逃避的問題。[1] 由於我們對人性化問題的關懷，使得我們會立即認知到，所謂的非人性化（dehumanization），並不僅僅是一種存有論上的可能性，而應該是一種歷史上的現實。當一個人察覺到某種程度的非人性時，他會問自己：人性化是否為一個可以實現的可能性？以人做為一個能察覺到自己未完成的不完美之存有來說，在人類歷史客觀具體的脈絡下，無論人性化或非人性化都是人的可能性。 43

儘管人性化與非人性化都是人類的可能性選擇，但只有前者才是人類的志業（vocation）。這個志業雖然過去常被否定，但正是因為這種否定，又重新證明了它的重要性。人性化的志業常遭

1 目前的一些反抗運動——特別是青年人的反抗運動——都必然地會反映其各自環境的特殊性，顯現其對於人類及人類做為在世存有的及人類與世界關係看法——這些運動對於人類「存有」到底是*什麼*及人類是*如何*「存在於」這個世界，可能都有屬於自己的看法。這些運動對於消費文化進行批評、譴責所有形式的科層體制、要求大學必須改變（改變僵化的師生關係，將師生關係置於現實的脈絡中）等，它們主張必須改變現實，以使大學能獲得更新。此外，它們也抨擊了舊秩序及既有制度，目的是在使人能成為抉擇的主體。這些運動都反映了我們這個時代的型態，與其說它們是人類中心的（anthropocentric），不如說他們是人類學的（anthropological）。

44 受到不義、剝削、壓迫及壓迫者所施暴力的打擊；但它也因著受壓迫者對於自由及正義的渴求而獲得肯定。透過受壓迫者的奮鬥，他們可以恢復他們過去所失落的人性。

非人性化代表的是，不只有某些人的人性被掠奪，也代表了有某些人在剝奪別人的人性（雖然是以不同的方式）。非人性是一種對於人性化志業的*扭曲*，在人類的歷史中，這種扭曲常常發生，但這種扭曲卻不是歷史的志業（historical vocation）。事實上，如果將非人性化當成歷史的使命，要不就會導致犬儒主義，要不就會造成完全的失望。而人們為著人性化所做的種種抗爭，包括勞動階級的解放、疏離的克服、對於人類位格的肯定，都將變成毫無意義。抗爭之所以可能，乃是因為非人性化雖是一個具體的歷史事實，但它不是歷史的宿命，而是由那個讓壓迫者運用暴力使受壓迫者非人性化的不公義社會所造成的結果。

由於非人性化是一種對於人性的扭曲，受壓迫者早晚都會開始反抗那些壓迫他們的人。為了要使這種反抗有意義，受壓迫者不應該在尋求恢復人性的過程（是一種創造它的方式）中，搖身一變，去壓迫那些原先壓迫他們的人，而是應該致力於同時恢復壓迫者與受壓迫者的人性。

這對於受壓迫者來說，可說是他們的偉大的人性化及歷史性任務：他們一方面要解放他們自己，一方面也要解放那些壓迫者。壓迫者雖然利用他們的權力，遂行其壓迫、剝削、強暴，但他們並不能從這種權力中發現真正的力量，而使受壓迫者或是他們自己獲得解放。唯有發自受壓迫者之弱勢的力量，才足以強大到使壓迫者及受壓迫者都獲得解放。任何試圖藉著對於受壓迫者的弱勢的尊重來「軟化」壓迫者權力的努力，所顯示出來的都只是一種假慷慨（false generosity）；事實上這種努力永遠無法擺脫其侷限。為了要能長久地表達他們對於受壓迫者的「慷慨」，壓迫者必須使不公義的情況行之久遠，因為一個不公的社會秩序，正是他們「慷慨」的永恆泉源，這種形式的慷慨將一直受到死亡、失望與貧窮的滋養。這也正是這些所謂慷慨的施捨者，即使當他們面臨到最輕微的威脅時，也仍然會感到岌岌可危的原因。

45

真慷慨（true generosity）所指的是致力於消除那些可能造成假慈悲（false charity）的因素。假慈悲限制了生活於恐懼中之受壓迫者，或是「生命放逐者」主動伸出其顫抖雙手的機會。真慷慨是發生於鬥爭之中的，它可以使這些生活於不幸中之人——包括個人與整個民眾——愈來愈不需要懇求別人的幫助；而是使他們能更加人性化，透過勞動來改變這個世界。

然而，這樣的學習課程必須發自於受壓迫者的身上，也發自於那些與他們結合為一體的人們身上。對於個人與群眾來說，他們必須透過回復人性的戰鬥，來回復真正的慷慨。有誰比受壓迫者更瞭解一個壓迫社會中的恐怖？又有誰比受壓迫者受到壓迫所帶來的更多痛苦？誰會比較瞭解「解放」的必要性？對於受壓迫者來說，他們不是偶然的獲得解放，而是透過他們的實踐，透過他們對於奮鬥必要性的體認才能獲得解放。在解放的戰爭中，由於受壓迫者本身的目的，他們的行動會是一種「愛的行動」，他們的行動會與壓迫者出於暴力的冷酷行動有所不同。壓迫者的行動偽裝於慷慨的外衣下，仍然是冷酷的本質。

但是在受壓迫者進行抗爭的初期，他們卻幾乎總是傾向於使自己成為另一個壓迫者或是「小壓迫者」（sub-oppressors），而不是追求真正的解放。他們的思想結構受到其具體存在環境的制約，雖然他們的理想是要成為一個真正的人，但對他們來說，成為一個真正的人所代表的常只是成為壓迫者，壓迫者變成了他們的人性楷模。為什麼會發生這種現象，主要是由於下列的事實：受壓迫者在其某一個體驗的特定時刻中，採行了一種「支持壓迫者」的態度，在這種情境下，他們未能充分清楚地思考何為壓迫者，並且也未將壓迫者「客觀化」——亦即發現到壓迫者其實並非存在於他們本身之內。這並不必然意味著受壓迫者不知道他們是被踐踏的，但是他們對自己受壓迫的知覺卻也因他們沉陷於壓迫的現實中，而受到減損。在這個層次上，他們即使知道他們與壓迫者處於敵對的立場，但也不表示他們必然會去從事於一種可以克服這種矛盾的鬥爭；[2] 這一端的受壓迫者便不再追求解放，而是想要去認同壓迫者的行為。

46

在上述的情境中，受壓迫者並沒有真正地看到，當解放取代了壓迫時，會有一個「新人類」自此種矛盾的解決中出現。對於他們來說，新人類所指的就是他們自己也變成壓迫者。他們對於新男人或是新女人的看法，是個人主義式的；由於他們對於壓迫者的認同，所以他們並沒察覺到他們是受壓迫階級中的人和其中一員。他們想要發動農業改革，並不是因為他們想要成為自由的，卻是企圖獲得土地，變成新的領主——或者，更準確地說，是要變成其他勞工的老闆。很少有佃農，當他有朝一日晉升為工頭時，他會對他昔日的伙伴不採取專制的手段來監管，其嚴厲程度甚至較老闆本身更尤有過之。這是由於佃農所處的大環境，仍未徹底改變的結果。在前述例子中，工頭為了要確保他的工作，必須表現出和老闆一樣的強悍——甚且過之。這也說明了我們先前的假定：在受壓迫者進行抗爭的初期，他們會在壓迫者的身上看到其做為「人」（manhood）的楷模。

---

2 本書中所用的「矛盾」一詞，所指的是在對立的社會力量中辯證性的衝突。——英譯者註。

即使是以解放過程來改變具體壓迫情境的革命，都必然碰到上述的現象。許多受壓迫者，無論他是否直接或間接參與革命——由於受到了舊秩序迷思的制約——都會使革命成為他們的私人革命。先前壓迫者的陰影一直籠罩在他們身上。

由於「對自由的恐懼」一直縈繞於受壓迫者的心頭，[3] 他們的恐懼可能會使他們欽羨壓迫者的角色或是使他們自限於被壓迫者的角色。對於這種恐懼，必須進一步予以考察。在壓迫者與受壓迫者的關係中，其中有一個基本要素就是*規定*（*prescription*）。 47
每道規定都代表了某個人將其選擇「強加」於其他人身上，規定意味著改變被規定者的意識，使其能符合於訂規定者的意識。所以，受壓迫者的行為其實是一種接受規定的行為，它所遵循的是壓迫者的指引。

那些將壓迫者形象內化並且採用其行動綱領的受壓迫者，他們懼怕自由，因為自由會要求他們必須拒斥壓迫者的形象，而以自主與責任來取代。自由是要靠征服得到的，而不是靠恩賜，它必須持之以恆地追尋。自由不是一種外在於人身的理想，也不是一種會變成神話的理想。它在追求人性完美的過程中，是不可或缺的條件。

為了克服壓迫情境，人們必須對壓迫的成因有著批判性的認知，如此才能透過改造行動，創造出一種新的情境，讓更完整之人性的實現能更加可能。但這種為了更加人性化所進行的鬥爭，在人們從事情境的改變時即已發生。雖然壓迫的情境是一種非人性的且使人非人性化的總體，它同時會對壓迫者及受壓迫者產生

---

3 對自由的恐懼亦可以一種不同的形式在壓迫者身上出現，雖然顯然它是以另一種形式出現。受壓迫者害怕擁抱自由；而壓迫者卻惟恐失去他們壓迫的「自由」。

影響，但是對後者來說，他們必須要出於他們受抑制的人性從事抗爭，以追求更完美的人性；對於壓迫者來說，因為他們是以壓迫手段使他人非人性化，所以他們自己本身即是非人性化的，他們無法領導這樣的鬥爭。

然而，對那些已經適應宰制結構的受壓迫者來說，由於他們已然順應了它們，所以當他們進行抗爭時會感到有所限制，以致於他們會認為自己無法冒險地從事這樣的工作。甚至於，他們為了追求自由所進行的鬥爭，所威脅的不只是壓迫者，另方面也會威脅到他們原先的同伴，而這些同伴是懼怕受到更多壓迫的。當他們在自己身上發現對於自由的呼聲時，他們察覺到，唯有當相同的呼聲在其他同伴的身上同時被喚起時，這種呼聲才能被轉化成為現實。可是當他們為對於自由的恐懼所支配時，他們卻會拒絕去呼召他人，或是拒絕聆聽他人的呼聲，乃至連他們自己良心的呼聲也掩耳不聽。他們會寧可結黨營私，但卻不喜歡真誠的革命情誼；他們會更喜歡順應於不自由的狀態下所產生的安全感，然而卻不喜歡因著自由與追求自由之行動而產生的創造性契合。

48

受壓迫者的內在心中有著一種雙重人格性（duality）。他們雖然發現到，若沒有自由的話，就不能真實地存在；但他們雖然渴求真實的存在，卻又懼怕真實的存在。他們一方面是他們自己，另方面又同時將壓迫者的意識予以內化。在做為完整的自我與分裂的自我間，他們有著衝突：一方面打從心裡排斥壓迫者，一方面卻又無力拒斥他們；一方面是人們的團結，一方面則是人們的疏離；一方面是遵守規定，一方面是做出自己的抉擇；一方面是看戲的人，一方面則是演出的人；一方面是主動的行動，一方面則是透由壓迫者的行動產生行動的錯覺；一方面是大聲說出，一方面則是保持沉默而將自己改變世界的創造能力閹割掉。

這正是受壓迫者所面臨到之兩難的悲哀，也是受壓迫者的教育中必須考量的重點。

本書中將會提到作者所謂受壓迫者教育學的幾個層面。首先，這種教育學必須是*和*受壓迫者（不論是個人還是民眾）一起從事恢復人性的持續抗爭中淬煉出來的，它不是為受壓迫者而做的。這種教育學必須使壓迫本身及其成因成為受壓迫者反省的對象，而且讓受壓迫者從這種反省中能夠開始為了自身的解放來進行抗爭。就是在這樣的抗爭中，受壓迫者教育學可以不斷地重新形成。

關鍵的問題是：原先為分裂的、不真實存在的受壓迫者，如何能參與發展其解放的教育學？只有當他們發現自己是壓迫者之「宿主」（hosts）的時候，他們方能對於其解放教育學的催生有所貢獻。當他們仍舊活在*成為什麼*（*to be*）就是*像什麼*（*to be like*）的雙重性中（而且所謂的*像什麼*又是指*像壓迫者*）時，這種貢獻是不可能發生的。受壓迫者的教育學就是幫助受壓迫者產生批判性發現的工具，在這樣的發現中，受壓迫者瞭解他們自己及壓迫者其實都是非人性化的具體後果呈現。

49

解放就像孩子的誕生，過程是痛苦的，但產生的人就是新人類。這個新生兒唯有在原先壓迫者與受壓迫者間的矛盾關係被所有群眾的人性化工作所取代時，才有可能長大成人。或是換個方式來說，矛盾的解決其實來自於將新的存有帶入這世界中時所進行的勞動中：不再有壓迫者，也不再有受壓迫者，只有正在追求自由過程中的人。

矛盾的解決不能在唯心論的名詞中完成。為了要使受壓迫者能從事解放的抗爭，他們必須瞭解壓迫的現實不是一個沒有出口的封閉世界，而是一個他們能夠改變的界限處境（limiting situation）。這種瞭解並非解放的充分條件，而是必要條件；它必須成為解放行動的激發性力量。壓迫者單只是發現到他們與壓迫者間存有辯證的關係（將壓迫者視為處於其對立面）——沒有他們就沒有壓迫者存在的事實[4] ——並不足以構成解放。唯有當這種瞭解能驅使他們去進行使自己自由的抗爭時，受壓迫者才能克服使他們深陷其中的矛盾。

這種情形對於個別的壓迫者（他們也是人）來說也是如此。當壓迫者發現自己竟是一個壓迫者時，他也許會產生相當的苦悶，但是這種苦悶並不必然會使他與受壓迫者「團結」在一起。他可能會以父權式的態度來看待受壓迫者，認為他們是處於依賴自己的位置，藉此來合理化自己的罪惡感。「團結」所需要的是一個人真正進入一個情境中與其他人在一起，它是一種徹底、基進的方式。如果受壓迫者的特徵就是指他們對於主子意識的臣服，如黑格爾所說的，[5]與受壓迫者間的真正團結就意味著必須要站在受壓迫者的一邊，來改變那使受壓迫者成為「為他存有」（being for another）的客觀現實。只有當壓迫者不再認為受壓迫者僅是一個抽象的概念，而是一個具有人格的人——受壓迫者也是人，只是過去在壓迫的情境中遭受種種不平的待遇，他們的發言權被剝奪，他們的勞動被販賣；只有當壓迫者不再裝出虔誠的、感傷的與個人主義的姿態，並且敢於真正進行愛的行動時，他才能真正與受壓迫者站在一起。真正的團結，只有在愛的行動

4 參見黑格爾（Hegel），如前引，pp. 236-237。

5 分析主人與受壓迫者意識間的辯證關係時，黑格爾說：「當說某個人是獨立時，意指他的本質就是為己（for itself）的；而當說某個人是依賴時，意指他的本質是為人（for another）的生命或存在。前者是主人或領主（Master or Lord），後者就是奴隸（Bondsman）。」同前引，p. 234。

中才能發現，只有在真正具體實現愛的行動時，它才會出現。假使我們單只是在口頭上說每個人皆是具有人格的人，宣稱每個人應該有自由，但卻不真正去做那些有益於實際之事，這仍將只是鬧劇一齣而已。

由於壓迫者與受壓迫者間的矛盾是存在於具體的情境中，矛盾的解決也應該要能夠得到客*觀的*驗證。是以對於那些發現自己（不論是男人或女人）是一個壓迫者並希望自己能與受壓迫者站在一起的人，我們有一個徹底的要求，那就是對於會導致壓迫的具體情境必須予以改造。

這種對於現實進行客觀改變的徹底要求，其實便是與主體的原地踏步所進行的戰鬥。由於這種主體的原地踏步，使得主體對於壓迫的認知轉變成一種希望壓迫自然消失的「耐心等候」。這種徹底的要求並非忽略在結構轉變之奮鬥過程中，主體性所具有的角色，相反地，若無主體性的時候，我們無法想像客體性的存在，兩者是不能截然二分的，它們若沒有彼此是不能存在的。將客體性自主體性中脫離出來，或是在分析現實時，否定主體性的存在，其實是一種客觀主義。另方面，若我們在分析或行動中否定客體性的存在時，就會產生一種主觀主義，從而導致一種唯我論的立場，如此便會因著否定客觀現實的存在進而否定了行動本身的存在。此處所主張的，既非客觀主義，亦非主觀主義，也不是心理主義，而是位於不斷辯證關係中的主體性與客觀性。

企圖在改變世界與歷史的過程中，否定主體性之重要性的想法，是過分天真與單純的想法。這種看法承認了某種的不可能：以為世界沒有人仍能存在。而主觀主義的立場也如客觀主義一樣天真：認為沒有世界，人依然可以存在。但世界與人無法分開存在，它們是存在於不斷的互動中。馬克斯並不認為世界與人可以分開存在，其他具有批判性、重視現實的思想家也不會如此想。馬克斯所批判的、試圖以科學方式來消除的，並不是主體性，而是主觀主義與心理主義。客觀社會現實的存在並不是偶然發生的，而是人類行動的成果，所以客觀社會現實也不是在偶然情形下即可予以改變。若是由人們產生社會現實——在「實踐的逆轉」（inversion of praxis）中，客觀現實又會反過來作用於人們身上並對其產生制約作用——那這種改造現實的工作就是一種歷史性的任務，是一種人類應該從事的任務。

具有壓迫性質的社會現實，會導致人與人間的矛盾，使他們分成壓迫者與受壓迫者。對於受壓迫者來說，他們的任務便是聯合那些能真正與其團結在一起的人，共同為自身的解放來進行抗爭，受壓迫者必須透過抗爭的實踐來獲得關於壓迫的批判性知覺。在獲得解放的過程中，其中最主要的障礙便是來自於壓迫性現實往往會將人們的意識吸納入內，並且進一步將人們的意識予以吞沒掩蓋。[6] 從功能上來看，壓迫即是馴化。為了不再成為壓迫力量下的祭品，人們必須從其中突破出來，並且進而改變這種情況。這整個過程唯有透過實踐的方式才能達成：對於世界進行反省與行動，以進一步改造世界。

在現實的壓迫中再加上對於壓迫的認知，仍會使得現實的壓迫更具有壓迫性。就像我們公開宣告那些人的不名

---

6 「解放的行動必定與察覺與意志發動的某個時刻有關。解放行動在該時刻之前和之後都有發生。它首先是以前奏的形式行動，之後它會在歷史中發生影響並持續。不過，宰制的行動並不必然具有這種性質；因為宰制的結構主要是受到它本身機械性質與潛意識性質的功能所維持。」參見菲歐利（José Luis Fiori）未出版的作品，多謝他大方地讓我引用。

譽後，那些人就會變得更不名譽一樣。

（Hay que hacer al opresión real todavía mas opresiva añadiendo a aquella la *conciéncia* de la opresión haciendo la infamia todavía mas infamante, al pregonarla.）[7]

「在現實的壓迫中再加上對於壓迫的認知，仍會使得現實的壓迫更具有壓迫性」的說法，符應了主體與客體之間的辯證性關係。只有在主、客體的相互依存關係中，一種真實的實踐方有可能，若沒有主、客體間的相互依存關係，我們不可能解決壓迫者與被壓迫者間的矛盾關係。為了要達成這個目標，受壓迫者必須以批判的態度來面對現實，同時也將現實客觀化並且對於現實發生實際影響。假使被壓迫者僅僅對於現實有所察覺，但卻不伴隨著批判性的介入的行動，將不會使現實有著任何的改變——因為僅只有察覺，並不是真正的察覺，它只是由純粹的主觀主義者所變造出來的一種客觀的現實，它是一種虛假的替代，因為它僅僅是一種主觀的察覺而已。 52

當客觀現實中的改變會威脅到覺察者個人或階級的利益時，一種不同形式的假察覺即會發生。在個人的例子中，之所以並不會有任何的批判性介入發生，其原因是來自整個現實都是他自己造成的；但在後者也就是階級的例子中，現實中之所以沒有批判性介入發生的原因主要是由於這種批判性介入將會抵觸察覺者所處階級的利益。在後者例子中，察覺者傾向「神經兮兮地」行動。事實固然存在，但是事實本身及由事實所衍生出來其他東

7　參見馬克斯（K. Marx）與恩格斯（F. Engels），《神聖家庭及其他手稿》（*La Sagrada Familia y otros Escritos*）（Mexico, 1962），p.6。斜體字為作者所加上的強調部分。

西，可能是出自對於察覺者的偏見。所以重要的不是完全去否定事實的存在，而是「以不同的方式來看待事實」。這樣的合理化（rationalization）其實是一種防衛機制，到最後將會與主觀主義合流。雖然我們沒有否認事實本身，但是其中的「真理」卻被合理化，因而喪失其客觀的根基。事實不再具體可見，而變成一種迷思，迷思被創造出來的原因就是為了要防護察覺者所處的階級。

因此，我們乃得到了為何要勸阻民眾不要在現實中進行「批判性介入」的一項原因（在第四章中將有更詳細的討論）。由於壓迫者清楚認知到這種介入會對他的利益造成不利影響，對壓迫者來說，最符合其利益的狀況就是人們在面對壓迫性現實時，依舊處於隨波逐流及無能為力的狀態。對此，盧卡奇（G. Lukács）關於革命政黨所提的警言頗為貼切。

> 運用馬克斯的話語，來向民眾解釋他們自身的行動，其目的不是為了延續傳承無產階級革命的經驗，而是在有意地促成這些經驗的後續發展。
>
> （......il doit, pour employer les mots de Marx, expliquer aux masses leur propre action non seulement afin d'assurer la continuité des expériences révolutionnaires du prolétariat, mais aussi d'activer consciemment le développement ultérieur de ces expériences.）[8]

53　肯定了前述的必然性，盧卡奇無疑地指出了批判性介入的問題。

8　參見盧卡奇（G. Lukács），《列寧》（*Lénin*）（Paris, 1965），p. 62。

「向民眾解釋他們自身的行動」所指的就是在釐清並說明民眾的行動，一方面考慮民眾行動與客觀現實（發動行動的客觀現實）之間的關係，一方面也慮及行動的目的。當民眾愈瞭解到其所面臨的現實其實便是其改造行動的目標時，他們就能愈以批判的態度進入現實中。以此方式，他們就會「有意地促成其經驗的後續發展」。如果沒有客觀現實的話，就不會有任何人類的行動；假若沒有任何世界成為人的「非我」（not I），因而構成對人的挑戰，那麼也不會有任何人類行動可言。就像如果人類不是一種可以開展的「計畫」（project），如果他或她無法超越自身、無法察覺現實以進一步改變現實時，亦將不會有任何的人類行動存在一樣。

在辯證思考中，世界與行動間是緊密地相互依存著的，但是只有當行動不僅是謀生的職業（occupation）而是人類全心投入的志業（preoccupation）時，這種行動才能真正成為人性化的行動；全心投入的志業代表的是，行動不能與反省割裂。反省，是行動中不可或缺的。在盧卡奇所提出的要求——「向民眾解釋他們自身的行動」中，其實即含有反省的要素在內，而此點也可以從盧卡奇在解釋這種說明的目標時看出：「有意地促進其經驗的後續發展。」

不過對我們來說，盧卡奇所提出的要求，應該不是從解釋的角度來看，而是從對話的角度來著眼，他強調的是與民眾進行與其行動有關的對話。在任何情況下，現實都不會自我改造的，[9]

9 「唯物論的主張，認為人是環境與後天教養下的產物；經過改變的人，就是環境與教養改變後的產物。但前述的觀點卻忽略了，是人改變了環境，是教育者本身才需要進行教育。」馬克斯與恩格斯，《選集》（*Selected Works*）（New York, 1968），p. 28。

盧卡奇所賦予革命政黨的任務——「向民眾解釋其自身行動」其實正符應了我們所強調的在現實中，人們透過實踐來從事批判性介入。所謂受壓迫者教育學，其實便是人們為了解放自身所進行之抗爭的教育學，其根基亦在此。所有認知到或開始認知到自己是受壓迫者的人們，必須都成為受壓迫者教育學的發展者。當我們遠離受壓迫者，並將他們只是視作運氣不好，卻又從壓迫者身上找尋受壓迫者應該模仿的榜樣時，這種教育學不可能是真正解放的教育學。在追求救贖的抗爭中，受壓迫者必須要成為他們自己的榜樣。

54

受壓迫者教育學，其活力來源是真實的與以人為本的（不是人道主義式的）寬大，它應該是人性的教育學（a pedagogy of humankind）。自壓迫者利益出發的教育學，是一種以家父長式之假慷慨為其遁辭的自我中心主義（egoism），它使得受壓迫者成為其所謂人道主義（humanitarianism）的對象，另方面卻又十足地展現對於壓迫現況的維持，它只是一種非人性化的工具。這也就是早先為何我們會說受壓迫者教育學不能是由壓迫者來發展或實踐的原因，因為壓迫者不可能一邊真正地去實行解放教育，另一邊又保衛自己的利益，這是相互矛盾的。

倘若解放教育的推行需要有政治權力，而這又是受壓迫者所欠缺的，那麼在革命以前如何可能實現受壓迫者教育學？這是一個最重要的問題，我對此一問題的回答在第四章中會暫時有所勾勒，回答中的其中一個層面我們可以在*體系化的教育*（*systematic education*）與*教育計畫*（*educational projects*）兩者的區分中發現。體系化的教育只能被政治權力所改變；但教育計畫則是在我們組織受壓迫者的過程中，*和*受壓迫者一同實現的。

受壓迫者的教育學做為一種人本的教育學與重視自由的教育學，它有兩個不同的階段。首先，受壓迫者會揭露這個壓迫的世界，並且透過實踐，將自己投身入改造世界的過程中。在第二個階段裡，由於具壓迫性現實已經被改造，此種教育學不再專屬於受壓迫者，而是成為所有民眾的教育學，目的在追求永久的解放。無論在哪個階段，都必須透過深入的行動，讓宰制的文化是透過文化的角度來予以對抗。[10] 在第一個階段中，這種對抗是透過受壓迫者對於壓迫性世界知覺方式的改變而發生；在第二個階段中，這種對抗則是透過對舊秩序所孕育發展出迷思的消除而發生，因為那些迷思就會像幽靈般，在革命後所產生的新結構中糾纏不去。

55

第一階段的教育學所必須處理的是受壓迫者與壓迫者意識的問題，是壓迫者以及受壓迫者的問題。它必須考慮到他們的行為、世界觀與道德觀。其中有一個特殊的問題是受壓迫者所具有的雙重人格性的問題：受壓迫者是矛盾的、分裂的存有，他們是在壓迫與暴力的具體情境中形塑與存在的。

當某一方「A」在客觀上去剝削另一方「B」，或是阻礙其追求自我肯定，不讓其成為一個負責任的人格個體時，就是一種壓迫。任何的情境裡，若有此種情形發生時，就構成壓迫的情境。在壓迫的情境中，即便它包裝了假仁假義的糖衣，但是因為它干預了人類的存有與歷史志業，使得人們不能充分地人性化，所以它本身就構成了一種暴力。暴力在壓迫關係的建立時*即已*發生。在人類歷史上，暴力從來不是由受壓迫者所發動的，因為如果受壓迫者本身即是暴力的發動者，那他們自己怎麼又可能會成為暴

10　這似乎便是毛澤東在推行文化大革命時的一項基本考量。

力的受害者？當外在客觀現實使他們成為受壓迫者時，他們怎會去助紂為虐？如果之前沒有一種暴力情境讓受壓迫者建立「順服」的態度，那麼也不會有受壓迫者存在。

因此，暴力是由壓迫者所發動的，壓迫者剝削他人並且不將他人視為具有人格的人——暴力不是來自於那些被剝削、忽視的受壓迫者；動亂也不是來自於那些不受疼惜的人，而是來自於那些不能愛的人，因為後者所愛的只有自己。恐懼不是來自於那些無助、活在恐懼中的人們，而是來自於那些殘酷的人們，因為後者有力量去塑造實際的環境，在實際環境中產生「生命放逐者」。專制不是來自於那些遭受到箝制的人們，而是來自於專制者。仇恨也不是來自那些被輕視的人們，而是來自於輕視他人的人。不是那些人性遭到否定的人去否定人性，而是那些否定人性的人們去否定人性（在此同時也否定了他們自己）。不是那些在強者控制之下的弱者在運用力量，而是那些壓迫弱者的強者在運用力量。

56

然而，在壓迫者的用法中，受壓迫者從來不被其稱為「受壓迫者」，而是依照其是否為鄉下人，被稱為「那些群眾」、「盲從與充滿妒心的烏合之眾」、「野蠻人」、「土包子」或是「破壞者」等名稱。對壓迫者而言，受壓迫者只有不忠的問題，如果當受壓迫者對於壓迫者的暴力起而抗爭時，常被視為是「暴動的」、「原始的」、「邪惡的」或是「野蠻的」。

但是有些弔詭的是，就是在受壓迫者對於壓迫者之暴力進行回應的過程中，我們卻可以發現一種愛的表現。不論是有意或無意，受壓迫者所進行的反抗行動（這種行動總幾乎可說是與壓迫者最初所進行的暴力同樣的猛烈）可以產生愛。由壓迫者所施行的暴力，會阻礙受壓迫者的人性發展，但是受壓迫者的反抗卻是以一種追求人性權利的慾望為其根基。當壓迫者去剝奪其他人的人性，並且侵犯到他人的權利時，他們自己本身即已喪失了人性。而當受壓迫者在為人性戰鬥時，其所做的是除去壓迫者的宰制與壓迫力量，回復壓迫者本有的人性——這種人性正是在壓迫者遂行其壓迫時便喪失的。

唯有當受壓迫者使自己獲得自由時，他們才能使他們的壓迫者獲得自由。壓迫者做為一種壓迫他人的階級，既不能解放他人，也不能解放自己。因此最重要的是，受壓迫者本身必須從事鬥爭以使自己所面臨的矛盾困境獲得解決；而且此一矛盾困境也將藉新人類的出現得到解決：所謂的新人類不是壓迫者也不是受壓迫者，而是在解放過程所出現的人。如果受壓迫者的目標是在更加地人性化，那此一目標的達成並非僅取消一些矛盾的語詞或是將受壓迫者與壓迫者的地位倒轉來即可。

這種說法可能看來有些過於單純，但實則不然。要解決壓迫者與受壓迫者間的矛盾關係，要做的就是使宰制階級的壓迫者消失不見。不過，由原先之受壓迫者施予壓迫者限制，讓壓迫者不再擁有其原來的宰制地位，其實並不構成*壓迫*。壓迫的行動之所以是壓迫的，在於該項行動會妨礙人們的人性化。因此，昨日的受壓迫者去施行某些必要限制時，並不意味著*他們*會成為今日的壓迫者。某些阻止壓迫政權還魂的行動並不能與那些產生壓迫或維持壓迫的行動相提並論，也不能與那些僅由少數人從事而忽視大多數人之人權的行動混為一談。 57

不過必須注意的是，如果新的政權僵化為一種宰制性的「科層體制」[11]時，原先鬥爭中的人性化的一面就會隨之喪失，更遑

11 這種僵化不能等同於那些為了阻止原先之壓迫者恢復舊秩序而施行的限制。相反地，與它有關的，是那些已經失去活力，並且轉而背叛民眾的革命。在

論原先所追求的解放。因此，我們堅持壓迫者與受壓迫者間矛盾關係的真正解決必須不僅止於兩者地位的倒轉，也不僅止於壓迫者的地位為另外新的壓迫者所取代——即使這些都以「解放」之名而行之。

即使當獲得解放的勞工們建立了一個新的情境，而真正地解決了矛盾的問題時，原先的壓迫者也不會感到自己獲得解放，相反地，這些壓迫者會認為自己受到壓迫。由於受到壓迫他人之經驗的制約，這些壓迫者會認為任何情境的改變對他們來說都像是一種壓迫。在早先的情境中，雖然其他數以百萬的人們吃不飽、穿不好，既沒有機會學習，也沒有機會旅行，更別說聽貝多芬的音樂；但他們自己仍然可以吃得飽、穿得好，可以接受教育與旅行，甚至於聽貝多芬的音樂。此時任何以社群權益為名而加諸其生活方式的限制，對壓迫者來說，都是對他們個人權利的強烈侵犯。他們對於那些遭受苦難、死於饑饉與生活在絕望痛苦中數以百萬計的人們，沒有絲毫的尊重。對於這些壓迫者來說，所謂的「人」（human beings）其實僅限於他們自己；其他的人們則僅是「物」（things）。對於這些壓迫者來說，只有一種所謂的權利存在：這種權利就是他們自己活在和平中的權利，但這種權利卻常是踐踏受壓迫者生存權利而來的，他們甚至沒有認知到受壓迫者也有他們的生存權利。即便有時他們會讓步，其實也是因為受壓迫者的存在對於他們自身的存在而言是必要的。

58

壓迫者這種對於世界及民眾的理解及其行為方式（這必然使壓迫者會去抗拒一個新時代的建立），可以由他們身為宰制階級的經驗來加以解釋。當一個暴力與壓迫的情境建立起來後，對那

這樣的僵化中，原先的革命活動又再次施行了舊式的壓迫與官僚式的國家機器（馬克斯一再強調，它原先應該是受到激烈抵制的）。

些陷身其中的壓迫者與受壓迫者來說，它會導致一整套生活與行為方式的出現。無論壓迫者或是受壓迫者，他們都會為這個情境所吞噬，而且兩者都承載了壓迫的記號。當我們對於壓迫的情境進行存在分析時，可以發現從一開始，壓迫者或受壓迫者就在一種暴力的行動之中——暴力係由那些掌握權力的人所發動。暴力做為一種過程，經過一代又一代的壓迫者而變得長遠悠久，壓迫者本身就是暴力的繼承者，他們在暴力的氣氛下形塑成長。暴力的氣氛也在壓迫者的身上創造出一種強烈的佔有意識——強要擁有整個世界及所有的人們。如果除卻對於世界及人類想要進行直接的、具體的及物質性的佔有之外，壓迫者意識無法去理解其自己——它甚至不能存在。弗洛姆（E. Fromm）在論及此種意識時，認為如果沒有進行佔有的話，「它就會失去與這個世界的連絡。」壓迫者意識常想要將周圍的所有事物改變為能夠支配的對象，包括土地、財產、產品、人們的創造物、人類本身、時間等——所有事物都依其意志化約為客體或對象的地位。

由於他們漫無限制地想要去佔有，壓迫者會發展出來一種信念，認為他們可以將一切事物改變為他們可以購買的對象；他們對於所謂的存在（existence）採取了一種嚴格的唯物論的立場。金錢成為萬物的尺度，金錢有助於基本目標的達成。在壓迫者的心中，所謂的有價值指的便是要擁有更多——總是要追求更多——即便以受壓迫者的一貧如洗來做為他佔有慾的代價。對於壓迫者而言，*存有便是佔有*（*to be is to have*），就是躋身於那種能夠「佔有一切」（haves）的階級。

壓迫者既然是壓迫情境中的既得利益者，他們不會察覺到——當*佔有*成為*存有*的條件時，*佔有*也變成所有人的必要條件。這也就是為什麼壓迫者的慷慨是虛假的緣故。人性變成一種

「物」，只有壓迫者能佔有它，而且是壓迫者世襲的財產。對壓迫者意識來說，「他人」或民眾所進行的人性化，似乎不是一種對於完美人性的追求，而是一種顛覆與破壞。

做為壓迫者，他們並沒有知覺到其對*佔有更多*的獨佔，實際上是一種特權，這種特權戕害了他人及其自身的人性。在一種以自我為中心式的追求中，他們是一種*獨佔的*階級，他們不能瞭解到，當他們在其佔有行動中作繭自縛時，他們真正的自我不再*存在*，存在的只是一種*佔有慾*。對於他們來說，*要擁有更多*成為其責無旁貸的權利，而且他們認為這種權利是一種經過他們自己「努力」後得來的權利，因為他們覺得自己是「有勇氣冒險」的一群人。如果其他人無法擁有更多，那是因為那些人無能、懶惰，而且最糟的是，那些人竟然對於其所施予的「恩惠」不知感恩。因為受壓迫者常是「忘恩負義」、「善妒」的人，所以他們常被壓迫者視為潛在的敵人，必須予以嚴密地看管。

沒有例外的，當受壓迫者的人性化工作被視為是一種破壞時，受壓迫者的自由也常被壓迫者視為是顛覆性的，因此不停的控制是絕對必要的。當壓迫者控制受壓迫者愈多時，他們就愈會將受壓迫者轉變為一種沒有生機的「物」。壓迫者意識常會使得其所面對的一切事物及任何人都「失去生機」，因為它渴望佔有，這無疑會使一種虐待狂的傾向隨之發生。

> 在對他人（或其他有生命的個體）完全的宰制中獲得快感，正是虐待驅力的本質。另一種表達相同思想的方式是，虐待的目的是為了將一個人轉變為物，使某些活生生的事物變成毫無生氣的事物。透過完全與絕對的控

制，生命喪失了做為生命的最重要的特質——自由。[12]

虐待式的愛是一種扭曲的愛——一種死亡之愛，而不是一種生命之愛。壓迫者意識及其強調死亡之愛的（necrophilic）世界觀中的一項特質便是「虐待狂」。為了要遂行其宰制，壓迫者意識常常會去阻撓人們無盡地追尋之驅力及創造力的發展，而這些正是生命的特質。壓迫者意識會扼殺生命，甚且過之；壓迫者會運用科學與技術來做為達成他們目的的有力工具：他們透過操控與壓迫來維持舊有的壓迫性秩序。[13] 在此情形下，被壓迫者成為一種客體、一種「物」，其本身沒有任何目的，所有的只是壓迫者對他們所下的命令。

60

在前述的背景下，另一個十分重要的議題會出現：某些原屬壓迫者階級的成員可能會加入受壓迫者的行列，而與後者一同進行解放的抗爭，他們從矛盾的一端轉至另一端。這些人所扮演的是一重要的角色，而且在人類鬥爭的歷史中一向如此。然而，當這些人不再是剝削者、冷酷的旁觀者或是剝削的繼承者，而轉至受剝削者的一方時，他們仍然帶著其出身的標記：他們的偏見、他們的缺陷（包括了他們對於民眾之思考、追求與認知能力的懷疑）。因此，這些對於民眾的信念也有可能使他們落入一種有害的假慷慨中，就像原來的壓迫者一樣。壓迫者的慷慨來自於一種不公義的秩序，對壓迫者而言，不公義的秩序必須予以維持，才

12 參見弗洛姆（E. Fromm）的《人類之心》（*The Heart of Man*）（New York, 1966）, p. 32。

13 與「社會控制的宰制形式」（dominant forms of social control）有關。參見馬庫色（H. Marcuse），《單向度的人》（*One-Dimensional Man*）（Boston, 1964）及《愛慾與文明》（*Eros and Civilization*）（Boston, 1955）。

能夠使他們的慷慨行為被視為正當。但是我們的這些由壓迫者轉至受壓迫者的改宗者，相反地卻是要去改造原有的不公義的秩序；但由於出身背景的關係，這群人常會自認為是這場改造的實際執行者。他們所談論的固然與民眾有關，但他們並不信任民眾，然而相信民眾才是革命改造中不可或缺的先決條件。要判斷一個人是否是真正的人本主義者，可以從他對於民眾是否信任（這種信任會使他參與民眾的抗爭）而定，而不是因為他投民眾所好進行了許多行動卻同時又對民眾不信任之故。

那些真誠地將自己投入民眾的人，必須不斷地重新檢視自己。他們的改變必須十分徹底，以使得他們的行為不得有任何曖昧不明之處。假若他們一方面相信他們的投入是真實的，但另方面卻認定自己是革命智慧的擁有者——這種革命智慧稍後必將賜予民眾（或是強加於民眾身上）——那他們就是仍然保持老舊的方式。那些宣稱自己獻身於解放的活動，但卻不能與民眾結合的人，由於他們相信民眾是無知的，所以他們所做的仍只能算是自我欺騙。這些改宗者，雖然接近民眾，但是他們對於民眾所採取的每個步驟都有所警覺，對於民眾所表達出來的意見與建議亦有所懷疑；他們試圖強化自己的「地位」。這從某個角度來說，他們對於自己的原來的出身仍有所依戀。

61

向民眾靠攏的轉變，所需要的是一種深刻的重生（rebirth）。凡是經歷過此種重生體驗的人都必須採取一種新的存在形式；他們不能再是從前的自己。只有透過與受壓迫者的革命情誼，這群改宗者才能理解：在不同的時刻中，他們的生活與行為方式實則都反映了宰制結構。其中的一項特點，就是前面所提的，所謂受壓迫者之存在的雙重人格性——受壓迫者一方面是受壓迫者，一方面在他們心中又存在著經過內化的壓迫者形象。因此，除非受壓迫者能夠在他們身內具體地「發現」（discover）到壓迫者，接下來又發現到自己的意識，否則他們仍會對自己所處的情境「認命」。

> 當一個農人好不容易瞭解到自己是依賴的時候，他開始有勇氣去克服他的依賴性。直到那時之前，他還是一直向他的老闆說：「我能做什麼？我只是一個農夫而已。」[14]

從表面上看，認命的態度有時會被解釋為一種善良（docility），而被視為一項民族性的特質。這種看似善良的認命其實是歷史與社會情境的產物，而非某個民族行為的基本特質，它總是與命運（destiny）、宿命（fate）或運氣（fortune）的力量連在一起——被視為是無法避免的力量——或是與一種扭曲的神的觀點有關。在巫術與迷思的支配之下，受壓迫者（特別是在農民階級，他們幾乎生來貧苦）[15] 將他們所遭遇的苦難或是剝削的結果，視為是神的意旨——彷彿神就是整個「組織性失序」（organized disorder）的創造者一樣。 62

由於受到現實的限制，受壓迫者不能清楚瞭解到所謂的「秩序」，其實都是用以為壓迫者的利益而服務，而這些壓迫者的形象在他們的心中又早已被內化。在整個秩序體系下，受壓迫者會因種種所受的限制而感到焦燥不安，這使得他們常常會展露一種水平式暴力（horizontal violence）；他們常會因某些瑣碎的小

14 這是當時一位農夫與作者晤談時所說的話。

15 參見門德斯（Candido Mendes），*Memento dos vivos—A Esquerda católica no Brasil*（Rio, 1966）。

事，對自己的同伴進行攻擊。

> 被殖民的人，首先表現出一種攻擊性，這種攻擊性深植於其內心，以致於他們會去反抗自己所屬的民眾。例如在這個時代中，黑人彼此相互攻擊，而當警方與官員們在面對北美洲令人咋舌的犯罪浪潮時，他們卻不知道以何種方式來因應……雖然殖民者或警察終日有權利去毆打當地人、侮辱他們甚至使他們俯伏爬地，我們仍然會看見這些當地人常會為了一些細故而揮刀相向。例如，另一個當地人稍微帶點敵意瞄上自己一眼時就會發生衝突；對於這些當地人來說，他防衛自己人格的最後一道防線，竟是要透過攻擊他們自己的兄弟來達成。[16]

可能的是，他們在這樣的行為中再一次表現了他們的雙重人格性。他們認為壓迫者存在於其受壓迫的同伴中，所以當他們攻擊自己的同伴時，他們也似乎間接地打擊了壓迫者。

從另個角度來說，在受壓迫者的存在體驗中的某些時刻，他們會對於壓迫者及其生活方式感到一種不可抗拒的魅力。對於他們來說，享受壓迫者的生活方式變成一種擋不住的欲望。在受壓迫者的這種異化中，他們往往會不惜任何代價來使自己更像壓迫者，他們會模仿壓迫者，並且追隨壓迫者。此種現象在中產階級的受壓迫者中間特別容易看見，中產階級的受壓迫者常渴望向上層階級的「優秀」人物看齊。梅米（Albert Memmi）在他關於「被殖民的心智」（colonized mentality）的分析中，指出他雖然對

16 法農（F. Fanon），《世上不幸之人》（*The Wretched of the Earth*）（New York, 1968），p. 52。

於殖民者有著蔑視，但此種蔑視卻又混雜著某種「激情的」吸引力。

> 殖民者如何能一方面照顧其勞工，一方面卻又週期地向殖民地群眾開槍？而那些被殖民者怎麼能殘酷地否定自己而又同時做出如此過度的要求？被殖民者如何能一方面恨惡殖民者卻又一方面如此熱切地欽羡他們？（我自己也感到欽羨。）[17]

63

自我貶抑是受壓迫者的另一項特質，這種自我貶抑是因為受壓迫者將壓迫者對其看法加以內化。由於他們常聽壓迫者說他們是一文不值、一無所知，也不能學到任何東西——他們是令人厭惡的、懶惰的、不事生產的——到最後，受壓迫者會變得真的相信自己的無能。

> 農民會感到自己真的不如他們的雇主，因為雇主似乎是唯一知曉事物與懂得經營的人。[18]

他們稱自己是無知的，以為「教授」是那些擁有知識而且是他們應該聽從的人。加諸他們身上的知識標準則是一種傳統的規準。一位參加文化圈（culture circle）的農民說，[19]「為何你不先解

17 《殖民者與被殖民者》（*The Colonizer and the Colonized*）（Boston, 1967），p. x。

18 這是當時一位農夫與作者晤談時所說的話。

19 參見第三章。——英譯者註。「文化圈」原為民族學及社會學用語，但在弗雷勒的用法中，文化圈指的是一種學習團體（study group），一種具有啟發性的學習情境。文化圈是由教師與學生或其他有關的人組成，他們在其中共

釋這些圖畫？它又花不了多少時間，這樣也不會讓我們這麼傷腦筋。」

這些農民幾乎從未瞭解到，在他們與世界與及他人的關係中，他們也可以「知道某些事物」。由於環境生成了他們的雙重人格，使他們很自然地不信任自己。

以下的情形常會發生，在教育計畫中農民開始時是以一種生動的方式來討論某個創生課題（generative theme），然後他們突然會停下來，向教師說：「對不起，我們應該保持安靜，並且讓你說話。你是唯一知道的人，而我們則是一無所知。」他們常常堅稱，自己與其他動物間並無不同；他們只承認一項差異，而且還是動物勝過他們的地方，「動物比我們更自由。」

64 不過，當壓迫情境有著改變的時候，我們可以在他們身上發現這種「自我貶抑」的情形有著令人驚異的改變。在一次*阿森塔米安托*（*asentamiento*）[20] 的會議中，我曾聽到一位農民領袖說：「他們常說我們沒有什麼生產力，因為我們懶惰與酗酒。這些都是謊言。現在我們則被當成人來尊重，我們要告訴所有的人，我們不再是酗酒與懶惰的。我們只是在過去受到剝削！」

只要受壓迫者還沒搞清楚，他就不願意進行反抗，而且極度缺乏自信。他們對於壓迫者的力量及無懈可擊有著普遍與神奇般的相信，[21] 尤其在一些鄉下農業區域內，領主所擁有的「神奇力量」特別顯著。我的一位社會學者朋友告訴我，最近在拉丁美洲的某國，有一群武裝的農民接管了一塊耕地。為了策略上的緣

同探究問題、規劃課程與教學活動，並且採取行動，——中譯者註。

20 *阿森塔米安托*（*Asentamiento*）指的是智利農業改革中的一個生產單位。——英譯者註。

21「這些農民對於其領主有著近似本能的恐懼。」一位農民在談話中如是說。

故，他們將領主拘禁起來當作人質，但沒有一位農民敢去當守衛，因為即使領主被當成人質，他的出現仍會令人害怕。對於這些農民來說，反抗領主也可能會喚起某種罪惡感。對於這些久被壓迫的人來說，其實領主就在他們的「身內」（“inside” them）。

受壓迫者必須目睹壓迫者亦有其軟弱之處後，他們才會有一種截然不同的信念滋生。在此之前，他們仍會繼續感到挫折、害怕或沮喪。[22] 只要這些受壓迫者對於其環境的成因仍然懵懂未知時，他們就得宿命地「接受」他們被剝削的命運。甚至於更嚴重的是，當這些受壓迫者感到有必要去為自己的自由與自我肯定去進行抗爭時，他們也常會以一種被動或是異化的方式去回應。不過隨著一點一滴的累積，這些受壓迫者會逐漸嘗試不同反抗行動的形式。在解放的工作中，我們不能對於這些被動的現象視而未見，也不能忽視受壓迫者覺醒的時刻。

在受壓迫者對於世界及其自身的似是而非觀點中，他們誤以為自己是壓迫者所擁有的「物」。而對於壓迫者來說，所謂的*存有*就是*佔有*，但他們的佔有卻是以其他人的一無所有做為其代價。對於受壓迫者而言，在他們存在體驗的某個時刻裡，所謂的*存有*並不是去像壓迫者（to resemble the oppressor），而是去*位居於壓迫者之下*（*to be under*）、去依賴壓迫者。因此，受壓迫者在情感上是依賴的。 65

> 農民是一個依賴者。他不能說出他想要什麼。在他發現自己的依賴之前，他是生活在痛苦中的。他在家中發脾氣，向自己的孩子吼叫，毆打他們，生活在失望中。他

22 見狄伯瑞（Regis Debray），《革命中的革命？》（*Revolution in the Revolution?*）（New York, 1967）。

> 抱怨他的妻子，並且認為所有的事情都不如意。但他從不向自己的雇主發脾氣，因為他認為雇主比他高了一級。在許多的時間中，農民常藉由酒精來發洩自己心中的不快。[23]

這種情感上的依賴，可能會導致受壓迫者有著弗洛姆所謂的迷戀死亡或戀屍癖的行為：對生命進行毀滅——包括他們自己的生命或是其他受壓迫的同伴。

只有當受壓迫者發現壓迫者的真相並且開始參與有組織的解放鬥爭時，他們才會逐漸相信自己。這種發現，不能只是純智識上的，而必須包括行動（action）；它也不能侷限於盲目行動（activism），而必須包括嚴肅的反省：唯有如此，它才能成為一種「實踐」（praxis）。

批判性與解放性的對話，是以行動為其預設，其實現必須與在進行解放抗爭的受壓迫者共同為之。[24]對話的內容則應該隨著歷史的情境及受壓迫者對於現實的覺察程度而有所不同。但是如果是用所謂的獨白、宣傳或政令來取代對話，其實便是妄圖以馴化的工具來解放受壓迫者。如果試圖去解放受壓迫者，但其中卻少了受壓迫者本身對於解放行動的反省性參與，那就是僅將解放的對象當成是必須從燃燒的建築物中搶救出來之物品；這將會使受壓迫者陷入民粹主義的網羅，並將其變成可供操控的盲目民眾。

在受壓迫者解放的所有階段中，受壓迫者必須將自己看做從

---

23 與一位農民的談話。

24 當然不是公開地進行，因為這將會引起壓迫者的憤怒，並且產生更多的壓迫。

事存有性及歷史性之人性志業的人們。當他們並沒有錯誤地想將人性化內涵與其歷史形式劃分開來時，反省與行動即會成為不可迴避的義務。 66

堅持受壓迫者必須對於其具體情境做出反省，並不是要求一種坐在安樂椅上的革命。相反地，反省——真正的反省——會導致行動的發生。從另個角度來說，當情境要求有所行動時，只有在此一行動的結果成為批判反省的對象時，該行動才能構成真實的實踐。就這個意義上來說，實踐成為受壓迫者之所以存在的一個新的主要*理由*；而做為開創此一歷史時刻的革命，則必須依靠受壓迫者有意識的介入，才有可能存在。否則，行動將只是一種盲動。

然而要完成這種實踐，我們必須信賴受壓迫者及其理性思考的能力。如果我們缺乏對於受壓迫者的信賴，那我們將無法進行（或是將來也會放棄）對話、反省與溝通，而只會流於宣傳、公告、獨白與單向的教導。若未深究解放的目的，卻只是做表面的改變，就會有此等危險發生。

受壓迫者這一方的政治行動必須是一種真正的「教育行動」（pedagogical action），它是一種與受壓迫者共同從事的行動。所有從事解放行動的人都絕不可以從受壓迫者在情感上的依賴性攫取某些利益——因這種依賴性是來自於受壓迫者周遭的實際宰制情境及其所產生的對於世界的虛假觀點。利用受壓迫者的依賴性創造出更多的依賴，這是壓迫者一向所使用的策略。

追求自由的行動必須認知到這種依賴性是一種弱點，他們必須透過反省與行動來將這種依賴性轉化為獨立性。然而，即使是最有善意的領導方式，都不能將獨立性視為一種賞賜的禮物。受壓迫者的解放是一種男人與女人所有人們的解放，而不是物的解放，因此，沒有人可以僅藉著自己的努力就能使自己獲得解放，但也沒有人可以被他人所解放。解放，做為一種人類的現象，它不能由半人類（semihumans）所完成，任何試圖將人類視為半人類的嘗試都只是使人更加地非人性化。當受壓迫者已經受到非人性化的壓迫待遇時，他們解放的過程就一定不能使用非人性化的方法。

67

在解放的任務中，革命領導的正確方式不是去進行「解放的宣傳」，也不是僅在受壓迫者心中「植入」（"implant" in）自由的信念，以為這樣即可贏得受壓迫者的信任。正確的方式是在於對話。藉由對話的過程，受壓迫者相信他們必須為自己的解放而戰鬥，因為解放不是革命領袖所賞賜的，而是受壓迫者自身*覺醒*（*conscientização*）的結果。

革命領袖必須瞭解到，他們自身之所以相信必須從事鬥爭（這是革命智慧中不可少的），如果這信念是真實的話，就不可能是外人給他的。這種信念不能予以包裝或販賣，而必須透過反省與行動結合的整體方能達成。只有當領導者親身介入了某一歷史情境下的現實後，他們才能批判這個情境並且希望去改變它。

同樣地，受壓迫者（除非受壓迫者自己相信，否則他們無法真正投入鬥爭，如果他們不能做出這樣的投入，他們就等於拒斥了鬥爭中所不可少的條件）必須有著身為主體（Subjects）而不是客體的信念。他們必須以批判的態度介入周遭的情境；光只靠宣傳並不能達到這個目的。當相信鬥爭的必要性（若無這種信念，革命將不可能），對於革命領袖來說是不可少的時候（其實正是此種信念構成了領導）；這種信念對於受壓迫者而言其實亦不可或缺。除非我們是想要為受壓迫者進行改造的工作，而不是*和*受壓迫者一同改造時，否則這樣信念就還是必要的。我相信，只有和受壓迫者一同進行的改造才是有效的改造。[25]

提出上述論點的目的，主要原因是在倡言革命中所具有的教育特性。各個時代的領導者顯然均肯定受壓迫者都必須接受解放的鬥爭，因此受壓迫者也會同時潛在認識到鬥爭中屬於教育的一面。但是許多的革命領袖（或許是由於其對於教育生來的偏見與理解上的錯誤），最後都會開始使用壓迫者所採用的「教學」方法。他們否定了解放過程中的教育行動，而採用宣傳工具來進行說服。

68

受壓迫者必須瞭解，當他們在接受了人性鬥爭的同時，他們也承擔了全部的鬥爭責任。他們必須瞭解他們不只是為了免於飢餓而戰鬥，而是為了下列戰鬥：

> ……創造與建構的自由、懷疑與冒險的自由。為了追求這些自由，個人必須成為主動與負責任的個體，而不是成為一個機器中的奴隸或是安置妥當的螺絲……。對於人來說，單單只不要去做奴隸，其實是不夠的；若社會情境是為了確保自動化機制（automatons）的存在時，結果將不是生命之愛（love of life），而是死亡之愛（love of death）。[26]

受壓迫者一向在具有死亡氣味的壓迫中塑造出來，他們必須透過鬥爭，才能走向富有生命氣息的人性化。所謂富有生命氣息的人性化並不是*單指*有更多的食物可以吃（雖然它真的包括有更多的食物可以吃，而且也必須包括這個層面在內）。由於受壓迫者過

25 這些論點將在第四章中有著更詳細的討論。

26 弗洛姆，同前引，pp. 52-53。

去所處的情境一直將其化約為物，使其人性受到摧殘，因此為了恢復受壓迫者的人性，他們必須不再做物，而必須成為人來抗爭。這是一種徹底的改變，他們不能以*稍後*再成為人的藉口，而現在仍是物的身分來進入這場鬥爭。

受壓迫者的鬥爭開始於他們認知到自己的人性過去一直受到摧殘。宣傳、管理、操控——這些皆為宰制的工具——不可能成為他們恢復其人性的工具。唯一有效的工具是一種人性化的教育學，因為唯有在這樣的教育學中，革命領袖才能與受壓迫者間建立恆久的對話關係；在人性化教育學中，教師所使用的方法才能不再成為教師（在前例中，指的是革命領袖）操控學生（在前例中，指的是受壓迫者）的工具。也唯有人性化的教育學才能真正表達了學生本身的意識。

69

> 這種方法事實上是一種顯現於行動之中的意識的外部形式，它所採取的是意識的最基本特性——它的意向性（intentionality）。意識的本質是與世界同在的存有，其行為則是恆久與無可避免的。因此，意識在本質上是朝向某種外在周遭事物的方式，意識藉著觀念化的能力（ideational capacity）來理解外在的事物。從最廣義來說，意識在定義上即是一種方法。[27]

27 參見品多（Alvaro Vieira Pinto）在科學哲學方面尚未出版的作品。我認為本文中所引用的部分對於提問式教育學（problem-posing pedagogy）的理解非常重要（在第二章中將予以說明）。在此並感謝品多教授慨允在其正式出版前能讓我引用部分的內容。

因此革命的領導必須實行一種*共同意向的*（*co-intentional*）教育。教師與學生（領導者與民眾）在現實面上能同心合意，兩者都是主體。教師與學生不僅在揭露現實的工作中同心合意，也要在開始批判地認知現實的工作中同心合意，更要在重新創造批判性知識中同心合意。當教師與學生能透過共同的反省及行動獲得與現實有關的知識時，他們會發現自己已經成為堅定地對於現實進行再造的再造者。唯有依此方式，受壓迫者在解放鬥爭中才會以其應有的形象出現，這不再是一種假的參與，而是一種真正的投入。

第二章

當我們對任何階段的師生關係（無論是校內或校外）進行仔細的分析時，我們會發現師生關係基本上有一種*講述的*（*narrative*）性質。師生關係中包括了一個進行講述的（narrating）主體（教師）與一些耐心聆聽的客體（學生）。而教學的內容（無論是現實中的價值或實際），則是在這種講述過程中逐漸變得僵硬無活力。教育，所罹患的正是一種講述症（narration sickness）。 71

當教師在論及現實時，彷彿現實是靜止不動的、停滯的、片段化的與可預測的；要不然就是他所闡述的主題與學生的存在體驗毫無關連。教師的工作成為一種以其講述內容來「塞滿」（to "fill"）學生的工作——教學內容與現實脫節，也與賦予其意義的整體毫無關係。教學時所運用的詞句也由於缺乏具體性，而成為一些空洞的、異化的贅詞。

這種講述式教育的特性，在於它所用的話語十分洪亮，但並非因這些話語的改造力量（transforming power）。例如「四乘四等於十六；帕拉（Pará）的省會是貝倫（Belém）」。學生記錄、記憶與重覆著這些片語，但卻不明瞭四乘四真正的意義為何；也不瞭解「省會」一詞在「帕拉的省會是貝倫」中的真正涵意，亦即是，他們不明瞭貝倫對於帕拉的意義以及帕拉對巴西的意義。

72 講述（其中教師即是講述者）會使得學生去機械地記憶講述的內容。更糟的是，它會使得學生成為一種「容器」或是「接受器」，教師可在其中「塞滿」東西。對於教師來說，他只要塞填得愈多，他就愈是一個好老師。對於學生來說，他們只要愈馴服地讓教師來塞填，他們就愈是所謂的好學生。

教育因此成為一種存放（depositing）的活動，學生變成了存放處（depositories），而教師則變成為了存放者（depositor）。教師所採行的方法，不是溝通，而是藉著發出「公告」，製造一些學生必須耐著性子接受、記憶與重覆的「存放物」。此即為教育中「囤積」（banking）【譯者註】的概念。在囤積的教育概念中，其允許學生進行的活動範圍僅限於接受、歸檔，與存放囤積的東西。事實上，對學生來說，他們真的很可能變成只知儲藏事物的蒐集者或兩腳書櫥。但是分析到最後，這些只知道歸檔的學生，在錯誤的教育體系下，很可能缺乏創造與改造力及知識。因為除卻探究與實踐的行動之外，人不可能成為真正的人。知識只有在發明及再發明中才會出現，唯有透過在這個世間的人們，與世界、與他人一起進行無盡的、徹底的、不斷的與充滿希望的探究，知識才會出現。

在教育的囤積概念中，知識是一種由某些自認學識淵博的人，賦予那些他們認為一無所知之人們的恩賜。由於前者認為他人是無知的（這是壓迫意識型態中的一項特性），他們會否定教育與知識是一種探究的歷程。在教學的過程中，教師是以與學生對立的姿態出現，為了強調自己地位的正當性，教師往往會將學

【譯者註】banking education 一詞的意義，從弗雷勒的說法來看，似乎蠻接近我們一般用語中的「填鴨式教育」，但考量弗雷勒在使用 banking 此一詞的時候，尚有其經濟與金融方面的意涵，故譯者還是將其譯為「囤積式教育」。

生視為絕對的無知。至於學生則如黑格爾辯證中所講的，被異化成為奴隸的地位，他們接受自己的無知並以此肯定教師的存在——但是，不像奴隸，學生永不會發現其實他們也在教育老師。

另一方面來說，解放教育（libertarian education）存在的*理由*是在於它是朝向和解（reconciliation）發展的。教育必須開始於師生之間矛盾的解決，由於矛盾兩造間的關係獲得和解，他們才能同時都又是教師*與*學生。

這種解決不是在（或是不能在）教育的囤積概念中發現。相反的，囤積式的教育藉由下列的態度與方式，保持甚至刺激了矛盾的發生，這正反映出壓迫社會（oppressive society）是以一種整體而存在的：　73

(a) 由教師來教學，而學生只能被教；
(b) 教師知曉一切，而學生一無所知；
(c) 由教師來思考，至於學生只是被思考的對象；
(d) 由教師發表談話，至於學生則只能乖乖地在旁邊聽話；
(e) 由教師來施予紀律，至於學生則只是被訓練的；
(f) 教師可以決定並強化他的選擇，而學生則必須服從遵守；
(g) 教師可以行動，但學生只能透過教師的行動產生自己也有行動的幻覺；
(h) 教師選擇教學的內容，而學生（未經過協商）只能去適應它；
(i) 在教師身上混淆了知識與專業的權威，而其所處的地位則是與學生自由相對立的；
(j) 教師是學習過程中的主體，學生只是客體。

說來並不特別令人訝異，教育的囤積概念認為人類是適應的、溫馴的存有。但實際上，當學生愈去致力於存積教師所教給他們的東西時，他們的批判意識就愈無法得到發展，這將使他們愈發無法介入這個世界成為世界的改造者。當他們愈接受別人所強加給他們的被動角色時，他們就愈只能去被動順應這個世界與關於現實的片面觀點。

囤積式的教育會減少或摧殘學生的創造力，使得學生不經思索地為壓迫者獻上服務。而壓迫者本身其實並不關注世界的揭露，也不關心是否能看到世界的改造。壓迫者常常利用他們的「人道主義」(humanitarianism)，來維護他們既得利益的情境。

74

因此，他們常是本能地就對某些會帶來批判能力的教育實驗進行反對，也對於那些不滿於以片面方式看待現實、積極找出不同問題其間關係的教育實驗進行反彈。

的確，壓迫者感到興趣的是「改變受壓迫者的意識，而不是改變壓迫的情境」；[1] 當受壓迫者愈學習到去適應環境時，壓迫者就愈容易去宰制他們。為了達到這個目的，壓迫者使用了教育的囤積概念，再配合父權式的社會行動機制，讓受壓迫者接受一種自我陶醉式的「福利接受者」名稱。受壓迫者常被當成個案來處理，彷彿他們就像是偏離此一「善意的、有組織的、公義的社會」而存在的邊緣人。受壓迫者常被視為是健全社會中有病的一群人，他們必須改變自己的心智，調整自己的「無能與懶惰」來適應社會的模式。這些邊緣人應該重新被「統合」、「吸納入」這個他們過去所「背離」的健全社會。

---

1 西蒙．波娃（Simon de Beauvoir），《今日右派思想》（*La Pensée de Droite, Aujord'hui*）（Paris）；西班牙譯本《右派政治思想》（*El Pensamiento político de la Derecha*）（Buenos Aires, 1963），p. 34。

但是事實上，受壓迫者並非「邊緣人」，他們也不是「自外於」社會的人，他們一向都是社會的「局內人」。受壓迫者一向處在這個使他們成為「為他存有」的結構中。解決之道並不是重新再將受壓迫者「統合入」壓迫結構之中，而是要去改變這個結構，使受壓迫者成為「為己存有」。這樣的改變當然會使得壓迫者的目的受到損害；所以壓迫者會使用教育的囤積概念來避免學生*覺醒*的威脅。

舉例來說，主張成人教育的囤積概念者，不會提出讓學生去以批判態度考量現實的倡議。他們所處理的重要問題，是像「羅傑是否拿青草給山羊吃？」之類的問題。他們堅持學習「羅傑拿青草給兔子吃」。囤積取向的教育往往會以「人本主義」為其外衣，但實則是希望將人轉變成自動化裝置——而對於人性化的存有志業予以否定。

75

無論有知或無知，運用囤積取向的人（事實上，有無數懷有善意的教師，其所扮演的角色卻如同銀行行員一樣，他們不瞭解他們所做的是非人性化的工作）不能察覺到他們所要囤積之物其實包括了許多現實的矛盾。但是這些矛盾早晚會使得原先被動的學生開始反抗他們的溫馴，並且對抗那些馴化現實的企圖。透過存在的體驗，這些學生可能會發現他們目前的生活方式是與其人性化志業間相互衝突的；透過與現實的關連，他們或許也會察覺到現實其實是一種*過程*（*process*），必須經過不斷的改變。如果承認人類是追尋者，而其存有的志業則是人性化，那麼早晚他們都會發現囤積式教育的目的和他們自己本身追求解放的鬥爭之間其實是相互矛盾的。

但是對於人本主義及革命的教育工作者來說，他們不能只是被動地等待這種可能性出現。從一開始，其所做的努力就必須與學生的努力相互呼應，以進一步從事批判思考及追求共同的人性化。在他的努力中，必須貫注了一種對於民眾及其創造力量的深刻信念，為了要完成這個目的，在其與學生的關係方面，他們必須成為學生的夥伴。

至於囤積式的教育則不承認這樣的夥伴關係——它也必然如此。為了解決師生關係間的矛盾，將教師原先存放者、命令者、馴服者的角色交換成學生群中的學生角色，應該可以削弱壓迫的力量並且有助於解放目標的達成。

在囤積的概念中，隱含著人與世界二分的假定：人僅是存在於世界*之中*（*in*），而不是*和*（*with*）世界及他人在一起；人是旁觀的人，而不是重新創造者。從這個觀點來說，人不是一個*有意識的存有*（*corpo consciente*）；而是*某個*意識的擁有者：他擁有的是一個空無一物的「心靈」，而他的心靈則是被動地接受外在世界中現實事物。舉例來說，我的書桌、我的書本、我的咖啡杯，所有在我面前的物體——這些環繞我身邊之世界的一部分——它們都是在我「之內」（"inside" me），如同我現在處於「我的研究」之內一樣。這種觀點使得「意識可以理解的」（being accessible to consciousness）及「進入意識之內」（entering consciousness）之間變得沒有區別。然而這種區分是重要的：因為那些環繞在我周遭之物，只能說是可以為我的意識所理解，卻不能說它們就是位於我的意識之中。我固然能夠知覺到它們，但它們並不是在我之內。

76

由意識的囤積概念，又可邏輯地推演出下列的看法：教育工作者的角色是在管制（to regulate）世界「進入」學生的方式。他的工作是在組織一個過程（它已經自然地發生），以資訊的堆積（他認為這些構成了真正的知識）來「填塞」學生的心靈。[2] 因為教育工作者相信人是被動地「接受」這個世界的實體，所以教育應該是使人們能夠更被動地去適應這個世界。受過教育的人就是一個適應良好的人，因為他們可以較其他人更「合適」於這個世界。當放在實際上來看時，這種概念也可適用於壓迫者的目的。壓迫者的安穩是建立在受壓迫者能乖乖地適應於壓迫者所創造出來的世界，並儘量不要去質疑它。

當被宰制的「多數」愈去適應具宰制力量之「少數」為其做出的命令時（大多數人因而被剝奪了自己的目的與權利），這些宰制的「少數」就愈易繼續做出命令。囤積式教育的理論與實踐正可以有效地達成這種目的。包括重視文字辭藻的課程、閱讀標準、[3] 評鑑「知識」的方法、教師與受教者間的距離、晉級的標準等：囤積式教育種種現行的做法，都是用以消滅思考的。

這些像銀行行員的教育工作者，他們並不瞭解在其過度渲染的角色中，其實並無真正的安定可言，他們也不知道每個人必須尋求*與*他人的聯合。任何教育者都不能欺瞞自己，甚至也不能只是與他的學生共同存在於某個場合就了事。所謂的聯合，需要真正的溝通。而這些囤積式教育者所認定的聯合，卻是懼怕與迴避溝通的。

77

2 這個概念符應於沙特（Sartre）所講的「消化的」（digestive）或是「滋補的」（nutritive）教育概念。在這個概念中，知識是由教師「餵」給學生的，為的是要「填飽」學生。參見沙特（J.-P. Sartre），《處境 I》（*Situations I*）中〈胡塞爾現象學中的基本概念：意向性〉（“Une idée fundamentale de la phénomenologie de Husserl: L'intentionalité”）（*Situations I*）（Paris, 1947）。

3 舉例來說，某些教授專注於其讀書的書單，認為一本書應該從第 10 頁讀到第 15 頁——以此來「幫助」他們的學生！

只有透過溝通，人類的生命才能掌握意義。也唯有透過學生思考中的真實性，教師的思考才能變得真實。教師不能去為他的學生來思考，他也不能強加他的思考於學生身上。真實的思考與*現實*有關，它不是發生於象牙塔之中，而是發生於溝通之中。如果思想只有在我們做出影響世界的行動後才有意義，那學生就不可能只是完全從屬於教師。

因為囤積式教育源於一種將所有人都當成「物」的錯誤理解，它不太可能促進弗洛姆所說之「生命之愛」的發展，而是會產生其對立面：「死亡之愛」。

> 生命的特徵是一種以結構性、功能性的方式進行成長，但是那些迷戀死亡的人所愛的卻是那些不會生長、機械性的事物。迷戀死亡之人總是受到某種驅力，想把有機物轉化成無機物，他們企圖以機械的方式來研究生命，好似所有有生命的個體都是物一樣。……對他們來說，記憶、佔有才是真的，至於體驗與實際的生命存有則是假的。迷戀死亡的人，只有在他佔有某物時，他才能與該物——如一朵花或一個人——有所關連；因此對於他所佔有之物的威脅，即是對於他本身的威脅；若他失去了他的佔有物，那就表示他也失去了他與世界的聯繫……。他喜愛控制，正是在控制的行動中，他扼殺了生命。[4]

4 弗洛姆，如前引，p. 41。

壓迫——全面的控制——是一種迷戀死亡的表現；它受到死亡之愛（而非生命之愛）的滋潤。用以服務壓迫利益的教育之囤積概念，亦是迷戀死亡的表現。這種囤積式的概念主要是以機械的、靜態的、自然論式的、空間化的意識觀點為基礎，而將學生轉變成被動接受的物。它嘗試控制思想與行動，企圖引導男人與女人們去適應這個世界，並且抑制他們的創造力。

78 當人們企圖負起責任的行動受到挫折時，當他們發現自己無法自主地使用其能力時，人們即會感到痛苦。「這種因無能為力感而產生的痛苦，其根源是來自於下列事實——人類的均衡已經受到了干擾。」[5] 但這種無力行動的痛苦，卻也會使得人們嘗試透過下列的方式去排除他們的無力感：

> ……嘗試去回復其行動的能力。但是他們能做到嗎？又如何能做到？其中一個方法是臣服並且認同某個具有權力的個人或團體。透過對於另個個人生命的符號性參與，人們會有一種行動的幻覺，但事實上他們只是臣服於並且成為那些從事行動者的一部分。[6]

民粹主義或許是說明此類受壓迫者行為形式的最好例子。受壓迫者透過對於有魅力之領袖的認同，會感到自己是主動的與有影響力的。當受壓迫者在歷史過程中興起時，他們表現出來的反抗是源於他們希望能更有效地行動。但是宰制階級的菁英卻認為，解決的良方是透過以自由、秩序及社會安定（其實是菁英們的安定）為名，來推行更多的宰制與壓迫。因此，我們可以從他

5　同前註，p. 31。

6　同前註。

們的觀點邏輯地推論出，宰制階級的菁英會去譴責那些「勞工罷工時的暴力，並且要求政府在極短時間內使用暴力來壓制勞工的罷工。」[7]

在這種情形下，教育成為宰制的手段，它使得學生更容易受騙上當。這種教育帶有一種具意識型態的意向（通常教育者本身並沒有察覺到這種意向），想要灌輸學生，使他們去順應壓迫的世界。我們做出這樣的指控，並不是因為我們天真地希望宰制階級的菁英會主動放棄他們原先所做的一切；我們的目標是要引起真正人本主義者的注意，讓他們注意到這個事實：人本主義者不能在追求解放的過程中，卻又使用了囤積式的教育方法，否則就會否定他們的解放工作。一個革命的社會也不可以沿襲壓迫社會的教育方式，如果革命社會中又再實施囤積式的教育，那要不就會誤導人們，要不就表示其對於民眾仍缺乏信心。不論在那種情況之下，反動的幽靈都有可能會再度反撲。

79

很不幸地，那些主張解放目標的人本身都被囤積式的教育氛圍所環繞，並且受其影響，他們通常也很少察覺到其中嚴重性與所蘊含的非人性化力量。然後，他們又弔詭地使用了相同的異化工具，誤認這是一種解放的努力。的確，某些被標籤為「天真者」、「夢想家」甚至於「反動分子」的所謂「革命分子」，也會去質疑整個教育的實踐，但是我們不能透過將民眾的異化來解放民眾。真正的解放——一種人性化的過程——不是另一次人們身上的存放。解放是一種實踐——是人們對於他們的世界進行行動與反省，以進一步改造世界。那些真正獻身於解放目標的人，不可能接受機械論的看法，將意識當成有待填滿的空容器；他們也

7 尼布爾（R. Niebuhr），《道德人與不道德社會》（*Moral Man and Immoral Society*）（New York, 1960），p. 130。

不可能允許以解放為名，卻運用囤積式的宰制方法（包括宣傳、口號等存放的方式）。

真正獻身於解放的人，必須完全拒絕囤積式的概念，而採用人是有意識之存有的概念，他們並且認為意識是意欲（intent upon）此世界的意識。他們必須放棄囤積的教育目的，而以人類在其與世界的關係中進行發問的教育目的來取代。這種「提問式」（problem-posing）的教育，呼應了意識的本質——*意向性*——它一方面拒斥單方面的宣告，一方面又具體地展現了溝通。它撮述了意識所具有的特質：*意識到*（being *conscious of*）某物。它不只是一種對於對象的意向，它察覺的對象也會轉向自身，此即雅斯培（K. Jaspers）所講的「分裂」（spilt）——意識即意識*的*意識（consciousness *of* consciousness）。

解放的教育包括了認知的行動，而不只是資訊的轉移。它是一種學習情境，在這個情境中，那些認知對象（並非認知行動的目的）只是認知行動者的中介之物——至於教師在一端，學生在另一端。因此，提問式的教育從一開始便要求師生間的矛盾關係應該予以解決。否則對話關係——它是認知行動者在共同合作去認知相同之認知對象時所不可缺少的——就成為不可能。 80

提問式的教育則是要打破囤積式教育中的上下模式特性（vertical patterns characteristic），它只有在克服了前述的矛盾後，才會完成其自由實踐的功能。透過對話的發生，所謂的學生的教師（teacher-of-the-students）與教師的學生（student-of-the teacher）不復存在，取而代之的是一種新的名詞：同時身為學生的教師（teacher-student）與同時身為教師的學生（student-teachers）。教師不再只是那個教導的人，在其與學生對話的過程中，教師本身也受到了教導；學生在接受教師教導的過程中，學生本身也在教導教師。教師與學生在共同成長的過程中同負責任。在這樣的過程中，原先那些以「權威」為基礎的論證不再有效；為了要能發揮功能，權威本身必須與自由站在*同一方*，而不是*反對*自由。因此，沒有人教另一個人，也沒有任何人是可以完全自己教自己（self-taught）的。透過世界與那些「認知對象」的中介，人們彼此教導。至於在囤積式的教育中，這些「認知對象」原先則是由教師所擁有的。

囤積式的教育（傾向於將一切事情二分）將教育工作者的行動分成兩個階段。在第一個階段中，當教育工作者在他的研究室或實驗室中準備其課程時，他認知到某個「認知對象」。在第二個階段中，他向他的學生解釋說明這個事物。對於教師所講述的內容，學生並不需要認知，而是去記憶。學生本身並沒有實際執行任何的認知行動，因為與行動目標有關的對象是教師所擁有的財產，而不是能夠喚起教師與學生之批判反省的媒介。因此，在「保存文化及知識」的說詞下，我們所擁有的體系並不能完成真正的知識與文化。

提問式的教育方法則不是將同時身為學生的教師所進行的教育活動截然二分。同時身為學生的教師不能在某一時刻是「認知的」，在另一時刻又成為「講述的」。無論其是否在準備一個教學計畫或是正在進行與學生的對話，他總是不斷地在「認知」。他並不將那些「認知對象」視為自己的私有財產，而是將其當成其與學生共同反省的對象。以此方式，提問式的教育工作者可以在學生的反應中不斷更新自己的反省。學生——不再是溫馴的聆聽者——現在成為與教師進行對話的、具有批判力的共同探究者。教師基於有關學生的考量提供教材，當學生表達了他們自己的看法時，教師又重新考量他原先所做的考量。對於實施提問式教育

81

的教育工作者來說，其角色是在與學生共同創造出一種情境，在此情境中，那些原屬*意見*（*doxa*）層次的知識會被屬於*真理*（*logos*）層次的真正知識所取代。

囤積式教育會麻醉、抑制創造的力量，而提問式教育則不斷地揭露現實。前者試圖一直維持意識的*沉淪*（*submersion*），而後者則是致力於意識的*浮現*（*emergence*），並且對於現實進行*批判性*介入。

當學生不斷地被問及與其生活於世界中以及其與世界之關係的相關問題時，他會逐漸感到被挑戰，並且也會被迫對於挑戰做出回應。他們領會到，在整個脈絡下，這個挑戰是與其他問題相互關連的。由於他們並不將它視成一種理論性的問題，結果會使得他們更具有批判力，並且也不再像以前一樣異化。學生對於挑戰的回應將會引起更多的新挑戰，緊跟著又有新的理解；這樣的過程中，他們會逐漸地發現自己已經在投入了。

教育即是自由的實踐（practice of freedom）——它與進行宰制的實踐之教育是對立的——不認為人是抽象的、孤立的、自存的，與世界無任何關係的；它也不認為世界是一種與人們無關的現實。真正的反省，並不認為人是抽象的，也不以為世界可以沒有人而存在，而是認為人們是生活在和世界之關係中的。在這種關係中，意識與世界是同時存在的：意識既不先於世界，也不是後於世界而存在。

> 意識與世界都是同一事件的兩面：世界是意識本質的外在，是與意識有關係之本質的外在。
>
> （La conscience et le monde sont dormés d'un même coup:

> extérieur par essence à la conscience, le monde est, par essence relatif à elle)[8]

82 在我們於智利所建立的文化圈（culture circles）之中的一個團體曾經在符碼化（codification）的基礎上[9]討論文化的人類學概念。在討論的過程中，有一位過去因接受囤積式教育影響而完全無知的農人說：「現在，我瞭解到，如果沒有人的話也將沒有世界。」而在場的教育工作者則回應說：「讓我們進一步討論，不是說在地球上的每個人都會死，但地球本身依然存在啊。包括樹木、鳥兒、動物、河流、海洋與星辰……那兒不是還有一個世界嗎？」農人立刻強烈地回應：「哦！不，那時也將不會有人可以說：『這是一個世界』。」

這位農人所希望表達的觀念是，那時將缺少對於世界的意識（consciousness of world），而對於世界的意識必然蘊含著意識形成的世界（world of consciousness）。若沒有一個*非我*（*not-I*）存在時，*我*（*I*）亦不復存。反過來說，*非我*的存在是依據*我*是否存在而定。這個將意識帶入存在的世界，會成為意識形成的世界。也因此產生了前段沙特所說的，「*意識與世界都是同一個事件的兩面*。」

當所有人們同時藉著反省自身與世界，來增加其覺察範圍時，他們會開始將其觀察轉到潛在的現象：

> 在所謂的覺察（做為一種外在的知覺）中，我是轉向至某個對象，例如某張紙，我將它當成是此時此地的存有

8 沙特，見前引，p. 32。

9 參見第三章。——英譯者註。

> 來進行理解。這種理解就是一種指出（singling out），在經驗中每個對象都有其背景。例如在這張紙旁邊有書本、鉛筆、墨水池等，這些東西在某個意義上來說，它們也是「被覺察到的」（perceived），因為在「直覺域」（field of intuition）中，我們知覺到它們在那裡。但是當我轉向至那張紙時，由於我的知覺方向並未朝向它們，對於它們也沒有任何理解，甚至連次感官（secondary sense）的理解都沒有。它們雖然出現，但是並未被指出，也沒有因其本身的緣故而被設立（posited）。所有對於事物的知覺都具有如此的背景直覺或是背景知覺，如果「直覺」已經包括了朝向（being turned towards）的狀態在內（這也是一種「有意識的經驗」或是更簡短地說就是一種對於一切事物的「意識」）。我們意識的對象事實上是處在那些共同知覺到的客觀背景的。[10]

83

那些已經客觀存在，但從未深刻地被覺察的事物（如果它真的被覺察到的話）現在開始「浮現出來」（stand out），因而形成了一種問題與挑戰。因此，人們開始從他們的「背景知覺」指出某些要素，開始對其進行反省。這些要素現在成為人們考量的對象，進而成為他們行動與認知的對象。

在提問式教育中，人們發展了他們覺察的力量，他們可以用批判的方式去覺察到*他們存在於*這個世界的*方式*（人們是*與世界*生活在一起，並且*在世界中*發現他們自己）；他們不再將世界視

---

10 胡塞爾（E. Husserl），《觀念——純粹現象學的一般性導論》（*Ideas—General Introduction to Pure Phenomenology*）（London, 1969），pp. 105-106。

為靜態的現實，而是視為過程與轉化中的現實。雖然人們與世界間的辯證關係獨立在對於這些關係的覺察方式（或是它們到底有無被覺察）之外，但是人們所採取的行動形式卻與人們如何覺察自己的方式密切相關。因此，當「同時身為學生的教師」與「同時身為教師的學生」都在反省自身與世界，並且不再將反省與行動二分時，他們將可以建立一種思想與行動的真正形式。

我們再一次分析前述兩類教育觀念及其實際之間的衝突之處。囤積式的教育（為著明顯的原因）企圖藉著迷思化的現實，來隱匿某些可以說明人們存在於世界之方式的事實；提問式的教育則是擔負了「解迷思化」（demythologizing）的任務。囤積式教育排斥對話；提問式教育則認為對話是揭露現實之認知行動中所不可或缺的部分。囤積式教育將學生看成援助的對象；提問式教育則使學生成為批判的思考者。囤積式教育抑制了創造力，並且試圖透過將意識孤立於世界之外的方式，來馴服（雖它不能完全毀滅）意識的*意向性*，囤積式教育由此進而否定了那些使人們能更加人性化的存有性與歷史性志業。提問式教育則是以創造力為基礎，它引發了對於現實的真正反省與行動，它對於人類的存有志業有所回應，因為人們只有在其從事探究與創造性改造時，他們才會成為真實的存有。總言之，囤積式理論與實際，是一種不動的、固定的力量，它不承認人們是一種歷史性存有；提問式理論與實際則是將人類的歷史性（historicity）當作他們的起點。

84

提問式教育認為所有人們都是*生成*過程中的存有——是一種尚未臻於完美的、未完成的存有，人所處的現實也是未臻於完美的現實。的確，與那些也是未臻於完美但不具歷史性的其他動物相較，人知道他自己是未完臻於完美的；人們對於自己的未完成性有所知覺。在這種未完成性與知覺中，有著教育的根基，在這樣的基礎上，教育是人類才有的表現。也由於人有這種未完成性，加上現實所具有的改造性質，這使得教育必然成為一種繼續不斷的活動。

教育是在實踐中不斷地被重新塑造。為了要成為*存有*，教育必須是*生成的*。它的「延續性」(duration)——以柏格森(Bergson)對於該字的用法來說——是在兩相對立之不變(*permanence*)與變(*change*)間互動(interplay)中發現的。而囤積式方法則強調「不變」，它是反動的；提問式教育——它既不接受一種照章行事的「現在」，也不接受預先命定的未來——奠基於動態的現在，它是革命的。

提問式的教育具有革命的未來性，所以它是先知的(而且充滿希望的)。因此，它對應於人類的歷史性；它將人們視作會超越自身的存有，在超越的過程中，人們往前進並且向前眺望。對人們來說，不動代表的是一種致命性的威脅，所謂的往回看，其實是為了要能把他們自己看得更清楚，以使得他們能更有智慧地去建造未來。因此，提問式教育等同於讓人們知曉自己未完成性的運動——這是一種歷史性運動，它有其起點、有其主體，亦有其目標。

85

這種運動的起點是在於民眾的自身。由於民眾並不是離開世界而存在，此運動必須自人與世界的關係開始，其出發點必須也與此地此時的人們有關，其中「此地此時」構成了人在其中沉淪、興起與行動的情境。只有從「此時此地」的情境開始——它決定了人們對情境的知覺——人們才能開始前進。為了要真正地做到此點，人們必須不把自己的狀態看做是命定與無法改變的，而是僅將之視為一種限制——因此它才會充滿挑戰。

囤積式教育方法或多或少都會加強人們對於其情境的宿命

觀。而提問式教育方法則是以問題的形式將情境呈現於人們面前，由於情境成為認知的對象，所以那些會產生宿命觀的原始的、神祕的知覺就會消退，而讓位予那種即使當它去知覺現實時，仍可以知覺到自身的知覺，人們因而可以對於現實抱持批判的客觀態度。

進一步深化對於其所處情境的意識，會使得民眾把其情境當成具有歷史性的現實來理解，認為它是可以改造的。他們不再只是順服，而有著改造與探究的動力，他們感到自己對於現實是有控制能力的。如果身為歷史性存在的民眾可以和其他民眾一起從事運動，但卻又對於該運動沒有任何控制的能力，這將是違反他們人性的。在任何的情境中，如果某些個人不讓其他人從事探究的過程，那就是一種暴力。使用什麼方法並不重要；但是如果使人類與其自身所做的抉擇疏離，那就是將人類轉為物。

探究的運動必須以人性化為其目的——人性化就是民眾的歷史志業。然而，追求更完滿的人性，並不能在孤立與個人主義中實現，而是只有在友伴情誼與團結中才能實現，它因而不能在壓迫者與受壓迫者間的敵對關係中開展出來。當一個人極力遏止他人人性化時，他不能成為一個真正的人；如果只是從個人的角度出發，來試圖使自己*更加*人性化，這只會使得他自己以自我為中心、想要去*擁有更多*，因而造成一種非人性化的形式。不是說人絕不可以追求*佔有*以*達到*人性化，而是說，某些人的*佔有*絕不可以構成對其他人*佔有*的阻礙，它也絕不可以為著鞏固前者的權力去打擊後者。

86

提問式的教育，是一種人性的與解放的實踐，堅持受制於宰制的民眾必須為自己的解放起而戰鬥。為了達到這個目的，它透過對於威權主義與異化的唯智主義的克服，使得教師與學生都能成為教育過程的主體；它也使得民眾能夠克服他們對於現實的錯誤知覺。世界——不再是以欺騙性言詞來描述的某物——因而能夠成為一切人們為著追求人性化進行改造行動的對象。

提問式教育並非、也不能為壓迫者的利益而服務。任何的壓迫性秩序都不可能允許受壓迫者開始問「為什麼？」的問題。雖然唯有在一個革命社會才能以系統性的方式來實現這種教育，但在革命領袖能夠使用這種教育方法之前，他們並不必然需要掌握到完全的權力。在革命的過程中，領導者們不能抱著稍後再用一種真正的革命方法來進行的想法，把囤積的教育方法以權宜為由當成是過渡時期的措施。他們必須一開始就是革命性的——也就是說，從一開始就是對話的。

第三章

87

當我們嘗試將對話當成一種人類的現象來進行分析時，我們會發現對話所具有的某種本質：*字詞*（*word*）。但是字詞不只是使得對話成為可能的工具；因此，我們必須找出其構成要素。在字詞的構成中，我們可以發現兩個面向——反省與行動。在某些根本的互動中，如果其中一個面向被犧牲（甚至只有部分），那另一個面向就會受到波及而遭殃。沒有一個字詞不同時是一種實踐。[1] 因此，說出一個真實的字詞，意味的就是去改造這個世界。[2]

在不真實的字詞（其中反省與行動是二分的）中，個人無法改造現實。當一個字詞被剝奪了行動的面向時，反省的部分就立刻會受到池魚之殃；當字詞只是空談時，它就變成*咬文嚼字*（*verbalism*），變成一種已經異化或是正在異化中的「廢話」。它變成一種空話，這種空話不能譴責這個世界，因為單只有譴責而不實地投入改造工作，這種譴責是不可能的。而沒有行動，也不可能有改造的發生。

---

1 行動 } 字詞＝勞動＝實踐
反省 }
犧牲掉行動＝咬文嚼字（verbalism）
犧牲掉反省＝盲動（activism）

2 某些省思是來自於與菲歐利（Ernani Maria Fiori）教授對話的結果。

88 另一方面，如果只有強調行動，但卻導致對於反省的妨礙，字詞就會轉變為一種*盲動*（*activism*）。盲動——即為了行動而行動——會造成對於真實實踐的否定，也會使得對話成為不可能。反省與行動間無論是那種分裂，都會因著其中有著不真實的存在形式，而造成不真實的思想形式，並轉而加深了原先的分裂。

人類的存在不可能是完全靜默的，他也不可能受到錯誤字詞的滋養。唯有藉著真實的字詞，人們才能進一步地去改造這個世界。為了要生存得更人性化，其實便是要去*命名*（to *name*）這個世界，去改變這個世界。一旦被命名後，這個世界就會轉以一種問題的形式出現於命名者之前，並且要求命名者再一次給予新的*命名*。人類的身分不是在緘默中確立，[3]而是在字詞、勞動、行動－反省的連結（action-reflection）中確立起來。

但將說出真實的字詞（它是勞動、亦是實踐時）當作是一種對世界的改造時，說出這些字詞其實並不是某些少數人的特權，而是每一個人的權利。結果，沒有人可以「獨自地」說出真實的話語——他也不能在一種命令式的行動中為（*for*）其他人說話，因為此舉會剝奪他人說話的權利。

對話是人與人之間的邂逅（encounter），是以世界為中介，目的是為世界命名。因此，兩群人中如果有一群人想要去為世界命名，另群人卻不希望去命名時，對話就無法發生——而在兩群人中間，如果一群人否定其他人說話的權利，而另群人其說話的

3 在此處所講的緘默，並不是指在深刻冥思中的緘默。在冥思的緘默裡，人們明顯地撤離了世界，為的是要能夠從整體來觀照這個世界，並且也能因此繼續與世界在一起。但這種形式的撤離也唯有在冥思者「沉浸」（bathed）於現實中時，它才能是真實的；如果這種撤離只是一種對於世界的鄙視，並且只是想要逃避這個世界的話，那就是某種形式的「歷史性精神分裂」（historical schizophrenia）。

權利又被否定時，那對話也不可能發生。對於那些說話或發言權遭他人否定的人來說，他們首先必須要回復他們的權利，並且防止這種非人性化攻擊繼續下去。

如果民眾是在說話中，藉著對世界的命名來改變世界，那對話本身就成為人們必須完成其身為人類之意義的方式，對話因而成為一種人類存在的必要性（existential necessity）。既然對話是一種對話者間在共同進行反省與行動時的邂逅，當它向世界傳達時，世界即成為它所欲改造與進行人性化的對象。對話也因此不能化約為某個人在其他人身上「存放」觀念的行動，它也不能僅是討論者間觀念的交換（這觀念對討論者來說是「消費的」物品）。對話不能是一種人與人間充滿敵意的、具有爭論性論辯，因為在這樣充滿敵意的行動中，人們所從事的既非對世界的命名行動，也不是為了尋求真理，而只是為了將他們自己的「真理」強加在別人身上。因為對話是所有人們彼此間為了命名世界所進行的邂逅，它不能是下列的情境，在該情境中一個人代表其他人來命名。對話是一種創造的行動；但它不能當成一種某個人企圖去宰制他人的工具。對話中所內含的宰制，應該是對話者共同對於世界的宰制，它所從事的征服，是一種人們為了追求解放所進行的對世界的征服。

89

不過，如果缺少對於世界及民眾真摯的愛，對話也無法存在。對於世界的命名，其實是一種創造及再創造的工作，若其中沒有愛的話，那它的存在即不可能。[4] 愛是對話的基礎，亦是對

4 我愈來愈相信，真正的革命成員必須因為革命中創造與解放的本質，而將革命視為一種「愛的行動」。對我而言，革命如果少掉革命的理論，它是不可能的；人們之所以製造革命是因為他們想要完成他們的人性化。是什麼深層的原因使得人們變成革命中的一員，但卻又進行著非人性化的工作？由於資

話的本身，愛必然是負責任之主體的工作，它不能在宰制關係中存在。宰制代表的是一種變態的愛：宰制者是虐待狂，而被宰制者則是受虐狂。由於愛是一種充滿勇氣的行動，而不是懼怕的行動，所以愛會使人獻身於他人。無論受壓迫者在哪裡被發現，愛的行動都必定會使他們投入解放的運動中。因著其中的愛，這種
90 投入會是一種對話的行動。做為一種勇敢的行動，愛不能是意氣用事的；做為一種自由的行動，愛也不能當成是操控前的先在條件。愛必須能引發他人的自由行動，否則它就不是愛。唯有藉著壓迫情境的消除，我們才有可能回復原先情境中所不可能產生的愛。若我不愛這個世界——若我不愛生命——若我不愛群眾——我就不能進入對話中。

另一方面，對話中一定要有謙卑。透過對世界的命名，人不斷地重新創造這個世界，但是這種命名的行動卻不能是一種傲慢的行動。對話是學習及行動中共同的工作，它也是人類的邂逅，但是如果對話的兩方（或其中一方）缺乏謙卑，對話就會被打斷。試想，如果我總是表現對他人的傲慢，而我自己又從未覺察到自己的傲慢態度，我要如何進行對話？如果我總是將自己視為與他人不同的特例——在別人身上只有動物性的「它」（its）而不是人的主體「我」（“I”s），那我要如何進行對話？如果我認為自己是最純粹、核心的人類，是知識與真理的擁有者，而其他

本主義對於「愛」這個字眼的扭曲，使得革命的本質不再是愛，它也不能使得革命分子不再去堅持其對於生命的愛。格瓦拉（Che Guevara）一方面承認有「看似愚蠢的危機」時，但另方面則不懼於去證實下列的話：「雖然看似有些愚蠢，但我必須說，真正的革命是受強烈之愛的情感所引導的。如果一個革命中不具有這樣的特性，那真正的革命不可能發生。」參見傑拉西（John Gerassi）編，《高奏凱歌——格瓦拉演講及作品集》（*Venceremos—The Speeches and Writings of Che Guevara*）（New York, 1969），p. 398。

「非我族類」的人則是「草民」或「下層社會」，我如何能進行對話？如果我開始便認為給世界命名是菁英階級的工作，而歷史上普羅大眾的興起則是象徵了破壞，因而應予以避免，我如何能進行對話？如果我對他人的貢獻毫無所知，甚至感到不舒服，我要如何進行對話？如果我害怕被他人取代，而這僅有的可能性卻能使我感到受折磨或無力，我如何能進行對話？自大或傲慢與對話間是不能相容的。不管是哪個人，當其缺乏謙卑（或失去謙卑）時，是無法接近民眾的，也不可能在命名行動中成為民眾的伙伴。對於那些無法承認自己與他人一樣也是凡人的人來說，在他們到達邂逅之前，他們仍有一段漫漫長路要走。在邂逅之處，並沒有完全無知的人，也沒有絕對的聖人；那兒有的只是一些正在進行嘗試的人們，他們聚在一起，想要學到比他們現在所知更多的東西。

進一步來看，對話需要對於人性有著高度的信心，對話相信人有製作與再製作、創造與再創造的能力，對話也相信在人的身上肩負著人性化的使命（這種使命並非菁英階級的特權，而是所有人生來具有的權利）。這種對民眾的信心是進行對話的先天（*a priori*）條件；這種「對話人」（dialogical man）甚至於在他們與其他人面對面接觸前，就已相信其他人。不過，他的信心並非天真的，「對話人」是具有批判性的，他知道雖然人有創造與轉化的力量，但是當人處於異化的環境中，個人可能會在運用其力量時受到傷害。惟這並不減損他對於人的信心，正是由於有這種可能性，使得他將這種可能性視為是一種他必須回應的挑戰。他深信，這種創造與轉化的力量，即便在具體情境中遭受挫折，它也仍然可以浴火重生，而且這種重生不會無緣無故地發生，而是在解放鬥爭的過程中透過解放鬥爭的方式發生；這種重生是發生於

91

當解放性勞動取代了奴隸勞動，並給予生命以熱情時。若沒有了這種對於民眾的信念，對話就會成為一齣鬧劇，並且無可避免地會淪為父權式的操控。

有了愛、謙卑與信心的基礎後，對話自然會形成一種對話者間水平式的（horizontal）互信。如果對話（愛、謙卑，與信心）沒有產生互信的氣氛——互信的氣氛可以使對話者在命名世界的行動中進入親密的夥伴關係——那就會造成一種矛盾。相反地，這種互信的關係在反對話的教育囤積方法中卻明顯地不存在。互信一方面是對話的先天條件；另一方面，它也是透過對話而建立的。萬一它失敗的話，會被看成是缺少先決條件。錯誤的愛心及謙卑、脆弱的信心並不能創造出信賴，信賴是有條件的，它的條件必須建立在某一方能夠將其真實具體的意願提供給其他人知道。如果當對話一方的話語不能與其行動相符應時，信賴就不可能存在；說是一回事，做又是一回事時——輕忽自己所講過的話——並不能帶來信賴。假若一方面尊崇民主，另方面又希望民眾安靜無聲，那就是一齣鬧劇；倘使一方面談論人本主義，另方面卻又否定個人，那就是一個謊言。

沒有希望，對話也將不存在。希望源於人們的不完美，人們由於不完美，所以他們會不斷地追尋——這種追尋只有在他們與其他人聯合在一起時才會發生。絕望是緘默的一種形式，也是否定世界與逃離世界的一種形式。因為不公義的秩序而產生的非人性化，並不是我們絕望的藉口，而應是我們抱持希望的緣由，這種希望會使我們對於遭到不義否定的人性展開無止盡的追求。然 92 而，所謂的希望並不是交叉著雙臂束手旁觀地等候。當我開始奮鬥時，我就是為希望所驅動；而且唯有我抱著希望來奮鬥後，我才能真正的等候。當人們之間的邂逅是在尋求人性化時，對話就不能是在一種絕望的氣氛中發生。如果對話者對於他們的努力並不抱任何的希望，那麼他們的邂逅將是虛空的與徒勞的，只是虛應了事及絮絮不休的相遇。

最後，除非對話者能夠進行批判性的思考，否則真實的對話不可能存在——批判性思考可以洞悉世界與人們間不可分割的統整關係，不允許其間有任何的二分——批判性思考將現實當成過程、改造的，而不是一個靜態的實體——批判性思考並不把本身與行動分開來，而是將自己沉浸於其中的時間性（temporality），無畏於其中所帶有的危險性。批判性思考與天真的思考形成對比，天真的思考將「歷史時間視為一種重擔，一種過去經驗與成就的階層化」，[5] 因此現在應該表現出一種規制化（normalized）與「照章行事」（well-behaved）。對於抱持著天真思考的人來說，重要之事是要去順應已規制化的「今日」。然而對於批判思考者來說，重要之事則是不斷地進行現實的改造，這代表了人類的不斷的人性化。如富特（Pierre Furter）所言：

> 其目標不再是透過對於確定空間的掌握，來清除時間性中所帶有的危險，而是使空間能夠時間化（to temporalize space）……宇宙對我而言，不是強加了一個廣大場所讓我必須去適應的空間；而是一種範圍、一個領域，當我去進行行動時，它才會成形。[6]

對於天真的思考者而言，其目標就在堅持確定的空間並且去適應它。但由於它否定了時間性，它也否定了它自己。

---

5 來自一位朋友的信件。

6 富特（P. Furter），《教育與生命》（*Educação e Vida*）（Rio, 1966），pp. 26-27。

對話需要有批判性思考，只有對話才能夠進一步產生批判性思考。沒有對話，也就沒有溝通；而沒有溝通，也就不可能有真正的教育。能夠解決師生間矛盾的教育，主要發生在一種情境中，在這種情境中，教師與學生能夠將其認知行動傳達到做為師生中介之對象。因此，教育做為一種自由的實踐，其對話特性並非始自教育情境中同時身為學生的教師遇上同時身為教師的學生之時，而是始於前者事前先問自己（他或她）要與後者對話*有關什麼*之時。而當其全心投入對話的內容時，實際上亦即是已將其心力貫注於教育計畫內容中了。

93

對於反對話的囤積式教育者來說，所謂內容的問題僅是與他要向學生講些什麼的預定計畫有關；他是透過組織其自己的計畫，來回答他自己所提出的問題。但是對那些進行對話式、提問式教育的「同時身為學生的教師」來說，教學的內容既非一種恩賜，也非一種外在強加的內容——這些都只是存放在學生身上的一些資訊——而是要將那些學生想要知道更多的事物，經過有組織、系統和充分的發展，「重新呈現」給他們。[7]

真正的教育不是由 A *為著* B（“A” *for* “B”）來實行的，也不是 A 與 B *有關*（“A” *about* “B”）的情形下來實行的，而是應該由 A *與* B 共同（“A” *with* “B”）來實行的，其中的中介是世界——世界在兩造之心中留下了深刻的印象，並且向他們挑戰，使他們因而產生關於世界的觀點與意見。這些觀點通常帶有焦慮、

7 在與馬侯（A. Malraux）長時間的會話中，毛澤東宣稱：「你知道我已大聲疾呼很久了：我們必須清楚地教導民眾那些我們過去從他們身上所接受的模糊不清的事物。」參見馬侯《反回憶錄》（*Anti-Memoirs*）（New York, 1968），pp. 361-362。這句話中包括了一種對於教育內容之對話理論的建構，*教育者*不能為他的學生設想何者對其最好，也不能因此去設計教育內容。

懷疑、希望或絕望，它暗示了某些重要的課題（themes），而這些課題可以做為規劃教育內容的基礎。在其企圖創造出一種「好人」（good man）的理想模式中，天真的人本主義者常會忽略了真實人們的具體與存在的現實情境。以富特的話來說，「真正的人本主義」者「做為一種條件、一種義務、一種處境與一種計畫時，應該包括了對於我們完滿人性的覺察。」[8] 我們不能以一種囤積式的教育方式，到城市或鄉下的勞工農人那兒，[9] 提供給他們所謂的「知識」，或是強加在他們身上一種「好人」模式，但其內容卻還是完全由我們自己所組織規劃。許多的政治與教育性計畫之所以失敗，在於他們的設計者往往是基於其自己對現實的觀點，但未慮及（除了僅將他們當成行動的對象外）*處境中的人*（*man-in-a-situation*），這使得他們的教育計畫顯得有些表面。

94

對真正的人本主義教育者與真正的革命者而言，其行動的對象是他們與會同其他群眾一起去合作改造的現實——行動的對象不是要去改變其他人。壓迫者就是那些對於他人進行下列行動的人：他們灌輸其他人，使其他人去適應一個不能改變的現實。然而不幸地，在革命行動中，雖然革命領袖常希望獲得民眾的支持，但他們卻往往會強調由上至下式的囤積式計畫內容。他們在接近農民與城市中民眾時所欲實行的計畫，可能只符應於他們自己的世界觀，而不是民眾的世界觀。[10] 他們忘記了其基本目標應

8　富特，如前引，p.165。

9　後者通常在殖民的背景下被隱沒，他們與自然的世界有著緊密如臍帶的關連，他們在與自然世界的關係中，感覺他們自己是其中組成的一部分，而不是塑造者。

10「我們的文化工作者必須帶著熱誠與奉獻為民眾服務，而且他們本身必須與民眾結合在一起，而不是脫離民眾。為了要能做到這點，他們必須基於民眾的需求與希望而行動。所有為了民眾而做的工作都必須自民眾的需求開始，

95 該是在與民眾一起奮鬥以追求失落人性的回復，而不是「贏得民眾」（win the people over）站在他們自己的一邊。「贏得民眾」這樣的用語並不屬於革命領袖的詞彙，而是屬於壓迫者的詞彙。革命者的角色是在解放與被解放，是與民眾站在一起——卻不是贏得民眾。

在宰制菁英所進行的政治活動中，會運用囤積式的觀念來鼓動受壓迫階級的被動，以符應受壓迫者意識的「沉陷」狀態，他們並且從受壓迫者身上的被動性攫取利益。由於受壓迫者的被動性，遂使得壓迫者能夠運用口號宣傳，來「填塞」受壓迫者的意識，進而使得受壓迫者對於自由更為畏懼。這樣的做法其實與行動的解放目的並不相容，真正的解放行動應該是將壓迫者的口號當成是一個問題呈現於受壓迫者眼前，並且幫助受壓迫者能夠內發地「拒斥」這些口號。畢竟，人本主義者的工作並不是提出他們自己的口號來與壓迫者的口號相鬥，這種做法是將受壓迫者當作測試的場所，也使得受壓迫者在強制地「接受」了受壓迫者的口號後，還得再被迫接受另一種口號。相反的，人本主義者的工作是在密切注意受壓迫者能否瞭解下列的事實——受壓迫者身為一個雙重人格的存有，如果當受壓迫者安於「接受」存在於身體

而不是來自於任何個人的需求，即便該個人是善意的。我們常常看到，民眾在客觀上需要某種改變，但在主觀上他們卻未意識到這種需要，他們甚至於不願意或是決定不做改變。在這樣的例子中，我們應該耐心地等待，直到大部分的民眾都能自覺到這種需求並且願意與決定實現改變時，我們才能透過我們的工作進行改變。否則，我們自己將被孤立於民眾之外……這裡有兩個原則：一個是民眾的真實需要，而不是我們假想民眾的需要；另一個則是民眾的希望，民眾必須真正地下定決心，而不是我們幫他們下決定。」出自《毛澤東選集第三冊》（*Selected Works of Mao-Tse-Tung, Vol. III*），〈文化工作的聯合陣線〉（1944 年 10 月 30 日）（北京，1967），pp. 186-187。

內的受壓迫者時，他們就不能完成真正的人性化。

這樣的工作，意味著當革命領袖走向民眾時，他的目的不是要帶給民眾「救贖」的訊息，而是要透過與民眾的對話，瞭解到民眾的*客觀情境*與民眾對其情境的*覺察*——民眾的覺察有不同層次，一是對於自身的覺察，一是對於其所存在、一起生活之世界的覺察。若某個教育或政治行動綱領不尊重民眾所擁有的特定世界觀時，我們實無法期待其能帶來什麼正面的結果。這樣的行動綱領容或出於善意，但充其量只會構成文化侵略（cultural invasion）[11]。

在我們組織教育行動或政治行動之綱領內容的時候，其起點必須是現在的、存在的與具體的情境，並且要反映出民眾的渴望。在運用某些基本矛盾時，我們必須向民眾提出存在的、具體的與現在的情境，並將此情境當成一個問題，向民眾挑戰；要求他們有所回應——不僅是在智識的層次，而是在行動的層次。[12] 96

我們絕不能僅止於關於現存情境的討論，也不能僅提供給民眾一些計畫，但計畫內容卻與民眾自身所關切的、所懷疑的、所希望的與所懼怕的，只有一點或是沒有任何關連——這些計畫有時候事實上反會增加受壓迫者意識的恐懼。我們的角色並不是在向民眾說明我們的世界觀，也不是嘗試將這些世界觀強加於他們身上，而是應該與民眾進行對話，討論他們與我們自己的觀點。我們必須瞭解到，民眾的世界觀在其行動中會呈現出不同的面貌，也反映了他們在這世上的*處境*。如果教育行動與政治行動未

11 在第四章中將會針對這點做詳細的分析。

12 對真正的人本主義者來說，如果使用囤積的方式，就是自我矛盾的；而對於右派分子來說，如果進行發問式的教育，亦同樣自我矛盾（對於後者來說，有一點倒是一致的，那就是他們絕不會採行發問式的教學方法）。

能批判地省察此一情境，那就有落入「囤積」或是「荒野佈道」的危機。

一般來說，當教育工作者或政治工作者所講的話不被人所理解時，代表的是他們所使用的語言並不切合於其演講對象的情境，因此他們所說的話呈現的是疏離的狀態，所使用的修辭也是疏離的。教育工作者或政治工作者所使用的語言（從政治工作者一詞的最廣義來看，政治工作者似乎愈來愈應該成為一位教育工作者），也像民眾所使用的語言一樣，若其中沒有思想就不能存在；而任何一種語言或思想，如果沒有其所指涉的結構時，它們也不可能存在。為了要能更有效地溝通，教育工作者與政治工作者必須理解那些辯證地形塑民眾思想及語言的結構性條件。

由於現實是人與人之間的中介，而教育工作者與民眾對於現實亦都有所知覺，因此我們必須進一步去找出教育計畫的內容。透過對於我所謂的民眾「課題論域」（thematic universe）[13] 所進行的探究——「課題論域」由「創生課題」（generative themes）複合而成——可以開啟教育做為一種自由實踐時所進行的對話。探究的方法必須是對話性的，如此一方面使我們有機會去發現創生課題，另方面也可以激發民眾對於這些課題的覺察。與對話教育之解放目標一致的是，探究創生課題時，其對象不是個人（persons）（指將人支解為解剖學上的片斷），而是人們用以指稱現實的思想－語言（thought-language）、是人們對於現實所覺知的程度、是人們的世界觀。就是在這些當中，與人們有關的「創生課題」被發現出來。

97

在更進一步描述「創生課題」之前，我們也必須先釐清何為

13「有意義論題」（meaningful thematics）一詞的使用亦具有相同的含義。

「最小課題論域」(minimum thematic universe)的觀念，其中一些初步的反省工作是不可少的。「創生課題」的觀念既不是一種獨斷的創發，也不是一個待證明的工作假設。如果它是一個待證明的假設，則我們最初的探究目的將不是在尋求確定肯定該課題的本質，而是去確定該課題本身是否存在的問題。在那種情形下，當我們嘗試去瞭解該課題的豐富性、重要性、多元化、變化性與歷史的構作之前，我們應該首先去證實它是否是一個客觀的事實；因為唯有如此做之後，我們接下來才能去領會它。雖然具有一種批判性的懷疑態度是正當的，但是要證明創生課題的現實性，不只是透過個人自身的存在體驗，而也必須透過對人－世界關係，及在此關係上所內含的人群關係中進行批判反省。

這點可以再進一步說明。我們也許還記得——聽來有些老調重彈——在所有的不完美存有中，人是唯一能將自己行動與他自身當成反省對象的存有；這種能力使得人與其他動物有所不同，動物並不能將本身與其活動分開，它也不能反省自身。這種看似表面的劃分方式，代表動物必須將其行動限制在它的生活空間內。由於動物的活動可說是它們自身的延展(extension)，所以它們活動的結果也不可能與它們分開：動物既不能設定目標，也不能將它們對於自然的改變賦予超越自然本身的意義。甚至於，它們之所以「決定」去執行此項活動，其原因並不是來自於它們自己本身的決定，而是來自於它們所屬的種類。準此，動物基本上可說是「在己存有」(beings in themselves)。

98

動物無法為自己做決定，也無法客觀化自己或它們的活動，也無法為自己設定目標。在世界中，動物「沉陷」於其中並且無法給予任何意義，它們沒有「明天」與「今天」的觀念，因為它們完全存在於現在中，動物可說是非歷史性的。嚴格說來，動物的非歷史性生命並不是發生於「世界」中，因為對於動物來說，世界並未構成一種「非我」（not-I），它的世界也並未使得它自己能獨立出來成為一個「我」。至於人類的世界則是歷史性的，對於人類來說，世界僅是其「在己存有」的一個支撐。在動物面臨到種種外在形構時，對它們而言，它們並非受到挑戰，而僅僅是受到刺激。它們的生活不是冒險的生活，因為它們並不知道自己是在冒險。動物所遭到的危險不是那種經過反省後覺察到的挑戰，而僅是透過信號提醒它們注意；因此對動物而言，它們並不需要做出抉擇的回應。

結果是，動物不能將自身投入某些活動中，由於它們的非歷史性條件使得它們不能「承擔」生命。因為它們不能「承擔」生命，所以它們不能建構生命；如果它們無法建構自己的生命，它們也無法改變生命的形構。由於它們無法將做為「支撐」的世界拓展為一種有意義的、符號性的世界（其中包括歷史與文化），所以它們無法知道自己將隨生命的終結而被毀滅。結果動物並不會使自己的外貌「動物化」（animalize），而使得自己本身動物化——它們也不會使自己「非動物化」（de-animalize）。在森林中，它們依然保持「在己存有」，而在動物園中，動物也會表現出像動物的樣子。

與動物相反的是，人們認識到他們自己的活動與他們所置身的世界。他們在其所提出的目標之功能中行動；在他們本身及他們與世界的關係中，他們所做的決定有其一席之地；藉著他們所進行之改造的影響，他們將其創造力的展現注入世界中——人類不像動物，他們不僅是過活（live），更是存在（exist）著；[14] 人

14 在英文中，「live」與「exist」與其字源有相反的含義。如這裡所用的，「live」屬於更基本的語詞，所指的僅是「生存」之意；而「exist」則表示一

類的存在是具有歷史性的。對動物來說，世界對它們來說只是一種不具歷史性、單調的、制式的「支撐」；但是對於人來說，他們存在於世界中，他們是不斷地重新創造與改變這個世界的。對 99 動物而言，「此處」只是一個棲息地，讓它們彼此接觸；但對於人類而言，「此處」表示的不僅是一個物理的空間，更是一種歷史的空間。

嚴格說來，「此處」、「此時」、「彼處」、「明日」與「昨日」等觀念對於動物來說，其實並不存在，因為動物的生命中缺乏自我的意識，它們完全是被決定的，動物並不能跨越「此處」、「此時」或「彼處」所加諸的限制。

然而，對於人類而言，由於他們可以覺知到自己與世界——他們是*有意識的存有*——人類存在於一種命定限制及其本身自由的辯證關係中。當他們超脫他們所客觀化的世界時，當他們將自己從自身的活動分離開時，當他們在自己的身上及其與世界的關係中找尋其抉擇的定位時，人類就克服了那些限制他們的處境：界限處境（limit-situation）[15]。一旦人類覺察到界限處境為一種束縛與解放的障礙時，這些情境就會自背景中浮現出來，揭露其既有現實中具體歷史面向的真實本質。人類面對這種挑戰時，是以行動——品多（V. Pinto）稱之為「界限行動」（limit-acts）——來予以回應：這些行動是朝向否定與克服，而不是被動地接受

種在「生成」（becoming）過程中深入的參與。

15 品多（A.V. Pinto）清楚地分析了「界限處境」的問題。他在使用這個概念時，並不帶有當雅斯培（K. Jaspers）原先使用它時的悲觀意味。對品多來說，「界限處境」不是所有可能性終結處之無法通過的邊界，而是所有可能性開始處的真實界限；它們不是「劃分存有與虛無間的限界，而是劃分存有與更多存有間的界限」。參見品多著作《意識與國家現實》（*Consciência e Realidade Nacional*）（Rio de Janeiro, 1960），Vol. II，p. 284。

「既定事實」。

因此，重要的是，處於界限處境之中及界限處境本身並不會創造出一種絕望的氛圍，而是界限處境在一個特定的歷史時刻中被人們以何種方式所覺知：不管界限處境是否看似束縛甚或是不可超越之障礙。當行動中有著批判性的覺察時，就會發展出一種希望與信念的氛圍，使得人們可以嘗試去克服界限處境的限制。唯有透過對於具體的歷史現實（在其中界限處境可以歷史性地被發現）的行動，這樣的目標才能達成。現實一旦被改造，情境一旦被超越，新的情境就會出現，這種新的情境會再一次地引發界限行動。

100

基於非歷史性的特性，動物的支撐世界中並沒有界限處境的存在。同時，動物也缺乏執行界限行動的能力，這種能力需要對世界有一種決然的態度：從世界中脫離，並且將世界客觀化，以便能改造世界。在機體上動物必須依靠做為其支撐的世界而存在，所以動物無法區分它們與世界。因此，動物不是受到界限處境的限制——界限處境是歷史性的——而是受到整個支撐世界的限制。對動物而言，適當的角色不是與世界發生關係，而是去適應世界。所以當動物去「生產」一個巢穴時，它們不是因著「界限行動」的緣故而去創造產物，也就是說，它們所做的不是出於一種改造性的回應。動物的生產活動是附屬於身體需要的滿足之下的，其中所有的只是刺激，而不是挑戰。「一個動物的產物是直接附屬於其身體的，而人類則是自由地面對著他的產物的。」[16]

只有來自於某個存有之活動的產物，但又同時不屬於其身體

16 馬克斯（K. Marx），《1844 年經濟與哲學手稿》（*Economic and Philosophical Manuscripts of 1844*），史圖克（Dirk Struik）編，（New York, 1964），p. 113。

（雖然這些產物也許帶有身體的印記）的，才能夠對於背景賦予意義的面向，使這些背景成為一個世界。如果一個能夠進行這樣生產活動的存有——他必定會知覺到自身，是一個「為己存有」（being for himself）——當他不再處在其所發生關係的世界上的*存有過程*中時，他就不再是存有；正如假若存有不存在時，整個世界也將不再存在一樣。

由於動物（它們的活動並不能構成界限行動）與人類有著如上的差異，使其無法創造出離開動物本身而存在的產物，而人類透過其對於世界的行動，卻可以創造出文化與歷史的領域。兩者間的不同處在於，只有人類才是實踐的存有。只有人類的存有才是實踐——這種實踐即真正能改造現實的反省與行動，它是知識與創造的泉源。反觀在動物的活動中，實踐並未發生，所以動物的活動不是創造性的；只有人類所進行的改造活動才是創造性的。

101

身為改造性與創造性存有的人們，在其與現實的持續關係中，所生產的不只是物質性的物品——那些可被感官感知到的物體——也包括了社會制度、觀念與概念等在內。[17] 透過不斷的實踐，人們也同時創造了歷史，並且成為歷史及社會性的存有。因為——相對於動物而言——人類可以將時間三維化（tri-dimensionalize）為過去、現在與未來，透過人類的創造功能，人類的歷史發展成為一種不斷改造的過程，在這個過程中，各時代單元（epochal units）被具體化呈現出來。這些時代單元不是封閉的時間分期（periods of time）；也不是人類受限其中的靜態區隔。如果真是這樣的話，歷史的基本條件——連續性——就將會

17 關於這點，參見柯錫克（Karel Kosik），《具體的辯證》（*Dialética de lo Concreto*）（Mexico, 1967）。

消失。相反的，時代單元是在歷史延續的動態過程彼此之間相互關連的。[18]

在某一個時代之中，通常充滿了不同對立觀念、概念、希望、懷疑，與挑戰，它們彼此間交織的辯證關係，這使得其內容更加豐富。對於每個時代來說，許多觀念、價值、概念與希望甚至包括那些阻礙人性發展之障礙所形成的具體表徵，都構成了那個時代的課題。這些課題包括了對立的甚至形成強烈正反對比的他者在內；在這些課題中，也顯示了有哪些任務應該予以實現與完成。因此，具有歷史性的課題不應該是孤立的、獨立的、彼此之間毫無連繫的，或是靜止的，它們總是要與其對立者之間形成辯證性的互動；這些課題也只能在人與世界的關係中發現。在一個時代中，不同課題間的複雜互動即構成了其「課題論域」。

當人們在面對處於辯證矛盾中之「課題論域」時，每個人都同樣地採取了矛盾的立場：某些人是要去維護這個結構，另些人則是要去改變這個結構。當這些表達現實的課題之間其對立關係逐漸加深後，課題與現實本身都會傾向於迷思化，並且建立起一種非理性與派系主義的色彩。這種色彩有可能會耗盡課題中所含有的深沉意義，剝奪了它們動態的一面。在這樣的一種情境下，創造迷思的反理性本身即變成一個基本的課題。至於它的對立課題，也就是批判的及動態的世界觀，則是致力於揭露現實、揭開現實的神祕面紗，並且達成人性化工作的完全實現：為了追求民眾的解放，不停地進行現實的改造。

102

在最終的分析之中，這些*課題*[19]一方面應該包括*界限處境*，

---

18 在歷史分期的問題上，參見弗萊爾（Hans Freyer），《現代時期理論》（*Teoría de la época atual*）（Mexico）。

19 我將這些主題名為「衍生的」（generative），因為（不管它們如何被理解的，

另方面也應該包含於界限處境中；它們所蘊含的*任務*，就是要求我們去進行*界限行動*。當這些課題隱匿於界限處境之後，因而無法被清楚地覺知時，其相應的任務——人類藉由歷史行動的形式來回應——也就不能真正地或者批判地履踐。在這樣的情境中，人類無法超越界限處境，也無法發現到在界限處境之上——與界限處境相互矛盾的——其實還存在有*未經測試之可行性*（*untested feasibility*）。

總之，界限處境蘊含了那些直接或間接受益於界限處境之人們的存在，也蘊含了那些受到界限處境否定及約束之人們的存在。當後者覺知到界限處境是存有與更加人性化之存有之間的界限，而不是存有與虛無之間的界限時，他們會開始增加其批判性行動，以期達成那種知覺中內含之未經測試之可行性。另一方面，那些受益於現存界限處境的人，則會認為此一未經測試之可行性是一種具有威脅性的界限處境，因而認為它不可予以具體化，他們並會進而以行動來捍衛現狀。因此，歷史環境中的解放行動不能僅是與創生課題相符，也必須符應這些課題被覺察的方式。這進而又含蘊了另一項條件：我們必須對於有意義的論題（meaningful thematics）進行探究。

103

創生課題可以用同心圓（concentric circles）的方式來進行探求，它是從一般推到個殊。最廣義的時代單元包括了各式各樣的單元與次級單元——全洲性的、區域性的、國家性的等等——其涵蓋的課題可說應該具有一種普遍的特性。我認為，我們這個時代最基本的課題就是*宰制*（*domination*）的課題——它所蘊含了的對立面——*解放*（*liberation*）的課題即成為我們應該達成的目

或是會喚起怎麼樣的行動）它們包括了再一次開展出許多主題的可能性，它們也會喚起一些有待履行的新任務。

標。就是這種令人困擾的課題，使得我們這個時代具有一種前面所提之人類學的特性。由於人性化必須以消除非人性化的壓迫為前提，所以為了完成人性化，我們絕對有必要克服那些民眾在其中被化約為物的界限處境。

在較小的圓圈中，我們可以發現社會中（在同一洲或是在不同國家中）的課題與界限處境都具有某些歷史的類似性。舉例來說，低度開發（underdevelopment）的問題，代表了第三世界社會所具有的界限處境特性，但它無法離卻依賴關係來理解。這種界限處境其中所蘊含的任務，就是要去克服這些「客體」社會（或依賴社會）（"object"-societies）與宗主社會（metropolitan societies）之間的矛盾關係；此一任務即構成第三世界之未經測試可行性。

在廣義的時代單元中任何既存的社會，除了包括其全球性、全洲性或類似之歷史性課題外，也有其特殊的課題與界限處境。但在較小的圓圈中，即使在同一個社會（可以劃分為不同的領域及次領域）中，我們仍可以發現到課題的分化，這些分化的課題其實都與社會的整體有關。這又構成了時代的次單元（epochal sub-units）。舉例來說，在同一個國家單位中，我們可以發現到「非屬同一時代但又並存」（coexistence of the non-contemporaneous）的矛盾。

在這些次級單元中，其中國家性課題其真正的重要性，或許已被覺知到，或許未被覺知到。它們可能僅僅被*感受到*——但有時甚至於可能沒有被感受到。但是若要說在次單元中的課題是不存在的，實際上也不可能。事實上，也許某個區域中的個人並未覺知到「創生課題」，或是說他們可能是以一種扭曲的方式來知覺它們，但這所代表的，應該是他們是處於壓迫性界限處境之中，致使他們渾然不覺。

104 一般來說，當一個受宰制的意識尚未能覺知到整個界限處境時，它所理解到的只是界限處境中的附屬現象，而且其注意力會轉移到界限處境的抑制性力量，這正是界限處境的一項特性。[20]這個事實對我們在進行創生課題探究時，有著很重要的意義。當民眾對於現實缺乏一種批判性理解時，他對於現實的理解就是一種片斷的理解，他不會將這些現實的片斷視為是構成整體的互動性因素，他們也不能真正地去認識到現實。為了要能真正地認識到現實，他們必須將其起點徹底反轉過來：他們需要對於整個脈絡有著全體的關照，以便在日後能夠將其構成因素分割及獨立開來，進而透過這種分析後，才對於整體有著一種更清楚的覺察。

當我們致力去呈現出某個個人之背景現實中的重要面向時，這工作其實對於課題探究的方法論及提問式教育來說都是適當的，因為這種分析會使我們有可能認知到不同構成要素間的互動。同時這些個人背景現實的重要面向（它們由互動中的各部分所構成）也應該被覺知為整體現實中的面向。以此方式來看，當我們對於某個重要的存在面向進行批判性分析時，我們即有可能會產生一種新的對於界限處境的批判性態度；在這樣的過程中，原先對於現實的覺察與理解遂可以因而獲得精鍊，並獲得新的深度。當人們以一種*覺醒*的方法來進行互動中創生課題的探究時

20 雖然是以一種不同於農民的方式來展現，中產階級的個人常展現了這種形式的行為。由於他們懼怕自由，使得他們建立了一種防衛性的機制，並且以合理化來隱匿最重要之事，他們強調的是偶發性的事物，並且否定具體的現實。在分析某個界限處境中的問題時，如果他們感到有些不安時，他們會傾向待在討論的邊緣地帶，並且抗拒任何可能達到問題核心的嘗試。當其他人指出一個重要的命題來說明他們原先認為最重要之物其實僅是偶然的或是次要的時，他們甚至會深感困擾。

（這些創生課題包含在最小課題論域中），這種方法就會使人們開始以一種批判的形式來思索他們的世界。

105 然而，如果人們覺知到現實是濃密的、不可穿透的與層層包圍的現實時，人們就必須透過抽象化的方式來進行探索。這種抽象化的方法並不是將具體事物化約為抽象的事物（因這代表了對於其辯證性質的否定），而是維持著將具體及抽象視為是對立的因素，而且認為此兩因素是在反省行動中以辯證的方式交互關連著。當人們在分析具體的、存在的與「符碼化的」（coded）情境時，[21] 這種思想的辯證性運動就會完美地呈現出來。它的「解碼」（decoding）所需要的是由抽象向具體方向的移動，這種移動是自部分向整體，然而再返回部分。它因此要求主體能夠在客體（符碼化的具體存在性處境）中認知到他自己，並且要求主體將客體視為一種處境，在此處境中他能發現到自己與其他的主體。如果解碼工作做得好時，這種發生於一個符碼化情境分析中、自抽象至具體的來回運動，將會透過對於具體事物的批判性知覺，達到對於抽象化的超克。而這種抽象化，在過去原是一直停留在一種濃密的、不可穿透之現實中的。

當某個人面對一個符碼化的存在處境（coded existential situation，可以說是一幅素描或照片，藉著抽象化的過程，它引領我們到具體的存在現實）中時，他會傾向於將符碼化的處境「分裂」開來。在解碼的過程中，這種分裂的作用所對應的階段稱之為「處境描述」。透過這種分裂，我們會更容易發現此被分裂整體之各部分間的互動。在原先的情況中，整體（符碼化處

---

21 一個存在處境（existential situation）的密碼化（coding）可說那個處境的表徵（representation），它顯示了互動過程中的某些構成因素。解碼（decoding）即是對於密碼化的處境進行批判性的分析。

境）只是被零星散漫地領會，但當思想開始從不同的面向流回至整體本身時，它就開始獲得了意義。不過，既然符碼化是存在處境的表徵，解碼者便傾向於採取由表徵步向具體處境（在具體處境中或是透過具體處境他發現自身）的方式。因此我們可以在概念上解釋，一旦現實不再被看做一條死胡同而有了真實層面的意義之時（它就成為一種人類必須迎向的挑戰），為什麼每個人在其與客觀現實有關的行為上會採取不同的做法。 106

在解碼的每個階段中，人們會使他們的世界觀外部化。而人們以此種方式來進行思考並面對世界時——宿命的、動態的或是靜態的——他們的創生課題也許就可以被發現。一個群體如果未能具體地表達出一種創生課題時——這個事實表面看來似乎表示課題是不存在的——但相反地，它其實代表了一種非常引人注目的主題：*緘默（silence）的課題*。緘默的課題所探討的是，在面臨界限情境中巨大力量時所形成的一種裝聾作啞的結構（structure of mutism）。

我必須再次強調，離卻現實，不可能在民眾的身上發現創生課題；同樣地，脫離了民眾，也不可能在現實中發現創生課題；而在「無人之地」上，更不可能發現創生課題。創生課題唯有在人與世界的關係中才能被領會。當我們對衍生課題進行探究時，所要研究的就是人們對於現實的思考與行動方式，也就是說，我們所研究的是人們的實踐。正是為著這個原因，我們所運用的方法論，其主張無論是探究者或民眾（一般都被視為是探究的對象）都應該是*共同探究者*。當人們在探索其課題時，所採行的態度若是愈主動，那他們對於現實的批判知覺及對於現實課題的掌握，亦將會更深入。

有些人或許會認為，將民眾也包括在追索自我之有意義課題的探究者之內，此種做法是不智的。他們認為民眾具有一種「侵入性」的影響力，會使得研究的結果「摻入」雜質，並且犧牲了探究的客觀性。這種觀點誤以為，從原初的客觀純度來看，課題是可以外在於人類而存在的——彷彿課題即是一種物。事實上，課題存在於人類與世界的關係中，而與具體的事實有所關連。在不同的時代次單元中，相同的客觀事實可能會引起不同的創生課題及其糾結關係。因此，在既有的客觀事實、人們對於此事實的知覺以及創生課題之間，其實存在著一種關係。

107　有意義的論題是由民眾所表達出來，但是如果人們改變了他們關於該組論題所指涉的客觀事實的知覺，那麼他們在某個特定時刻所做的表達將與早先所做的表達有所不同。從探究者的角度來看，重要的是探查民眾將「既有事實」予以具象化的起點，並且去驗證這些民眾在他們探究的過程中對於現實的知覺是否有所改變。（當然，客觀的現實依舊沒變，如果在探究的過程中，對於現實的知覺有所改變，此一事實並不會減損探究的有效性。）

我們必須瞭解，在有意義的課題中所內含的渴望、動機與目標，其實就是*人性的*（*human*）渴望、動機與目標。它們不是像某些靜態的物件一樣，外在地存在於某處，*它們是正在發生的*（*they are occurring*）。它們就如同人類本身一樣是歷史性的；所以它們脫離人們之外便無法被領略。要理會和理解這些課題，就是要同時理解展現它們的民眾以及其所指涉的現實。但是由於這些課題離開民眾便無法理解，那些與其有關者也有必要去理解這些課題。課題的探究因而成為一種邁向對現實的覺察及自我覺察的共同奮鬥，這兩種覺察因而使得這種探究成為教育過程的起點，或是說，它們也可做為具有一種解放特性之文化行動的起點。

進行探究時，其真正的危險不是在於所探究的可能對象發現到他們自己也是共同的探究者，因而可能會影響到分析性結果的「純度」。相反的，真正的危險是在於將探究的焦點由有意義論題轉移到民眾的身上時，將民眾當成是探究的對象。因為課題的探究可以做為發展教育方案的基礎——在教育方案中同時身為學生的教師與同時身為教師的學生可以將其對於相同對象的認知統合在一起，但課題探究的本身同時也必須基於行動之間的相互關係。

對於課題的探究，是發生於人類的領域之中，它不能化約成一種機械性的行動。做為一種追尋、求知、也是創造的過程，它要求探究者將那些有意義的課題串連在一起，以能在其中發現到對於問題的詮釋。當這種探究所探討是最重大的課題時，其也是最具有教育意義的；當它避免了對於現實的狹隘、部分的或是過於「焦點化的」觀點，而堅守對於*整體*現實的領會時，它就是最重大的。因此，尋索有意義課題的過程應該包括了對於課題之間關係的關注，也含括了將這些課題當成問題來提問的關注，另外亦包括了對於其歷史文化背景的關注。 108

就如教育者不一定會詳訂一個計畫提供給民眾一樣，探究者也不會詳訂在研究課題論域時的所有「細項」，也不會從*他*所事先決定的起點出發。就字源來看，教育與用以支持教育的探究都必須是「同理心的」活動。也就是說，它們必須包括溝通及某種共通經驗在內，而這些溝通與共通經驗皆是來自在現實不斷的「生成」複雜過程中人們對於現實的覺察。

以科學客觀性為名的探究者，會將有機體改變成無機體，將動態的生成轉為靜態的存在，也會將生命轉為死亡。這種探究者害怕改變，他（或她）在改變裡（他並不否認改變的存在，但也不希望改變）所看到的不是生命的信號，而是一種死亡或腐敗的信號。他（或她）並不想去研究改變——其之所以研究改變，目的是為了停止改變，而非激發或加深改變。然而，由於其將改變視為死亡的信號，也由於其為了獲致一個僵化的模式，卻把民眾當成是探究的被動對象之故，他（或她）可說是背叛了自己的人格、成為扼殺生命的人。

我再次重申：課題的探究與對於民眾思考的探究有關——這種思考方式只有和群眾站在一起發掘現實時，才會在群眾身上以及其彼此之間出現。我不能為*他人*進行思考，也不能*沒有他人*而進行思考；相同地，別人也不能為*我*思想。即便他人的思想是迷信或天真的，那也只有當他們在行動中自己重新思考自己的假定時，他們才能改變。改變的過程必須是來自於能夠產生並遵循自己的觀念——而不是吸納別人的觀念。

109 人們做為在「某一種處境」的存有，會發現他們自己是植根於時空的條件下，這種時空處境在他們身上標上了記號，他們也在時空處境中標上自己的記號。他們常會反省自己的「處境性」（situationality），以致於他們對處境採取行動時亦會遭到處境的某些挑戰。人們之所以*存在*是因為他們*存在於*一個處境中。當人們不僅是批判地反省自己的存在，而且更能夠以批判的行動對其產生影響時，他們的存在將會*更豐富*。

針對處境性進行反省，就是去反省存在的條件：藉著批判性思考，人們發現到彼此都是「處在某個處境中」。只有當處境不再以一種濃密、被包裹住的現實或是一條令人困惑的死胡同形式來呈現自身，而且人們可以將其當成是一個具有目標的——問題情境時，投入（commitment）才可能存在。當現實被揭露出來，人們便從*沉陷*中浮現出來，並且也獲得介入現實的能力。對於現實的介入——它本身是一種歷史的覺察——因而代表了*浮現*所邁出的一步，而且是源於對於處境的*覺醒*。*覺醒*就是覺察態度的深化，而覺察態度正是所有浮現的特徵。

因此，每個能夠深化歷史覺察的課題探究都是教育性的，而所有真正的教育都會對思考予以進一步的探究。當教育者與民眾共同探究民眾的思考愈多時，他們會在這個過程中一起受到教育，而且他們也將可以探究得更深入。在教育的提問概念之中，教育與課題探究其實都是同一過程的不同環節。

與囤積式教育中反對話與反溝通中的「存放」相較之下，提問式的教育——特別重視對話——是透過學生的世界觀而構成組織的。由於學生本身的創生課題是在其世界中被發現的，所以創生課題的內容能夠不斷地擴展並更新其自身。一個重視對話的教師，當其在一個不同科際性的團隊中從事課題論域的探究時，其主要工作就是在將該課題論域「再度」呈現給民眾（他或她是首先自民眾中接收到課題論域）。當其「再度」呈現課題論域時，將不是以演講的形式，而是以問題的形式為之。

110

讓我們舉例來說，若一個團體負起責任去統合某個農業區域（這個農業區域中有很高的比率是不識字者）中的成人教育計畫，這個計畫中包括了識字運動及後識字階段的規劃。其中在前段時期中，提問式的教育是在找出並且探究「創生性字詞」（generative word）；而在後識字階段，提問式的教育則是在發現並且探究「創生課題」。

然而，在此我們僅考慮創生課題或是有意義論題的探究。[22] 一旦探究者決定了他們工作的區域，並且透過二手來源對於該區

22 有關「衍生性字詞」的使用與研究，可參見筆者的《批判意識的教育》（*Educação como Prática da Liberdade*）。

域有了些初步的認識後，他們就開始發動第一階段的探究。雖然困難與危險在第一次接觸時可能並不明顯，但在開頭時（像其他人類活動的開端一樣）可能就會有某些困難與危險，這在某個程度上是正常的。在第一次的接觸中，探究者需有相當數量的人數同意舉行一次非正式的會議，而在這樣的會議中，探究者能夠就其在該區域中的工作目標進行討論。在這次會議中，探究者解釋他們進行探究的原因、實施的方式與應用的地方；他們接下來會進一步說明，若彼此間沒有足夠的相互理解與互信，其所進行的探究將不可能成功。如果參與者同意探究者的探究及後續的過程，[23] 這個探究者將會在參與者中徵求志願者來當助手。而這些志願者則會協助蒐集一系列有關該區域生活之資料，然而更重要的是，在研究過程中，志願者應該是主動地現身。

同時，探究者在該區域中開始他們的訪談，但訪談的進行不是強迫他們自己進行的，而是以一種同理的觀察者角度來進行，他們對其所目睹的能夠以一種*理解*的態度來視之。探究者帶著本身的價值觀進入是很正常的，不過必須注意到價值觀會影響到其知覺，惟這並不意味他們可以將其所進行的課題探究轉變為去強加某種價值觀的方式。這些價值觀唯一的面向應是在於它期待關於民眾課題的研究能夠彼此分享（它假定探究者具備這樣的特質），這種價值觀的面向是一種對於世界的批判性覺察，它蘊含了一種接近現實的正確方式，以期能夠揭露現實。而批判性知覺

111

23 根據巴西社會學家費蕾拉（Maria Edy Ferreira）（在一本未出版的著作中）的看法，課題的探究只有當它回歸民眾並且真正屬於民眾時，才是真正的探究；只有它所代表的意義不再只是一種試圖去知道有關民眾的事物，而是和民眾在一起認識那對民眾構成挑戰的現實時，這種課題探究才是真正的探究。

並不是強加的，因此從一開始，課題探究就是以教育工作以及文化行動的形式來表現的。

在訪談的過程中，探究者設定了他們的批判性「目標」，這目標對他們而言，就彷彿是一個巨大的、獨特的、活生生的待解的「密碼」(code)。他們把研究的區域視為一個整體，藉由一次次的訪談，他們分析了那些令他們印象深刻的面向，並試圖將這個整體「分裂」開來。透過這個過程，他們理解到不同的部分間是如何進行互動的，而這也在稍後會幫助他們穿透整體本身。

在解碼的階段中，探究者觀察到該區域中生活的某些*環節*——有時是直接觀察的，有時則是藉著與當地的居民非正式的會話而來。他們在其筆記本中記錄了每一件事情，其中包括了一些顯然不甚重要的項目：民眾說話的方式、民眾的生活形式、民眾在教堂及在工作時的行為。他們記錄了民眾的慣用語：包括民眾的措辭、民眾所使用的字彙、語法(重點不是在於發音正不正確，而是民眾建構其思想的方式)。[24]

對於探究者來說，在不同的環境下觀察那塊區域，是十分重要的：包括田野的勞動、地方協會的會議(特別是參與者的行為、使用的語言、工作人員與其他成員的關係)、女性及年輕人所扮演的角色、閒暇、各項比賽與運動、在家中與其他民眾的會話(注意夫妻、親子間關係的例子)。在探究者最初展開對當地的調查時，應該是儘量去注意一切的活動。 112

24 巴西小說家羅沙(Guimarães Rosa)就是一個顯例。他能夠真正地掌握民眾的語法(不是他們在發音或文法上的錯誤)：也就是他們思考的結構。羅沙可說是優秀的研究巴西窮鄉僻壤居民的「有意義論題」的研究者。塔索(Paulo de Tarso)教授目前正在著手一篇論文，該篇論文主要即在分析《*Grande Sertão-Veredas*》(該書英譯書名為：*The Devil to Pay in the Backlands*)(New York, 1963)一書作者的作品中之較不為人所知的一面。

在每次的觀察訪談後，探究者應該草擬一份簡要的報告以供整個團隊討論之用，並且評估專業探究者與當地助手的初步發現。為了更便於助手的參與，評估的會議應該在當地舉行。

評估會議的舉行代表進入了解碼（指對於當地獨特生活符碼進行解碼）的第二階段。在每個人「解碼」的隨筆中，會將其覺知的方式或是對於某個情境及事件的感受連結在一起，所以其表述會對其他那些解碼者對於再次呈現在他們面前的同樣現實所進行的解碼工作構成挑戰。在此時，解碼者會透過他人的「考量」，再來「重新考量」其自身的「先前考量」。因此，每個個別解碼者所做的有關現實的分析，會透過對話的方式使得他們重新回到那被解構的整體，在此情形下，後者會在一次新的評估與批判性會議中，再一次成為某個整體，因而引起探究者進一步的分析。在所有的活動中，當地居民的代表都應該以身為研究團隊的成員加入。

當團隊對於整體的分解與重組愈多時，它就愈接近當地居民的主要及次要矛盾之核心。透過對於這些矛盾核心的探討，探究者或許甚至可能在這個階段去組織其教育行動中的方案內容。的確，如果內容能夠反映這些矛盾，那麼它無疑地會包括該區域中的「有意義論題」在內。我們可以確定的是，基於前述這些觀察所做的行動應該會比那些「由上頭決定」的行動更為成功。然而探究者仍不應該受到這種可能性的誘惑，就停在這個階段。從最初對於矛盾核心的察覺（這包括社會做為一個較大的時代單元時的主要矛盾）開始，我們所做的最基本事情應該就是要去研究當地居民對於這些矛盾的察覺程度。

113

這些矛盾內在地構成了界限處境，它們與課題有關，並且提示了我們的任務。如果個人被牽絆住，並且無法將其自身與界限處境分開來，那麼他們的相關課題便是*宿命論*，至於宿命論此課題所蘊含的工作其實就是要去探討*任務的缺乏*（*the lack of a task*）的問題。因此，雖然界限處境是客觀的現實，它喚起了個人的需求，但是探究者仍然必須與那些個人在一起，共同探究他們對其處境的覺察程度。

做為一種具體現實的界限處境，在不同的區域中（甚至在同一區域內的次領域中），亦會在人們身上引發對立的課題與任務。所以，探究者基本所關切的應該是重視高德曼（Goldman）稱之為「現實意識」（real consciousness）與「潛能意識」（potential consciousness）的知識。

> 現實意識是經驗性現實（empirical reality）中的不同因素之間彼此對立以及追求潛能意識實現時，受到多種障礙與變異之後所產生的結果。[25]

現實意識指出，我們要去覺察到那超越界限處境以外之「未經測試之可行性」，基本上是不可能的。惟未經測試之可行性雖然無法在「現實（或現存）意識」的水平上完成，它仍可以透過「測試行動」來實現，因為「測試行動」會揭示至今仍未被人察覺到的可行性。未經測試的可行性其與現實意識間有關，正如測試行動與潛能意識間也有關一樣。高德曼的「潛能意識」的概念與尼可萊（André Nicolaï）的「未覺察到的可能解決方法」類似[26]（前面所講的「未經測試之可行性」）。而此一名詞又與「已

25 參見高德曼（Lucien Goldman），《人文科學與哲學》（*The Human Sciences and Philosophy*），（London, 1969），p. 118。

26 參見尼可萊（André Nicolaï），《經濟行為與社會結構》（*Comportment*

察覺到的可能解決方法」及「目前已經實施的解決方法」是相對
114 的，後兩者可說是對應於高德曼的「現實意識」觀念。準此，在第一階段中的探究者或許會因探究的工作而逐漸瞭解矛盾的複雜性，但這並沒有賦予他們權威去建構教育行動中的計畫內容。因為他們對現實的知覺仍然是他們自己的，而不是民眾的。

帶著對於矛盾的理解，探究的工作進入了第二階段。探究者仍然維持團隊的形式，他們會挑選其中某些矛盾去發展符碼（codifications）【譯者註】，這些符碼是在進行課題探究時使用。由於這些符碼（素描或照片）[27] 是解碼者在其批判性分析中所採用之媒介*物件*，因此我們在準備符碼時必須受到某些原則的引導，但這些原則並不同於我們製作視覺輔助教具時所使用的原則。

第一個要件是，對那些其創生課題被檢視的個人來說，這些符碼必須能夠代表他們所熟識的處境，這樣他們才能很快地認得這些處境（及其與處境的關連）。當我們在探究過程或是在接下來的階段裡，要以計畫內容的方式來呈現有意義論題時，我們不能以對於參與者來說陌生的現實圖像來呈現在他們面前。後個程序（雖然它是辯證的，因為個人在分析一個陌生的現實時，可能會將其與其自身所處情境相比較並且發現彼此的限制）還是不能優先於下列更基本的程序：考量到參與者本身過去的沉陷狀態，也就是說，在個人分析其自身現實的過程中，他們能開始醒悟到

Économique et Structures Sociales）（Paris, 1960）。

【譯者註】在本書中，譯者將 code 譯為密碼，codification 譯為符碼，以做出一些區別。

27 這些「符碼」也可能是口頭的。在口頭的例子中，它們包括了某些表現出一個存在性問題的話語，接下來則是解碼的工作。智利的 *Instituto de Desarrollo Agropecuario*（農業發展研究所）已經成功地使用這種方法於課題探究上。

其先前的知覺是被扭曲的，之後遂能開始有一個新的關於現實的覺察。

另一個在準備符碼時同等重要的要件是，符碼的課題核心既不要過度明顯，亦不要過度晦澀。前者可能會流於宣傳，因為在陳述那些明顯事先即預定好的內容時，常常無法有真正的解碼行為產生；後者則可能產生令人困惑的危險，或變成一個猜謎遊戲。既然它們代表了存在處境，符碼在複雜性上應單純化，而且提供不同的解碼可能性，以避免宣傳中洗腦的取向。符碼不是口號，它們是可辨識的對象，它們應該對解碼者所具有的批判性反省能力形成一種挑戰。

115

為了在解碼過程中，提供不同的分析的可能性，符碼應以一種「課題扇形」（thematic fan）的形式來組織。當解碼者反思符碼時，符碼應該向其他課題的方向開啟。這種開啟（若課題的內容太過明顯或太過難解時，開啟則不會發生）對於辯證性關係的覺察來說是不可或缺的——辯證性關係是存在於課題及其對立面之間。因此，符碼反映了一種存在處境，它們必須客觀地構成一個整體，而整體的各個因素在形成整體的過程中則必須有著互動發生。

在解碼的過程中，參與者將其課題外在化，然後使得他們對於世界的「現實意識」外顯出來。當參與者如此做時，他們開始看到當他們自己於實際地經歷目前所分析之情境時，當初是如何行動的，因而能達到一種「對於他們先前知覺的覺察」。藉著這種覺察的完成，他們開始以不同的眼光來看待現實；透過拓展他們的視野，他們可以在其「背景知覺」中更輕易地發現現實裡兩個面向之間的辯證關係。

透過「關於先前知覺的覺察」與「關於先前知識的知識」的

激發，解碼引發了一種新覺察的出現與新知識的發展。當潛能意識取代了現實意識時，教育計畫會將未經測試之可行性轉變為測試行動，使得新覺察與新知識隨著教育計畫的出現而有系統地延續下去。

116 在進行符碼化時，應盡可能傳達出那些與構成當地矛盾體系有關之內容。[28] 而當這些矛盾體系的內容被符碼化後，其餘包含在內的矛盾也應該符碼化。而透過對於後者之解碼，有關前者之解碼才能獲得辯證性之釐清。

在這樣的關係上，波德（Gabriel Bode）對於我們所使用的方法有著非常有價值的貢獻。波德是智利政府中最重要的機構——農業發展研究所（*Instituto de Desarrollo Agropecuario*, INDAP）[29] 中一個年輕的智利公務人員。當他於後識字教育階段中運用某些方法時，波德觀察到只有當符碼直接與農民所感受到的需要有關時，農民才會對於討論有興趣。而任何符碼的改變，或是任何教育者試圖導引解碼的討論到其他領域時，所得的結果常是靜默與冷漠。另方面，波德也觀察到，即便當符碼[30] 是以農民的需求為焦點，他們仍然也無法系統地專注於討論上，常常會偏離要點，無法獲得統整的意見。此外，農民們也總是無法覺察到其感受到的需求和這些需求的直接或間接原因間有何關連。我們或許可以這樣說，農民無法覺察到，在使他們需求產生危機的界限處境之外，尚有著未經測試之可行性的存在。

波德因而決定同時進行不同情境中計畫的實驗；他的貢獻正

28 這個建議是由菲歐利（José Luis Fiori）在一份未出版的手稿中所提出的。

29 直到最近，INDAP 是由經濟學家與真正的人本主義者喬恩柯（Jacques Chonchol）所主導。

30 在菲歐利的定義中，這些符碼不是「包容性」的。

在於其所運用的實驗技術。最初，他對一個存在情境規劃了一個非常單純的符碼，他稱這個初步的符碼為「基本的」的符碼；這個初步的符碼代表了基本的核心，並且開啟了一個課題扇形，並拓展到「輔助的」符碼。當基本的符碼被解碼後，教育工作者會維持它所規劃的圖像，以做為參與者的參照物，然後再藉此延續發展出輔助性的符碼。而透過輔助性的符碼（它直接與基本的符碼有關），教育工作者可以維持參與者的生動興趣，並使得參與者本身能將自己的看法予以統合。

117

波德的重大貢獻是，透過基本的符碼與輔助的符碼間的辯證關係，向參與者傳達了一種*整體性*（*totality*）的意義。當個人*沉陷*於現實中時，他僅能*感受*到他的需求，但當他從現實中*破繭而出*時，他才會覺察到之所以會有此需求的*原因*。因此，他們能夠超越現實意識的層次，而更迅速地達到潛能意識的層次。

當符碼已經準備好，而且這個科際團隊也探究了參與者所有可能的課題面向後，探究者就可以開始進行第三階段的探究。在這個階段中，探究者返回當地，並且在「課題探究圈」（thematic investigation circles）[31] 中開始解碼的對話。這些討論——是用來解釋前一階段中所預備好的材料——可以予以錄音，做為該團隊後續的分析之用。[32] 除了探究者以解碼的協調者的身分從事行動

31 每個「探究圈」（investigation circle）中應該最多 20 人。而這些探究圈的參與者數目必須包括我們所研究之區域（或次區域）人口的十分之一。

32 這後續的分析的會議成員應該包括了來自當地的志願者，而這些志願者協助了探究的進行。此外，也包括了某些「課題探究圈」（thematic investigation circles）的參與者。這些志願者與參與者在探究的過程中有其貢獻，而且對於專家的分析也是不可或缺的幫助。做為專家的共同探究者，他們可以修正或認可專家所做的發現與解釋。從方法論觀點來看，他們的參與可以提供探究（探究一開始是基於「擬情式」的理解）一種額外的保障：由於這些民眾

外，另有兩類其他的專家——心理學家與社會學家——應該參加這類會議，這兩類專家的任務就是在記錄解碼者做出的重要（與看似不重要的）反應。

118 在解碼的過程中，協調者必須不僅聆聽參與者個人的話語，還必須挑戰他們，以他們所處的符碼化存在情境及他們的回答做為問題，進行發問。這種方法蘊含著淨化的力量，使得課題探究圈中的參與者可以將一系列有關自己、世界與他人的感受及意見外在化。而這些意見或許是，當他們處於不同環境中時就不會表達出來的意見。

在聖地牙哥（Santiago）所進行的一項課題探究中，[33] 其中有一群廉價公寓的住民討論了一個場景：這個場景是，一個喝醉的人走在街頭，而三個年輕人則在角落講話。該群團體成員對此一場景的評論是：「那一位醉酒的人是一位對其國家有生產力及有貢獻的酒鬼，他經過了整天的工作正在返家的途中，他的薪資甚低，而且他為他的家人操心，因為他無法照顧他們的需求。在這個場景中，他是唯一的勞工，但他同時也是一個高貴的勞工和酒鬼，就像我們一樣。」

探究者[34] 在過去其實就已經想去研究酗酒的各層面問題，如果他是以描述詳盡的問卷呈現在那些參與者面前時，或許無法引發出上述的反應。但如果他就是使用直接詢問的方式，參與者則可能會否認他們也酗酒。不過，假如我們讓他們從對於一個其所

代表從頭到尾都是批判地出現，這使得課題的批判分析亦在身為解放性文化行動之教育行動方案內容中不斷地進行。

33 此特別的探究，很不幸地，並未完成。

34 指精神醫師羅培茲（Patrício Lopes），他所進行的工作，在《批判意識的教育》（*Educação como Prática da Liberdade*）中有所描述。

熟知的情境符碼的評論開始——由於他們在其中可以發現到自己，所以他們可能會說出其真正的感受。

在參與者的說法中，有兩個重要的層面值得注意。一方面，他們將低薪資、感到被剝削，與酗酒間的關係，用口頭的方式表達出來——酗酒是一種逃離現實的表現，是一種克服無力感的企圖，但不管如何，酗酒終究是一種自我毀滅的解決方式。另方面，他們卻對於該酗酒者有著高度評價。在那個場景中，他是「唯一一位對其國家有貢獻的人，因為他有工作，而其他人只在嚼舌根」。在對於該酗酒者表達了贊許之後，參與者將自己等同於酗酒者，一個酗酒的勞工——但是卻是「高貴的勞工」。

與前述形成強烈對比的是，想像一下道德說教者的工作之所以會失敗，[35] 就在於他們大聲疾呼反對酗酒時，雖然同時舉出道德的範例，但該範例對說教對象來說卻不是道德的例證。在前述及其他的例子中，唯一真正適當的程序就是處境中的*覺醒*。這種*覺醒*應該自課題探究的起始時就開始嘗試（顯然地，*覺醒*並不僅止於對於處境的主觀覺察，而是要透過行動，使人們能為著抗爭妨害其人性化的障礙，做好準備）。　119

另外的經驗則是與農民有關。在一個有關農場勞動情境的討論中，我觀察到參與者始終離不開一個主題，那就是希望提高薪資。參與者希望能夠聯合在一起，組成工會以達到該特定需求。在該討論會期中，他們雖然討論了三個不同的處境，但其主題始終相同。

現在再試想，有一個教育工作者，他組織了*他的*教育計畫，而這些計畫中又包括了一些所謂「有益的」文獻的閱讀。例如民

35　參見尼布爾（Niebuhr），如前引。

眾可能會從其中習得「水在井中」之類的資訊，但的確這一類的學習以往一直發生在教育與政治的領域中，因為大家似乎並未瞭解到教育的對話本質其實是始於課題探究。

當這些探究圈中的解碼工作完成時，探究的最後一個階段便展開了，這時探究者所採取的是一種有系統的、科際性的研究方式。他們在解碼的討論會期中，聆聽錄下的錄音，研讀由心理學家與社會學家所記下的筆記後，探究者開始列出在會期中所確認的課題（無論是外顯的或是內隱的）。這些課題應該依據不同的社會科學來進行分類。但當計畫被陳述出來時，分類並不意味著這些課題可歸屬於不同的孤立範疇，而是表示該課題應以與其有關的該種社會科學中特殊的方法來處理。舉例來說，發展的課題，就特別適合經濟學領域，但也不絕對如此。課題也應該藉著社會學、人類學與社會心理學（這些領域與文化變遷及態度與價值觀的改變有關——這些問題對發展的哲學來說都是同等重要的）而聚焦。它也可透過政治科學（這個領域所關注的是與發展有關的決策問題）及教育等等來釐清其焦點。透過這種方式，具有整體性特徵的課題就不會受到僵化的研究。如果在我們探究了課題中包含現實中其他層面的豐富意含後，仍然以一種遷就專家的狹隘卻又忽略其豐富意涵（因而忽視了它們的力量）的方式來探究，那就真的是一種悲哀。

120

當課題的劃分完成後，每個專家會提供該科際團隊一個計畫，用以做為其課題的「分解」之用。在分解課題時，專家尋索基本的核心，以構作學習單元與學習程序，並提供課題一種一般性觀點。在討論了每個特定的計畫後，其他的專家會做出建議。這些或許會融入計畫中，也許會包括在有關此一課題方面的簡短隨筆之中。這些隨筆（連同其提出的建議文獻）在訓練那些將來會在「文化圈」中工作之同時身為學生的教師時，將會是非常有價值的協助。

在分解那些有意義論題時，該團隊可能會認知到有需要去包含某些基本的課題，而這些基本的課題可能不是在先前探究的過程中民眾直接提議的，但這些課題的引介又已被證明為是必要的，且也符合教育的對話特性。如果教育計畫是對話的，透過將那些先前未提出的課題的包括入內，讓同時身為學生的教師也有權利去參與教育計畫。從其功能著眼，我將後一類型的課題稱之為「鏈結的課題」(hinged themes)。它們要不就是使得計畫單元的兩個課題能夠連接得更順利，填補了其間的鴻溝；要不它們其實可以闡明一般計畫內容和民眾所抱持之世界觀間的關係。因此，也許在課題單元開始時就要針對這些個課題中的某項課題予以探討。

文化的人類學概念是這些鏈結性課題中的一項課題，它釐清了人們在世界中及其與世界間關係的角色是改造性的(transforming)而不是適應的(adaptive)存有。[36]

121

當課題的分析完成後，[37]然後就開始了將其編為「符碼」的

36 與文化人類學分析之重要性有關的文獻，可參見《批判意識的教育》(*Educação como Prática da Liberdade*)。

37 注意，整個方案就是一個整體。該整體係由相互關連的單元所組成，而這些單元本身也是一種整體。

這些課題本身即是整體，但它們同時也是互動的因子，它們構成了整個方案中的課題單元。

課題的分解分裂了整體課題，以尋求其基本核心，而這些基本核心則是部分的因子。

符碼化過程中嘗試的是，在存在處境的表徵中，將已經分解的課題重新整體化。

在解碼的過程中，個人解構了符碼，以理解其內在的課題。這種辯證性的解

階段：選擇傳達每個課題的最佳管道及其呈現方式。一個符碼可能是單純的或是複合的，前者使用的方式要不便是視覺的（圖畫的或是圖表的），要不便是可觸摸到的（觸覺）、或是聽覺的；後者則使用了許多不同的傳達管道。[38] 在進行圖畫或圖表等不同傳達管道的選擇時，不僅與要符碼化的材料有關，而且也與要溝通的對象是否識字有關。

在課題已經符碼化，教學用的材料（照片、幻燈片、影片、海報、書面資料等）即已準備齊全，該團隊或許可以提供某些課題或課題中的某些部分讓外面的專家知道，以做為錄音晤談的題目。

122 再讓我們舉發展的課題為例。關於此一課題，團隊可能會訪問兩位或更多的不同思想派別的經濟學家，提示他們關於此一計畫的內容，並且邀他們能夠接受一次關於該主題的晤談，而且希望他們能以聽眾所能理解的語言來進行。如果專家接受的話，就可錄下一次 15 至 20 分鐘的晤談。甚至當專家在說話時，或許可以拍下一張他們正在談話的相片。

當錄音晤談呈現於文化圈面前時，可以先來一段介紹該專家的引言，內容包括專家寫過什麼、做過什麼，以及他現在正從事的工作；同時，專家的照片也可同時投射在螢光幕上。譬如說，假若專家是一位大學教授，引言則可以包括一段參與者對大學看法的討論以及其對於大學的期望。該團體事前已被告知，聽完晤

碼過程並不停止在那兒，而是在分裂性全體的重新整體化中完成。整體因為被分解所以更容易被理解（它也因為其與其他能表徵存在處境之符碼化情境的關係而更容易被理解）。

38 符碼可分兩類

（1）單純的符碼：視覺的管道（圖畫、圖表）、觸覺的管道、聽覺的管道。

（2）複合的符碼：同時運用不同的管道。

談的錄音後會有一段關於內容（此內容可以做為一次聽覺的符碼）的討論，之後研究團隊稍後可以向專家報導討論中參與者的反應。此技術可以將知識分子連結起來，因為知識分子有時雖然好意，但卻常常與群眾的現實疏遠，進而與現實脫節；這同時也給了民眾可以去聆聽並批判這些知識分子的思想的機會。

某些課題與核心也許可以透過簡短的戲劇呈現出來，但其中僅有課題的呈現而已——它畢竟不是「解決」的方式！該戲劇行動可以做為一種符碼，成為一種有待討論的提問處境。

另一項教學資源——它只會在提問式教育中出現而不是囤積式的教育中——就是對於雜誌文章、報紙及專書章節（由段落開始）的閱讀與討論。就如在錄音晤談的例子中，在討論團體開始之前先引介作者，然後再討論內容。

因而在任何特定事件發生之後，針對報紙上的社論內容進行分析是十分重要的：「為什麼不同的報紙對於同樣的事實卻有著如此不同的詮釋？」這樣的練習可以有助於一種批評意識的成長，讓民眾在面對報紙或新聞廣播時，不再只是被動的「公告」對象，而是能夠具備追求自由的意識。 123

在所有準備好的教學材料之外，還應該再加上一些小小的入門手冊，之後教育團隊應該再以一種有系統的且詳述的形式，向民眾再次呈現與他們自身有關的課題。課題應該是出自民眾，然後再返回民眾——它不是以等待其他人的存放內容，而應該是一種有待解決的問題。

基礎教育的教師其首要工作是要呈現教育運動的一般性方案。民眾會發現他們自己身在該方案中；這對他們來說並不陌生，因為這方案本就源自民眾。教育工作者亦將會進一步解釋（基於教育的對話性格）教育方案中鏈結性課題的出現及其重要性。

如果教育工作者缺乏足夠的經費來實現上述的課題探究——他們至少也應該對於處境有著稍許的認知——他們可以選擇某些基本課題做為「需要探究的符碼」。因此，他們可以從引言性課題開始，同時再發動進一步的課題探究。

在這些基本課題中之一（該課題是我認為核心而不可或缺的）是文化的人類學概念。不論是農民，還是城市中的勞工，當他們在後識字教育方案中學習閱讀、參與時，他們期盼著認識（以該字的工具性意義而言）更多事情，而這一切就是從對於文化概念的爭論開始。當他們討論文化世界之時，他們表達了其對於現實覺察的層次，這其中有許多課題是隱而未顯的。他們的討論會觸及現實的其他層面，然後他們會逐漸以一種批判的方式來覺察現象。接下來，這些現實層面又會與其他許多課題發生關連。

由於之前的經驗，我可以肯定的是，文化的概念的討論如果能夠充滿想像地觸及到文化的每個面向時，將可以使我們更加注意到教育方案的不同層面。除此之外，經過幾天與文化圈參與成員的對話後，教育工作者因而能夠直接詢問參與者：「除了我們討論過的課題之外，還有哪些其他的課題或主題可以討論？」當每個人回答時，答案會被記下來，而且立即以問題的形式提供給該團隊。

124

比方說，一個團體的成員也許會說：「我想要談民族主義。」「非常好，」教育工作者說，邊記下這個建議，然後又加上：「民族主義是什麼意思？為什麼關於民族主義的討論對於我們來說很重要？」我的經驗是，當一個建議是以問題形式拋向團體時，新的課題就會出現。舉個例子，如果一個區域內，在一個晚上裡有三十個文化圈會面，所有的「協調者」（教育工作者）都以此種方式進行，那麼中心團隊將會有一個非常豐富的課題討論素材。

從解放教育的觀點來看，對於民眾來說，重要的是藉著討論其思考方式與世界觀，能夠感到他們自己像一個主人，而這些思考方式與世界觀是在其本身及其友伴提出的建議中或隱或顯地出現的。由於解放教育的觀點是來自於下列的信念：它不能呈現自身的計畫，而必須以與民眾對話的方式來尋索這計畫，故而它可以說是在闡述受壓迫者都必須參與行動的過程中，引入了受壓迫者的教育學。

第四章

本章主要在分析文化行動（cultural action）的理論，文化行動發展自反對話與對話的源頭。在這章中，會常引用到前面各章中的一些重點，但是我們會對這些重點予以擴充或是澄清一些新的說法。 125

在本章中，我首先重新肯定人是一種*實踐*的存有，人不同於動物，動物是純粹活動的存有。動物不會去考慮這個世界；它們是沉陷於世界中。相反的，人則從世界上破繭出來，並且將世界客觀化，當他在如此做時，他就能領略世界，並且用他的勞動來改造世界。

動物本身並不勞動，它是活在一個它無法超越的框架中。因此，每個動物都活在適於其生存的環境中。這些環境對人來說是開放的，但對動物來說，不同的環境之間卻是無法相通的。

但是人的活動則包括了行動與反省：那就是實踐；實踐是對於世界的改造。而實踐則需要理論來照亮它。人類的活動是理論與實踐；是反省與行動。正如我在第二章所強調的，人的活動不能被化約為咬文嚼字或是盲動。

列寧有句著名的陳述：「有革命運動，就有革命理論。」[1] 這

---

1 列寧（V. Lenin），〈怎麼辦？〉（"What is to be Done?"），載於克里斯曼（Henry M. Christman）編，《列寧基本著作》（*Essential Works of Lenin*），（New York, 1966），p. 69。

126 意味著，革命並不是口頭說說即可完成，也不是盲動就可完成，而是要透過實踐完成。亦即是，要帶著*反省*與*行動*，邁向結構的改造。要徹底改造結構的努力，不能僅是將其領導者視為*思想家*（*thinkers*），而將受壓迫者當成*聽命行事者*（*doers*）而已。

如果真正獻身於民眾，需要一種改造行動的理論，它所牽涉的不僅是受壓迫者現實的改造。這種理論在改造過程中不能不賦予民眾一種基本的角色。領導者不能僅將受壓迫者當成從事活動的人，卻否認了他們有反省的機會，也不能僅讓受壓迫者產生一種行動的假象，但實則他們仍然是被操控的——而且受到敵人的操控。

領導者得負起協調（有時候，是一種指示）的責任，但是當領導者否認受壓迫者的實踐時，亦會使得他們自己本身的實踐無效。把自己的字詞強加在別人的身上，反而會使得這些字詞產生錯誤，並且在其方法與目標間造成了一種矛盾。若他們真正投身於解放，但卻不讓其他人也能有反省與行動時，他們的反省與行動就無法更進一步。

革命實踐必須與宰制菁英的實踐對立，因為他們在本質上是對立的。革命的實踐不能容忍一種荒謬的二分法，在這種二分法中，民眾的實踐僅是跟隨著領導者的決定——這種二分法反映了宰制菁英慣常使用的命令式方法。革命實踐是一種聯合，領導者不能將受壓迫者當成是他們的財產。

操控、宣傳、「存放」、統治與命令不是組成革命實踐的部分，因為它們正是宰制的實踐。為了要進行宰制，宰制者別無選擇，他們只能去否認民眾的真實實踐，否認民眾有權利說他們自己的話、思考他們自己的思想。宰制者不能以對話的方式行動；因為當如此做時，他要不然就會失去自己宰制的力量，並且得加入受壓迫者的運動，要不然就會因失算而失去權力。

相對地說，革命領袖若不以對話方式在其與民眾的關係中展開行動，要不然就仍保持著宰制者的特徵，無法成為真正的革命者；要不然就整個誤解其角色，成為派系主義的階下囚，這些都不是真正革命。容或他們會獲得權力，但是這種源於反對話行動的革命，其有效性卻整個令人懷疑。 127

受壓迫者在參與革命的過程中，能夠逐漸批判地覺察到自己角色是改造的主體，這是十分重要的。如果他們仍然以一種曖昧不明的存有進入這個過程，其中有一部分是他們自己，但另一部分卻是存於他們身內的壓迫者——如果當他們掌權時，仍然具備這種壓迫性情境所加諸其身的曖昧性時——我的看法是他們所謂的「掌權」仍將僅是他們的*想像*。[2] 他們存有的雙重人格，甚至可能會產生一種非我族類、其心必異的氛圍，因而使得一種官僚體制更容易建立；而這種官僚體制又會削弱革命的基礎。若受壓迫者並未察覺到這種革命過程的曖昧不明，他們就可能是以一種復仇的精神而非以革命的精神來參與。[3] 他們可能會渴望將革命視為一種宰制的工具，而不是到達解放的一條道路。

如果革命領袖在形成一種真正的人本主義上會產生某些困難與問題，那這種困難與問題對於那些企圖（即便帶著最好的善

2 這樣的危險性，使得革命領袖必須要去抗拒對於壓迫者的模仿。壓迫者是「進入」民眾中，並且「住在」民眾的身內。革命成員在他們與受壓迫者的共同實踐中，不能嘗試「定居」(reside) 於民眾身上。相反的，當他們嘗試（與受壓迫者）「逐出」壓迫者時，他們之所以如此做，是為了要與受壓迫者一起（*with*）生活，而不是住在他們身內（within）。

3 雖然受壓迫者過去總是受制於剝削的制度，因而在其革命鬥爭中會有一種復仇的意味，這也是可理解的，但是革命仍舊不能在復仇中耗盡它所有的力量。

意）為著民眾實現革命的領導者來說，將是更為艱鉅的工作。因為嘗試如此做時，其實便等同於要去實現一種*沒有*民眾的革命，128 在這種革命中，民眾是被與過去壓迫他們相同的方法與過程，拖入革命過程的。

與民眾的對話，對每場真正的革命來說都是極為必要的。這正是使它成為一場革命而不是軍事*政變*的原因。在*政變*中，我們並不期待有對話——其中只有欺騙（為了要獲得「合法性」）或是武力（為了要壓迫）。一場真正的革命早晚會產生一種和民眾之間有勇氣的對話。革命的合法性，在於對話，[4] 它不能害怕民眾，害怕民眾的表達，害怕他們更多地參與權力。革命必須向民眾進行說明，必須坦誠地向民眾說明它的成就、它的錯誤、它的失算，以及它的困境。

對話愈早開始，革命運動會愈真實。對於革命來說，對話是絕對必要的，這也對應於另一個基本的需求：人們做為存有，除卻溝通，他們不能成為真正的人，因為他們基本上是溝通的生物。阻礙溝通的發生，就會將人貶至「物」的地位——這是壓迫者做的事，不是革命成員做的事。

讓我強調，我對於實踐所做的辯護，並不意味著實踐能夠二分為：前一個階段是反省，後一階段則是行動。反省與行動是同時發生的。然而，經過對於現實的批判分析後，可能會告訴我們，*在此時*要進行某種特定形式的行動是不可能或是不適當的。凡是透過反省因而察覺到某個或是另個形式的行動（該種行動因

---

4 「我們可能會從懷疑中獲得某些益處，」當確定格瓦拉（Guevara）死訊後，卡斯楚對古巴的民眾說，「謊言、對真理的恐懼，對錯誤幻覺的順應，與謊言的串通，這些從來都不是革命的武器。」引自 *Gramma*（October 17, 1967）。其中斜體字部分為作者特別強調之處。

而應該延後甚或更換）是不可行或是不適當的人，並不能說他們是不行動的人，批判性反省也是行動。

我之前曾說過，在教育中，同時身為教師的學生在企圖理解某個認知對象時，其認知行動並不是完全只集中在該對象上，因為他的行動會拓展到其他同時身為教師的學生，這使得認知對象成為他們理解能力的中介。對於革命行動來說亦然。也就是說，受壓迫者與領導者都是革命行動的主體，而現實則是兩個群體改造行動的媒介。在這樣的行動理論中，我們不能僅以一*個行動者*或是一*群行動者*（*actors*）來說明，而應該以*相互溝通的行動者*（*actors in intercommunication*）來說明。

這種肯定或許似乎意味著革命力量的分開、分立、分裂；事實上，它所代表剛好是相反的情形：革命力量的聯合（communion）。若沒有這種聯合，我們真的會看到分裂：領導者在一方，而民眾則在另一方，這形成一種壓迫關係的複製。在革命過程中，否認溝通或是以組織民眾、強化革命力量、確立聯合陣線為藉口來避免對話，實則都是出於一種對於自由的恐懼，它對民眾感到恐懼與缺乏信心。但是若民眾不能被信賴，那也就沒有解放的理由；如果革命不是為*民眾*而實現，而變成「*由*」*民眾為領導者*（“*by*” *the people for the leaders*）來實現：那就是一種全然的自我否定。

革命既不是由領導者為民眾來實現，也不是民眾為領導者而實現，而是由兩者在一種不可搖撼的團結中共同行動。這種團結的產生，只有在領導者本身透過他們的謙遜的、充滿愛的、充滿勇氣的與民眾的邂逅來見證時，才會產生。不是所有的人都有足夠的勇氣可以進行這種邂逅——但是當人逃避溝通時，他們會變得更僵化，並且會把他人都只當成某種客體；他們不再致力於滋養生命，而是扼殺生命；他們不再追尋生命，而是逃離這種追尋。這些也正是*壓迫者*的特徵。

有些人也許認為，這種對於對話的肯定——在這世界與他人邂逅以改造這個世界——是天真的，而且也是過於主觀的理想。[5] 然而，沒有任何事是比人們活在這個世上或是人們與世界共存要更為真實與具體——同樣的，在世界上總有某些人與另些人對立，如壓迫階級與受壓迫階級的關係一樣。

130 因為現實產生了非人性的狀態，所以真正的革命會嘗試去改造現實。現實的既得利益者無法實現這種改造；改造必須由受到專制支配的人們以及他們的領導者一起完成。此項真理十分要緊；也就是說，領導者必須透過與民眾的聯合將其*落實*。在這種聯合中，兩方群體在一起成長，領導者不是自我任命的，他的地位是在與民眾的共同實踐中被設立及確認的。

許多人都受制於一種關於現實的機械觀，他們並沒有察覺到個人的具體處境會制約了他們對於世界的意識，而這種意識又會反過來制約了他們處理現實的態度及方法。他們認為，現實能夠被機械地改造，[6] 而且我們不用把人類關於現實的虛假意識當成一種問題，或者是說，我們亦無須透過革命行動就能虛假意識日減。沒有一種歷史現實不是人性的，也沒有歷史是可以*沒有人*而存在的，但是歷史也非為人而存在的；只有所謂人性*的*歷史，歷史是人*群*所造成，而且（如馬克斯所指出的）會反過來塑造人

---

5 讓我再次重覆，對話性的邂逅不能發生在敵對者之間。

6 「在一個宰制階級還穩固的時代中，在一個勞工運動必須抗拒一個有力的敵人（它有時帶有威脅，其所處的權力位置也牢不可破）的時代中，會自然地產生一類社會主義的文獻，這種文獻強調現實的『物質』的因素、注意到有待克服的障礙以及人類知覺與行動的缺乏效率。」高德曼（Goldman），如前引，pp. 80-81。

群。當人群中的大多數被否認具有以主體身分參與歷史的權利時，他們就會被支配而且被異化。因此，要以主體地位克服其客體的條件時——就需要民眾對於要被改造的現實能夠從事行動與反省。

假使我們做出下列假定，就可能真是過於理想化的：以為僅就壓迫現實進行反省後，發現到人做為物的地位，人類就因此可以變成主體。但是，雖然這種察覺本身並不意味著思想家已經變成主體，它*卻是*意味著，如同和我的一起工作的同僚[7]所言，他們是「*受期待*的主體」——這種期待使得他們想要去進一步鞏固他們的新地位。　131

另一方面，如果相信盲動（它不是真正的行動）就可以通往革命，這也是一個錯誤的前提。如果人們活在完整的實踐中時，他們才可以變得真正的批判，亦即，在他們的行動包括了一種批判性的反省，而這種批判性反省又逐漸地組織其思考，並且引領他們由一種對於現實的天真知識，到達能夠覺察到現實*成因*的更高層次。如果革命領袖否認民眾有此權利，反而會對其自身的思考能力造成傷害——或至少是正確思考的能力。革命領袖無法*離開*群眾來進行思考，他的思考不是為民眾思考，而是*與*民眾一起思考。

另一方面，那些宰制菁英們卻可以——他們也真的這樣做了——離開民眾而思考——雖然他們為了更認識民眾，並且更有效率地宰制民眾，他們仍會去思考*關於*民眾之事。導致的結果是，任何在群眾與菁英間表面的對話或溝通真的成為一種「公告」的存放，其主要內容往往只在試圖展現馴化的影響力量。

7　宏都拉斯人賈西亞（Fernando García），在一堂為拉丁美洲人安排的課程中所講（Santiago, 1967）。

為什麼那些宰制菁英可以離開民眾而思考，卻沒有衰微下去？因為民眾構成了他們的對立面、他們存在的理由。如果這些菁英與民眾一起思考，矛盾將會被克服，而他們也不再具有宰制力量。對每個時代的宰制者來說，所謂的正確思考都預設了民眾的不具思考力（non-thinking）。

> 有一位吉地（Mr. Giddy）先生，他是皇家學會（Royal Society）的前任會長，他提出了反對看法，這種反對在每個國家中都可找到相似的意見：「不管那些提供窮人勞動階級教育的計畫看來如何言之成理，但這些計畫對他們的道德觀與幸福都會造成偏見；它會教導他們忽視生活中的命運，使他們無法成為一個農業與其他勞動工作中好的僕人；它無法教導他們順從，這將使他們成為難駕馭的倔強的人，這種情形在一些工業縣份相當明顯；它會使他們去讀一些具有煽動力的小冊子、一些反對基督教的邪惡書籍與出版品；它會使他們對其主人無禮，因此在某些年後，立法者會發現有必要以一些有力的力量來反對它們。」[8]

132

吉地先生所真的想要做的（也是今日菁英們想做的，雖然他們並不是如此公開地與犬儒地反對公眾教育）就是不要民眾進行思考。每個時代中的吉地先生們（Mr. Giddys），由於他們身處壓迫者階級，所以他們無法*與*民眾一起思考，他們也不讓民眾為本身思考。

---

8 尼布爾（Niebuhr），如前引，pp. 117-118。

然而，對於革命領袖來說卻不是如此；如果他們不與民眾一起思考，他們就會失去生命力。民眾是生成他們的源頭，而不僅是思考的對象。雖然革命領袖為了更多地認識民眾，也會思考「關於」民眾之事，但這種思考是有別於菁英的思考；因為這種關於民眾的思考目的是在解放（而不是宰制）他們，革命領袖是將自己獻身於民眾的思考中。菁英的思考與革命領袖的思考，一個是*主子*（*master*）的思考，另一個卻是*同志*（*comrade*）的思考。

宰制本身僅需要有宰制的一端及被宰制的一端，這兩端是在對立的矛盾中；革命解放則試圖解決這種矛盾，革命解放意味的不僅是兩端的存在，也意味著在這個嘗試的過程中，有一個領導團體能夠突破出來。這個領導團體要不便認同民眾的受壓迫狀態，要不就不是真的革命團體。宰制者所做的，只是*關於*民眾的思考，在這種思考中沒有任何的捨己。宰制者無法*與*民眾一起思考，這種思考方式使得他們永遠無法成為*革命的*領袖。

在壓迫的過程中，菁英們是依賴受壓迫者的「行屍走肉」而生存，他們是在自己與受壓迫者的上下從屬關係中發現到自己的真實定位；但在革命的過程中，對於破繭而出的領導者而言，只有一種方式能夠完成自己的真實性：那就是他們本身必須「死去」，為的是能透過受壓迫者並且和受壓迫者一起重生。

133

我們可以適當地說，在壓迫的過程中，某些壓迫者壓迫著其他的某些人；但我們不能說在革命的過程中，某些人可以解放另外的某些人，我們也不能說某些人去解放他們自己，而只能說，人們聯合起來彼此解放。這種說法不是在貶低革命領袖的價值，相反地，是在強調他們的價值。有什麼比與受壓迫者，與那些「生命的放逐者」、「世上的不幸人」在一起生活與勞動要更為重要？在這樣的聯合中，革命領袖應該發現到的，不僅是他們的*存在的理由*，而應該發現到一種喜悅的動機。革命領袖的本性就是能夠從真實的角度行出宰制者憑其本性所不能為之事。

菁英階級每一次接近受壓迫者，都是以一種第一章中所描述的假慷慨進行的。但是革命領袖所做的不能是假慷慨，他們也不能進行操控。當壓迫階級菁英是因著將民眾踐踏於腳下而興盛時，革命領袖的壯大卻是來自於其與民眾的聯合。所以壓迫者的活動不可能是以人為本的，但革命成員的活動卻必然是以人為本的。

壓迫者的無人性，與革命人本主義，兩者都用到了科學。但是科學與科技在服務前者時，通常是用以將人化約至「物」的地位；科學在服務後者時，則是用以促進人性的。在革命的過程中，為了使受壓迫者不再成為科學研究的對象或物，受壓迫者必須成為主體。

科學的革命人本主義不能以革命之名，而將受壓迫者看做分析的「物」，並且（以科學分析為基礎）提出一些行為的規定。如果真的如此做時，它就會落入壓迫者意識型態的一個迷思：*無*

134 *知的絕對化*（*absolutizing of ignorance*）。此迷思意指，有某個人存在，可以判定另一個人的無知。那些做出這種判定的人，是將自己及其所屬階級界定為知道或生來就知道的地位，卻將其他人界定為異化的個體。唯有他的階級所說出的話語，才是「真實的」話語，他並且強加或是試圖將這些「真實的」話語強加給受壓迫者，至於受壓迫者的話語則早已經從其身上被那些壓迫者偷走。而那些偷其他人的話語的人，卻反而對其他人的能力有著極深的疑慮，並且斷定其他人是無能的。所以每次當他們在說話時，他們不會去聆聽那些他們所禁止說話的人的話語。他們愈來愈習於權力，養成了一種引導、命令、指揮的習慣。若沒有人可供他們差遣時，他們便無法生活。在這種情形下，對話是不可能的。

另一方面，科學及人本主義的革命領袖則不會相信這種民眾是無知的迷思。他們認為這只是某特定時刻的一個迷思。他們不信自己（而且只有他們）知道一切的事情——因為這意味著對於民眾的懷疑。雖然基於他們的革命意識，他們也許有理由知道其本身具有某種程度的革命知識，而且這種知識是不同於民眾所具有的經驗知識，但是他們仍不會強把自己及自己的知識加在民眾的身上。他們不會去宣傳欺騙民眾，而是進入與民眾的對話中，以使得民眾所具有的關於現實的經驗知識能夠受到批判知識的滋養，逐漸轉變為對於現實*成因*的知識。

若我們期盼壓迫階級的菁英能自動放棄將民眾無知予以絕對化的迷思，是相當天真的；但若革命領袖*沒有*如此做時，就是一種矛盾，而當他們依此迷思行動時，就會更加矛盾。革命領袖的工作不僅要將該項迷思以問題形式提出，他還要將壓迫者進行壓迫的所有其他迷思都以問題的形式提出。如果革命領袖仍然模仿宰制者的方法，那民眾的回應方式將不出下列兩種。在某些歷史環境下，他們也許會因著領導者在其身上所堆放的新的內容更變得更加馴化。但在另外的環境下，他們卻可能畏懼某個會威脅到存在於他們身內之壓迫者的「字詞」。[9] 無論哪種情形下，他們都

135

9 有時，這個「字詞」甚至尚未說出，只要有一個可能威脅到壓迫者在民眾中地位的人出現，就足夠使壓迫者採取一些毀滅性的立場。

有個學生曾經告訴我，在某個拉丁美洲的農業社區中，一個狂熱的牧師是激烈地譴責社區中兩個「共產黨員」，譴責他們會「危害」到「天主教的信仰」。就在一個晚上，農民聚集在一起，將兩個單純的小學教師活生生地燒死。原因可能是牧師在教師的屋子中看到一本書，而書的封面上有一個大鬍

不會成為革命民眾，在前例中，革命將成為一種幻覺；在後例中，革命則連發生都不可能。

某些具備善意、卻被誤導的人以為：既然對話的過程被延長了[10]（有些時候，它不一定是真實的對話），他們應該不需要溝通便能實現革命，而只要透過官方的「宣告」即可。一旦革命取得勝利了，他們之後將再徹底地進行教育工作。他們認為在掌權之前，教育——解放教育——不可能真正實現，所以因此確定了前述的先後順序。

136 在此有必要分析前段說法中的某些要點。這些人（或是說其中大部分人）相信與民眾對話有其必要性，但卻不相信在掌權之前有可能進行對話。當他們否定下述的可能性：領導者可以在取

子的人……。

10 再一次，我想強調在對話與革命行動之間並沒有分立，沒有分一個階段是對話，而另個階段是革命的階段。相反的，對話是革命行動的根本。在這種行動的理論中，*行動者*主體之間將其行動作用於一個*對象*（*現實*，也就是他們之間的中介），並將人們的人性化（透過現實的改造來達成）做為他們的目標。

在壓迫者行動的理論中，它基本上是反對話的，前述的架構則被予以簡化。*行動者*將*現實*與*受壓迫者*同時做為他們的*對象*，而壓迫的維持（透過壓迫現實的保存）則是他們的目標。

革命性行動的理論		壓迫性行動的理論		
互為主體性				
主體－行動者（革命領袖）	*行動者－主體*（受壓迫者）		*行動者－主體*（壓迫階級菁英）	
	互動			
中介的*對象*	要改造的現實	中介的*對象*	*對象*－要保存的現實	*對象*－受壓迫者（是現實的一部分）
	為了達成		為了達成	
目標	人性化是持續的過程	目標	*目標*－壓迫的維持	

得權力之前用一種批判教育的方式來行事時，他們也否定了革命教育做為一種為*文化革命*（*cultural revolution*）做準備之*文化行動*（*cultural action*）的特質。另一方面，他們也將「文化行動」與民眾掌權後所發動的新教育混淆在一起。

我肯定地說，如果期待壓迫階級的菁英來實現一種解放教育，其實是天真的想法。但因為革命不可否認地有著教育的性質在內，在這個意義上，除非革命能進行解放，否則它就不是革命。在革命的歷程中，權力的取得僅是一時的——無論它如何具有決定性。革命做為一種過程，革命「之前」是位在壓迫社會中的，而此點革命意識才看得清楚。

革命的發生，是一種在壓迫社會中真實的社會實體；因為它是一種文化行動，它必須對應於它所源出之社會實體的潛在能力。每個實體都在它本身內發展（或是被改造），透過其矛盾的交互作用而發展。如果是必要的話，外在的制約物也只有在其符應於那些潛能時才能夠發揮其效果。[11] 革命的新，是發生於舊的壓迫社會之內；掌權，在革命的持續過程中僅是一個重要的環節。從革命的動態（而非靜態）觀點來看，不會以掌權做為界限來絕對地劃分「之前」或「之後」。 137

革命源於客觀的情境，其所做的是試圖藉著在不斷解放的過程中設立一個屬於人們的社會，克服壓迫的情境。革命所具有的教育性、對話性特質，使其成為一種「文化革命」，而文化革命在革命的每個階段中都必須出現。革命所具有的教育特性，是一種讓革命免於被制式化、階層化（在一個反革命的官僚體制中被階層化）的最有效工具；因為所有的反革命都是來自那些原先是

11 見毛澤東，如前引。

革命分子的反動。

要是因為民眾沒有對話的經驗，就以為在取得權力之前不可能與民眾有所對話，那民眾也不可能獲得權力，因為民眾在權力的運用方面也沒有經驗可言。革命的過程是動態的，而且就是在這種不斷的動態中、在民眾與革命領導者的共同實踐中，民眾與領導者將可以學到對話與權力的運用。（此理甚易明白，就如人是在水中學習游泳，而不是在圖書館中學習一樣。）

與民眾的對話，既不是一種讓步也不是一種恩賜，更不是一種支配的工具。對話一方面是人們在「命名」這個世界時的相互邂逅，一方面則是人們真實人性化的基本前提。佩卓維克（Gajo Petrovic）說：

> 一項自由行動只能是一個人改變其世界與自身的行動……自由的積極性條件是知道必然性的限制，覺察到人類創造的可能性……以為自由社會奮鬥為名所進行的鬥爭，除非它能創造出更多程度的個人自由，否則它就不是真正為自由社會進行的鬥爭。[12]

138 如果這樣的觀點是真的，革命的過程在性質上就應該是教育的（educational）。因此，革命的過程需要民眾坦誠開放，而不是對民眾漠不關心；革命與和聯合民眾有關，而不是不信任民眾。此外，正如列寧所指出的，當一場革命愈需要理論時，它的領導者

12 佩卓維奇（Gajo Petrovic），〈人與自由〉（"Man and Freedom"），見《社會主義人本主義》（*Socialist Humanism*），弗洛姆（E. Fromm）編（New York, 1965），pp. 274-276。亦可見之於同作者，《20 世紀中期的馬克思》（*Marx in the Mid-Twentieth Century*）一書（New York, 1967）。

就必須更多地與民眾站在一起，來對抗壓迫的力量。

基於前述的一般性說明，接下來我們會對於反對話與對話的行動理論有著更詳細的分析。

征服

反對話行動的第一個特性，就是征服的必然性。反對話的人，在他與他人的關係中，其目標是為了征服他人——他使用的是漸進的方式，而且不擇手段，包括從最粗糙到最精緻的、從最具壓迫性的到最全面的（父權主義）都可能包括在內。

每項征服行動，都意味著有一個征服者與某些被征服的人或物。征服者會將他的目的強加於被征服者身上，讓後者成為自己的財產。他將他自己的形象強加於被征服者身上，後者則可能將此形象內化到自己身上，並且變成一個身上「居住」著其他存有的曖昧性存有。從一開始，征服的行動就將人的地位貶低至物的程度，征服的行動其實具有迷戀死亡或戀屍癖的性格。

反對話的行動常伴隨著現實的、具體的壓迫性情境，對話性的行動是對處境進行革命性取替時所不可或缺的。一個人的對話或是反對話，並不是在抽象中，而是在世界中發生的。他（或她）不是先反對話，然後成為壓迫者，而是同時成為反對話者與壓迫者。在一個客觀的壓迫情境中，反對話成為壓迫者要進行進一步壓迫的必要工具——不但是經濟的，也是文化的：被征服者的語言、表達方式、文化都被剝奪。甚而有之，一旦壓迫情境啟動後，反對話就成為維持這個壓迫情境時所不可或缺的。

因為解放行動基本上是對話的，所以對話不是後於解放行動的，它必須伴隨行動發生。而又由於解放必須是一個永久不變的情境，所以對話也因而成為解放行動一直*延續*的層面。[13]

征服的慾望（或是說征服的必然性）總是在反對話的行動中出現。到最後，壓迫者試圖摧毀的是人們身上做為一種世界之「思慮者」的特性。由於壓迫者無法完全遂行這種毀滅，他們必須將世界*迷思化*（*mythicize*），在這種*迷思化*中，壓迫者會提供受壓迫者與被壓制者一個虛假的世界，此一虛假世界的設計是為了強化受壓迫者的被動性與異化；壓迫者也發展出一套方法，以排除將世界視為一種問題的可能性，他們企圖使世界成為一個固定的、既定的實體——民眾在世界中，僅僅是旁觀者，只能去被動適應這個世界。

對於壓迫者來說，他必須有步驟地接近民眾，透過壓制來保持後者的被動性。然而，這種接近，並不表示他們*是與*民眾在一起或是要求有真實的溝通。壓迫者往往透過迷思（這些迷思對於維持現況來說是不可或缺的）的存放來維持現狀：舉例來說，這些迷思有「壓迫秩序是一『自由社會』」；「所有人都有自由在他們想工作的地方工作，當他們不喜歡他們的老闆時，他們可以離開他並且去找新的工作」；「因為上頭的命令是尊重人權的，所以我們應該尊重上頭的命令」；「任何人只要勤勉，就可以成為老闆」——但更嚴重的則是，「街頭攤販和大工廠擁有者一樣都是老闆」的迷思；「普遍教育權」的迷思，但是當所有的巴西兒童都可以接受基本教育時，其中仍只有極少數能夠進入大學；「所

13 當一場群眾的革命已經獲得權力後，該新的權力有著道德的義務來壓制那些試圖回復舊壓迫勢力的嘗試。但這個事實並不代表革命與其對話性格間有著矛盾。在革命之前，彼此間對立的壓迫者與受壓迫者階級間要進行對話是不可能的；革命之後，敵對階級間的對話也不可能。

有人皆平等」的迷思，但是當「你知道你現在在和誰說話嗎？」的問題仍然存在於我們之間；「壓迫者階級做為一種護衛『西方基督教文明』，對抗『唯物野蠻主義』的英雄」的迷思；「菁英階級是慈善與慷慨的」迷思，但實際上他們做的只是一些選擇性的善行（之後並發展成為「無私的幫助」(disinterested aid）的迷思，這種國際上的「無私的幫助」曾受到教宗若望十三世的嚴格批判）；[14]「宰制菁英知道他們的義務，他們所做的是在促進民眾的進步」的迷思，但其實他們的作為只是為了讓民眾感恩懷德而接受並且順服他們；「反抗就是一種違背上帝的罪行」的迷思；「私有財產是人性發展的基本要件（而壓迫者是唯一具有真實人性的存在）」的迷思；「壓迫者是勤勉的，而受壓迫者是懶惰與不誠實的」迷思；以及「受壓迫者在本性上即屬較劣，壓迫者本來就較優秀」等等迷思。[15]

140

所有的這些迷思（讀者也可自己列出其他），這些迷思的內化形成受壓迫者被壓抑的一部分。這些迷思經由大眾「傳媒」以有組織的宣傳與口號呈現後——就彷彿這樣的異化已然構成了真

14「甚而言之，在提供較貧窮國家協助時，那些經濟上的已開發國家應該特別小心，以免他們會為了自己的利益而製造有利自己優勢的政治情境，並且企圖去支配這些貧窮國家。

萬一已開發國家真的抱持這種企圖，這顯然就是另一種形式的殖民主義（colonialism），或許它以別種名稱來偽裝，但這只是反映出其早先過時的支配權，這種支配權在現在早已為許多國家所放棄。當國際關係受到如此的阻礙時，所有民眾的秩序進步也會因而危殆。」教宗若望十三世，〈基督教與社會進步〉(“Christianity and Social Progress”)，出自 *Mater et Magistra*，通諭，第 171 條與 172 條。

15 梅米（Memmi）認為這種殖民者在被殖民者身上所建構的形象是：「透過殖民者對於被殖民者是懶惰的指控，殖民者因而決定了，懶惰是被殖民者身上構成的一部分。」梅米，如前引，p. 81。

正的溝通！[16]

簡言之，所有的壓迫性現實同時也必然是反對話的，正如壓迫者總是汲汲於從事受壓迫者的征服工作，其中總是有反對話的141行動一樣。在古代的羅馬，宰制菁英們提及需要提供「麵包與雜耍」予民眾，以便使他們「軟化」，並且能夠平息下來。今日的宰制階級菁英，就如同任何時代的菁英一樣，也繼續（用「原罪」的版本）需要征服其他人——無論是否用「麵包或雜耍」的方式。歷史上，征服的內容與方法雖有所不同，但只要宰制階級菁英還存在的話，一直不會改變的，就是壓迫中對於死亡的迷戀。

分而治之

在壓迫行動的理論中，另有一個基本的面向如同壓迫本身一樣古老。因為少數壓迫階級在支配與控制多數時，它必須將這些大多數人再做區分，以便能繼續保持權力。少數壓迫階級不能允許容忍民眾的聯合，因為這無疑地會對於他們的霸權造成嚴重威脅。因此，壓迫者在一開始便會透過各種方法（包括暴力）中止那些可能會喚起受壓迫者團結需求的行動。一些概念如聯合、組織與鬥爭等，會立即被標籤為危險的。事實上，這些概念本來就*都是*危險的，因為它們的實現對於解放行動來說是必要的，所以他們對於壓迫者來說當然是危險的。

壓迫者對於受壓迫者勢力的削弱，會透過對於後者的孤立，

16 我不是批評傳媒的本身，而是批評運用它們的方式。

創造、深化後者之間的間隙而更進一步。壓迫者會透過不同的方法來進行，這些方法包括從政府官僚體制的壓迫性方式到操控民眾的文化行動的形式（藉著給他們一種受到幫助的印象）等。

壓迫性文化行動其中有一項特徵，幾乎從未被那些努力的、但又天真的相關專業人員所覺察到，這個特徵就是將問題*焦點化*（*focalized*），但卻不是把問題當成*整體性*的問題。例如在「社區發展」計畫中，當一個區域或地區被分割成愈多的「在地社區」（local communities）時，卻並不將它們本身視為整體性或是另個整體性（地區、區域等）——後者又是一個更大的整體性（國家，也是整個州整體）中的一部分——的部分來研究時，其間的疏離就愈強化。當民眾愈疏離，就愈容易使他們分裂，而且這種分裂還會繼續維持下去。這些焦點化的行動形式（特別是在農業區域中），一方面會阻礙受壓迫者使他們無法批判覺察到現實，一方面也會使他們孤立於其他區域受壓迫者的問題之外。[17]

142

相同的分裂效應，也發生在所謂的「領導訓練課程」中，這些領導訓練課程（也許其組織者本身並沒有這樣的意思）到最後會成為異化性的。這類課程有個天真的假定，那就是以為我們可以透過訓練社區的領導者來促成社區的進步——彷彿是由部分促成整體，而不是由正在被促成中的整體來促成部分。社區中的某些展現出足夠領導能力的成員會被揀選出來接受這類課程，他們

17 這種批評當然不適合於處在辯證觀點之中的行動，因為辯證觀點下的行動是將在地社區一方面視為一種整體性來理解，一方面又把它當作一個較大的整體性的部分來理解。我的批評是針對那些不瞭解在地社區發展必須要在整體的脈絡及在在地社區及其他部分的互動下才能發生的人。這種條件表示了多元化、組織化（以管制散亂中的各種力量）的統一意識，也包括了一種對於改造現實之必要性的覺知。我們可以理解到，為什麼這些會讓壓迫者感到害怕。

必然會反映並表達其社區中所有個體的期望。即使當他們展現了身為「領導者」地位所具有的特殊能力時，他們與其同伴在關於現實的生活與思考方式的方面仍是和諧的。但當他們完成課程，並且帶著先前所沒有的資源回到社區中時，他們要不便運用這些資源來控制其同伴的沉陷及被宰制意識；要不便在自己的社區中變成陌生人，而他們先前的領導地位也受到威脅。為了不失去領導的地位，他們或許會開始想要以一種更有效率的方式繼續操控該社區。

143

文化行動本身即是一種被整體化的以及進行整體化的過程，當它逐漸接近整個社區及其領導者時，對立的過程就會發生。結果可能是先前領導者和其他所有人一起成長；也可能是原領導者被新領導者所取代，因為新領導者的出現是社區中新社會意識產生的結果。

壓迫者並不希望促成社區整體的發展，而是希望拔擢一些經過揀選的領導者。藉著維持一種疏離的狀態，這些領導者所接受的課程，阻礙了在現實整體性中的批判性介入與意識出現的可能。如果沒有批判性介入，我們將很難完成受壓迫者階級的聯合。

階級衝突是另一個困擾壓迫者的概念。由於壓迫者不希望將自己當成一個壓迫階級，但是儘管他們做了嘗試，他們仍然不能否認社會階級的存在。因此，他們一再宣傳那些被迫出賣自己勞力的勞工以及購買勞力者之間，應該相互理解與和諧相處。[18] 然

18 斯普李特（Franic Split）主教對此點曾有動人的描述：「如果勞工在某些方面沒能成為其勞動的擁有者，所有結構性的改革都會沒有效果。〔這是真的〕即使勞工在一個經濟體系中接受了較高的薪資，但仍然不會滿足這樣的加薪。他們想成為其勞力的擁有著，而不是販賣者。……目前，勞工逐漸覺察

而，事實上兩種階級間的對立卻是無法隱匿的，階級間的對立使得「和諧」是不可能產生的。[19] 菁英階級要求階級之間能夠和諧，就彷彿是以為階級是由週日午後一群好奇的人望著商店櫥窗時的偶然組合一樣。實際上，唯一可能或是可以看見的和諧只會發生在壓迫者們之間。也許壓迫者彼此之間會有所歧異，在某些場合時不同團體的利益亦會有所衝突，但當他們面臨本身階級遭到威脅時，他們仍會立即聯合在一起。同樣的，受壓迫者之間的和諧也只有在受壓迫者共同進行解放的鬥爭時，才有可能發生。只有在某些特例，兩個階級間才有可能甚至必須聯合在一起；但是當這種緊急狀況過去之後，他們仍然會回到矛盾中，因為正是這樣的矛盾定義了他們兩個階級的存在，這樣的矛盾永遠不會真正地消失。

144

宰制階級的所有行動都顯示了它對於分裂的需求，其目的是在使壓迫的狀態能夠維繫下去。宰制階級會介入工會中，獨厚受

到勞動代表了具有人性之人類的一部分。一個人不能被購買；他也不能販賣他自己。任何對於勞動的購買或販賣都是某種形式的奴役。在此方面，根據某個理論體系，人類社會的演進清楚地是逐漸在進步中的。這個體系就是馬克斯主義，在面對著人類尊嚴的問題時，有人卻說它是比我們自己的體系還要更不敏銳。」"15 Obispos hablan en prol del Tercer Mundo." *CIDOC Informa* (Mexico, 1967), Doc. 67/35, pp. 1-11.

19 關於他們之間的社會階級與鬥爭（馬克斯常被指控說發明了這些詞語），可見諸馬克斯在 1852 年 3 月 1 日時寫給威德邁爾（J. Weydemeyer）的信：「在現代社會中發現階級的存在與階級間的鬥爭，這些其實並不是我的獨創。早在我之前，資產階級的歷史家們就已經描述了階級鬥爭的歷史發展，而資產階級的經濟學家們也對於階級進行了經濟學的剖析。我的創新之處在於證明：(1) 階級的存在與生產發展過程中特定的歷史時期有著緊密的關連；(2) 階級鬥爭必然會導致無產階級專政。(3) 專政的本身僅是取消所有階級以及到達無階級社會之前的過渡。……」《馬克斯與恩格斯選集》（Karl Marx and Frederick Engels, *Selected Works*）（New York, 1968），p. 679。

宰制階級中的某些「代表」（這些代表所真正代表的是壓迫者，而不是他們自己的同志）；拔擢某些展現領導力且有可能在其不接受「安撫」時會造成其威脅的個人進行拔擢；他們分配利益予某些人，同時給予另外一些人處罰；所有這些製造分裂的方法，其目的都是維護一個有利菁英階級的體系。這些製造分裂的行動形式都是直接或間接地利用受壓迫者某項弱點而行：就是受壓迫者基本的不安全感。受壓迫者本身有一種雙重人格性（在他們身上「住著」壓迫者），面對著這種雙重人格，受壓迫者往往感到不安。一方面，他們抗拒壓迫者；另方面，他們在其與壓迫者間關係中的某個階段內，又會受到壓迫者的吸引。就是在此情形下，壓迫者很容易在製造分裂的行動中攫取利益。

此外，受壓迫者從經驗中也知道，如果不接受壓迫者前述的「邀請」（這種邀請是為了防止他們聯合成一個階級）會得到怎樣的代價：失去工作，甚至名列「黑名單」，他們可能沒辦法再找到其他的工作機會。他們基本的不安全感因此直接與其勞動的奴化有關——如同斯普李特主教（Bishop Split）所強調的，勞動的奴化代表了其人格的被奴役化。

145

人們只有當他們去創造其世界（一個人性的世界），並且是以其改造性勞動來進行創造時，他們才能真正實現自己。人類人性實現是在於世界的實現。如果對某個人來說，處於勞動的世界，所代表的竟是一種完全的依賴、不安或是長久活在威脅中時——又加上他們的勞動不屬於他們自己——其人格就不能真正地實現。不自由的勞動不是一種實現自我的活動，卻反而變成一種非人性化的有效工具。

受壓迫者為了邁向聯合的每個舉動，都會指向其他的行動；這意味受壓迫者早晚都會覺察到其人格是被剝奪的，也表示受壓迫者早晚會發覺：只要他們是被離間的，就會很快成為操控與宰制的犧牲品。聯合與組織可以使他們改變他們的弱點，將這種弱點轉化為一種改造的力量，用這種改造的力量，受壓迫者可以重新創造世界，使得整個世界更加人性化。[20] 然而，他們所期盼的更人性化的世界，恰與壓迫者所認為的「人性化世界」形成對立——壓迫者所主張的「人性化世界」是壓迫者完全擁有財富，在這個世界中，壓迫者宣講著他們本身（進行非人性化）與受壓迫者（被非人性化）間的不可能的和諧。由於壓迫者與受壓迫者間是對立的，合乎其中一個團體的利益，必然不會符合另個團體的利益。

為了維持現況而製造分裂，必定是反對話行動理論的一項基本目標。另外，宰制者還會試圖以被剝奪人性與被分隔者的救世主形象出現。但這種彌賽亞主義（messianism）並不能隱匿他們真正的意圖：他們要拯救的是他們自己。他們想要拯救他們的財富、他們的權力、他們的生活方式：這些使得他們去壓制其他人。他們所犯的錯誤是，人們*不能*拯救他們自己（不管我們是從什麼方式來理解「拯救」），無論是站在個人或壓迫階級的角色，人都不能拯救他自己。拯救，只有*與*他人在一起進行的時候才能完成。然而，壓迫階級的菁英無法*與*受壓迫者站在一起；因為反對受壓迫者正是壓迫的本質。

146

對於壓迫行動進行心理分析，也許可以揭露出壓迫者的「假

20　為此之故，壓迫者必須將農民與城市中的勞工分隔開來，正如壓迫者也必須將農民與勞工和學生區隔開來一樣。學生的反抗運動（雖然學生在社會學中並不構成一個階級）顯示，當他們加入民眾後，就變得相當危險。因此壓迫者有必要使下層階級相信，學生是不負責任的與混亂的；而學生的主張也是錯誤的，因為學生仍在學習中，就像工廠勞工與農民一樣應該為著「國家進步」的緣故而勞動。

慈悲」（第一章中所描述的）其實正是壓迫者的心中罪惡感中某方面的表現。帶著假慈悲，壓迫者試圖做的不僅是維護一種不公義的、迷戀死亡的秩序，亦可說是為自己「收買」心安。但事實上心安並不是用收買得來的；心安只有在團結與愛的行動中才能經驗到，它不可能在壓迫中形成。因此，反對話行動理論中的救世主，所強化的其實是反對話行動的第一項特徵：征服的必然性。

由於為了維持現狀和（也藉此）維護宰制者的權力，壓迫者必然會在民眾間製造分裂。對於壓迫者來說，不讓受壓迫者洞悉他們的策略亦是必要的。所以，壓迫者必須使受壓迫者相信：他們是受到「保護的」，目的是為了他們不會受到「邊緣分子」、「流氓」與「神的仇敵」邪惡行動的侵害（這些名詞常被用以指稱那些勇敢從事追求人性化工作的人）。為了要在民眾之間製造分裂並且使民眾產生困惑，這些根本就是毀滅者的人卻僭稱為建造者，甚至指控那些真正的建造者是毀滅者。不過，歷史總是會還給後者公道。雖然到今日，官方的用語中仍然稱提拉丹泰（Tiradentes）[21] 是「謀反者」（“*Inconfidente*”），而稱其所進行的解放運動是一場「叛變」（“*Inconfidência*”），但那稱提拉丹泰為

147

「土匪」，並將其吊死、分屍，然後再將屍塊遊街示眾的人也不再被視為是「國家英雄」[22]。提拉丹泰才是真正的英雄。歷史撕毀了菁英階級原先所採用的「名號」，從事實的角度肯定了提拉丹

21 *提拉丹泰*是 1789 年在歐洛．普列多（Ouro Preto）（位於 Minas Gerais 省）一地為了追求巴西脫離葡萄牙而獨立過程中一場失敗革命的領袖。這場革命在歷史上稱之為 *Inconfidência Mineira*。——英譯者註。

22 指維斯康地（Visconde de Barbacena），當時該省的皇家行政官員。——英譯者註。

泰的行為。那些在當時為了解放目的而尋求聯合的人才是真正的英雄——那些運用其權力來進行分而治之的人則絕非英雄。

操控

操控是反對話行動理論中的另一個面向，而且就如製造分裂的策略一樣，它是一種征服的工具：反對話行動理論中所有的面向都是以征服為目的。透過操控，宰制菁英試圖要群眾順從他們的目標。當民眾（農村或是都市）的政治成熟度愈低時，民眾就愈容易被那些不想失去權力的人所操控。

在這章中的稍早部分中，我們曾描述了一系列迷思，民眾便是受到了這些迷思的操控。此外，民眾也受到了另一個迷思的操控：那些資產階級常常以自己為例，告訴民眾他們亦有晉升機會。不過為了要讓這些迷思發揮功用，民眾必須接受資產階級所說的話語。

在某些歷史情境中，操控是透過宰制階級與被宰制階級間的「協定」而完成的——表面上，這些協定也許會給人一種是兩個階級間對話的印象。然而事實上，這些協定不是對話，因為其真正目的明顯是受到宰制菁英的利益所決定。到最後，這些協定會被宰制者利用來完成其自身目的。[23] 如民眾給予所謂「國家資產階級」支持，以防衛所謂的「國家資本主義」就是一例。早晚這些協定會增加其對於民眾的壓制。唯有在民眾能夠開始（即使是有些天真地）去從歷史過程掙脫出來，並對於宰制階級產生威脅 148

23　只有當行動中的目標或是發展目標受到群眾決定的影響時，協定對群眾來說才是有效的（在這個例子中，協定就不再是協定）。

時，這些協定才會被提出來。但當民眾自歷史過程中興起，並不再以旁觀者角色，而是以帶有某些侵略性出現時，其出現才會帶給宰制階級不安與驚懼，使宰制階級進而加強了操控的策略。

在這段歷史時期中，操控成為維持宰制的一個基本工具。在民眾奮起之前，不是操控（精確地說），而是全面的壓制。當受壓迫者幾乎完全沉陷於現實中時，並不需要操控。在反對話的行動理論中，操控是壓迫者在面對新的歷史過程中之具體情境時所做出的反應。透過操控的手段，宰制菁英會引領民眾進入一種假的「組織」形式，以避免自己受到威脅：對他們來說，真正的威脅是來自於民眾興起時所形成的真實組織。[24] 當民眾進入歷史過程中時，只有兩種可能性：其一是他們必須為著解放真正地組織起來，要不然他們就會受到菁英的操控。真正的組織顯然不是由宰制者所發動，它是革命領袖的工作。

然而受壓迫者中有大部分形成了都市中的無產階級，特別是在一個國家中工業化程度較高的區域內。雖然這些受壓迫者有時頗難以駕馭，但他們仍乏革命意識，而且以為自己已經享有特權。操控，會帶有一套欺騙與承諾的說詞，常常在無產階級者的身上找到成長的溫床。

要矯治操控，應該是以一種具有批判意識的革命組織為之。

149

這種革命組織會向民眾提問，它會以民眾在歷史過程中的地位為問題，也會以國家的現實、操控本身為問題。用威佛特

24 在由操控所產生的「組織」中，民眾——僅僅是被導引的對象——會順應於操控者的目標。至於在真正的組織中，個人在組織過程中則是主動的，而組織的目標也不再是其他人所外加的。在前者，組織成為一種使民眾成為「烏合之眾」（massification）工具，而後者中，組織則是解放的工具。（在巴西的政治用語中，massification 是一種將民眾貶損為一種可管理的、無思考的烏合之眾。——英譯者註。）

（Francisco Weffert）的話說就是：

> 所有左派的政策都是以群眾為基礎，並且依賴群眾的意識。雖然（像在巴西的例子）左派也許會被欺瞞而誤以為只要快速重返權力就能完成革命，但如果民眾的意識受到迷惑，那左派就會失去其根基，其危機也將立即到來。[25]

在一個操控的情境中，左派幾乎總是受到「快速重返權力」的誘惑，因而忘記了他們必須加入受壓迫者形成組織，他們也會誤入歧途試圖與宰制菁英進行一場不可能的「對話」。結果，左派將會為菁英們所操控，並落入菁英們的遊戲中，但左派卻還以為這就是「務實」。

操控企圖麻醉民眾，讓他們不會去思考，就像其所追求的征服目標一樣。如果當民眾在歷史過程奮起，而又帶有批判性思考時，民眾在革命中所帶來的威脅就會更加具體。正確的思考，不管稱之為「革命意識」或「階級意識」，皆是革命中不可或缺的先決條件。宰制菁英察覺到這個事實，所以他們本能地運用各種方法，甚至包括身體的暴力，以不讓民眾進行思考。宰制菁英們敏銳地直覺到，透過對話的能力會發展出批評的能力。當某些革命領袖還在以為與民眾的對話是一種「資產階級的與反動的」活動時，資產階級卻已發現到，受壓迫者與革命領袖之間的對話是一種非常危險的活動，因而必須予以避免。

---

25 威佛特（Francisco Weffert），〈群眾政治〉（"Politica de massas"），在《巴西的社會革命與政治》（*Política e Revolução social no Brasil*），（Rio de Janeiro, 1967），p. 187。

操控的方法之一，就是灌輸個人具有一種如資產階級般追求成就的喜好。這種操控有時是直接由菁英所完成，有時則間接地透過民粹領袖來完成。如威佛特所指出的，民粹領袖常成為寡頭菁英與民眾之間的中間人。民粹主義做為一種政治行動的形式，其出現是偶然地受壓迫者的興起相符應的。民粹的領袖是一種曖昧的存有，是一種「兩棲動物」，他活在兩個因素中，而在民眾與宰制寡頭間來回梭巡。他同時帶有兩個團體的記號。

150

由於民粹領袖僅是進行操控，而不是為著真正的民眾組織奮鬥，這種類型的領導者對於革命的貢獻十分地少。民粹領袖只有去放棄模糊性存有與雙面人似的行動，並決定選擇與民眾在一起（不再做民粹主義者），他才會真正棄絕操控，並且獻身於組織的革命工作中。從那個時刻開始，他才不再是民眾與菁英分子的中間人，他已成為菁英的對立者；職是之故，菁英們會立即聯合力量來打壓他。瓦加斯（Getulio Vargas）[26] 在其擔任國家領導者最後一段時期內，其在 5 月 1 日慶祝勞工節的儀式中，有一段對勞工所講的話。在這段話中，他所運用的戲劇化而毫不含糊的字眼頗值得注意：

> 我想要對你們說的是，目前我的政府準備開始從事的重建艱鉅工程，要是沒有勞工每天穩定的合作與支持，就不可能成功地完成。[27]

---

26 瓦加斯（Getulio Vargas）領導革命，於 1930 年推翻巴西總統路易斯（Washington Luis）。在 1945 年以前他以獨裁者的身分掌控權力。1950 年時，他以民選總統的身分重返權力。在 1954 年 8 月，當反對者即將推翻他之時，他以自殺結束生命。——英譯者註。

27 在 1950 年 5 月 1 日於 Vasco da Gama Stadium 的演講。見 *O Governo Trabalhista no Brasil* (Rio), pp. 322-324.

然後瓦加斯提到他在位的頭 90 天，這段時間他稱之為「到處都有反對政府行動所帶來的困難與阻礙」。他直接地告訴民眾他如何深深地感受到「大多數人民的需求與不幸、絕望以及他們的無助、貧困、高昂的生活花費、低薪資的狀況，他們都希望能過更好的日子」。

151

他訴諸勞工，然後轉向一種較客觀的語調：

> 我已經說過，在這個時候，政府還沒有法律或是具體的措施可以展開立即的行動來保護民眾的經濟。因此對民眾而言，必須*組織起來*——不只是為了保衛自己的利益，而是為了給政府支持的基礎，來實現它的目標……我需要你們的*團結一致*。我需要你們團結起來，*組織起來*。我需要你們形成一個*強力的、凝聚的團體*，站在政府的一邊，讓政府有力量來解決你們的問題。我需要你們聯合起來對抗那些*破壞者*，以免你們成為*投機者與貪婪惡棍*在損害民眾利益時的犧牲品。……訴諸勞工的時刻已經到來，在你們的工會中聯合起來，成為自由與有組織的力量……現在，如果政府*沒有勞工組織支持的話，它就無法繼續存在或者是有足夠的力量來完成它的社會目標*。[28]

簡言之，在瓦加斯的演說中，他強烈地訴諸民眾，要求民眾組織與聯合起來，以保護他們自己的權利；而且他以國家領袖的身分告訴他們，在統治他們時所發生的障礙、阻礙與種種不可計數的

28　如前引，斜體字部分為作者為了強調而加。

困難。從那時起，直到 1954 年 8 月悲劇的高峰以前，他的政府遭遇了更多的困難。如果瓦加斯在其最後的演說中沒有展現如此公開的鼓勵，要求民眾組織起來，並將與接下來一系列維護國家利益的措施連結起來，那麼那些反動的菁英可能不會採取那麼極端的做法。

任何民眾領袖在接近（即使是小心翼翼地）民眾時，如果他不是以寡頭菁英的中介人角色的方式進行時，將會受到菁英們的打壓——若菁英有足夠的力量來阻止他時。但是只要領導者將自己限於父權式政治與社會福利的活動時，雖然他與寡頭團體之間仍有些歧異，但深刻的差異畢竟不會太多。這是因為福利方案如果其做為操控工具時，最終仍會為征服而服務。福利方案中的行動會成為一種麻醉的工具，以轉移受壓迫者的注意力，使其注意力由問題的真正成因與具體解決方式轉移開來。福利方案將受壓迫者分裂為不同個體的團體，讓各個團體只知謀求自己更多的利益。然而在這樣的情境中，仍然存有著一個積極性的因素：接受某些幫助的個人總是想要更多；而那些未接受到幫助的人，當他們目睹了其他人的例子時，他們會開始嫉妒，並且也想要某些幫助。因為宰制菁英不可能「援助」所有的人，他們就會隨著受壓迫者的愈來愈難駕馭而終結。

革命領袖應該運用操控過程中的矛盾，把操控當作一種問題向受壓迫者提問，以將所有的受壓迫者組織起來。

文化侵略

反對話行動所具有的最後一項特徵就是：文化侵略。它就像造成分裂的策略及操控一樣，目的也是為了征服。在這個現象中，侵略者侵入了另一個團體中的文化脈絡裡，不尊重該團體所具有的潛能；他們強加自己的世界觀於被侵略者的身上，而且藉著抑制後者的表達，來扼殺後者的創造力。

無論是以文明或是苛刻的方式，文化侵略總是一種暴力的行動，它侵犯著那些受侵略文化中的人們，這些人在文化侵略中失去了自己的原創性，或是面臨失去原創性的威脅。在文化侵略（如同所有反對話行動的模式）的過程中，侵略者是始作俑者，他們也是行動者；而受到他們侵略的是客體。侵略者是塑造者，受侵略者則是被塑造者；侵略者是選擇者，受侵略者只能依照侵略者的選擇——或被期待去遵循這個選擇；侵略者是行動者，但是透過侵略者的行動，受侵略者只能有行動的假象。

所有的宰制都與侵略有關——有時它是身體的或外顯的；有時它是偽裝的，侵略者會假扮成一種輔助朋友的角色。最後，侵略成為一種經濟與文化宰制的形式。侵略也許由宗主社會對於依賴社會來施行，但它也可能是隱藏在相同社會中某一個階級對另一個階級所進行的宰制中。 153

文化征服會導致那些被侵略者在文化上的虛假；被侵略者會開始對於侵略者的價值、標準與目標有所回應。在侵略者熱衷於宰制時，他們會塑造他人配合自己的模式與生活方式，侵略者希望知道被侵略者是如何去理解現實——只有如此，他們才能更有效率地宰制被侵略者。[29] 在文化侵略中，重要的是，被侵略者是

29 到最後，侵略者會愈來愈常使用社會科學與科技，有時也會包括自然科學，以促成並修正其行動。對於侵略者而言，瞭解被侵略者的過去與現在是十分重要的，其目的是在洞悉被侵略者對於未來的可能選擇，侵略者試圖去導引被侵略者的未來，以使它能符合其利益。

以侵略者的觀點而不是以他們自己的觀點來看待其現實。當他們模仿侵略者愈多時，侵略者所處的位置就愈來愈穩固。

文化侵略如果要成功，重要的是要使被侵略者相信他們是天生的劣等。既然每件事都有其對立面，若被侵略者認為自己是劣等，他們必定也會肯定侵略者的優越性。侵略者的價值觀因而成為被侵略者的準則。侵略愈益熾烈，被侵略者愈遠離其文化精神及自身，被侵略者會愈想要像侵略者：不光走路要像他們，衣著要像他們，言談也要像他們。

被侵略者的社會我（social *I*），正如其他每個社會我一樣，都是在社會結構的社會文化關係中形成的，社會我因而反映了被侵略文化的雙重人格。這種雙重人格（先前所描述的）說明了為什麼被侵略的與被支配的個體在其某些存在體驗的時刻中，幾乎都是「遵從」著身為壓迫者的您（oppressor *Thou*）。而受壓迫者的我必須切斷與壓迫者您的緊密關係，從壓迫者掙脫出來，為的是能更客觀地看待壓迫者，讓受壓迫者的我能夠批判地認知到自己是處於與壓迫者的矛盾關係中。在這樣的過程中，受壓迫者開始「認定」其受到壓迫的結構是一種非人性化的現實。這種對於世界覺察的質變，只有在實踐之中才能完成。

154

文化侵略一方面是宰制的*工具*，另方面又是宰制的*結果*。因此，具有一種宰制性格的文化行動（就像其他反對話行動的形式），除了是經過慎思與計畫外，從另外一個角度來說，其實也僅是壓迫現實下的產物。

舉例來說，一個嚴格的與壓迫的社會結構必然會影響到其結構內兒童養育與教育的制度。這些制度以結構的形式來形塑了他們的行動，並且傳遞侵略者的迷思。家庭與學校（從幼兒學校到大學）不是在抽象中存在，而是在時空當中存在的。在宰制結構中，它們的主要功能是做為一種機制，這種機制是為了培養未來的侵略者而預備。

家庭中的親子關係通常反應了周遭社會結構的客觀文化條件。如果社會情境影響家庭，而前者又是威權式的、嚴厲的，與宰制性的，那麼家庭也會助長壓迫的氛圍。[30] 當親子之間的威權關係受到強化時，在兒童幼年時即會逐漸將父權式權威內化。

155

在呈現（以其慣有的清晰）死亡之愛與生命之愛的問題時，弗洛姆分析了產生每種情境的客觀條件，包括在家中（是在一個冷漠與壓迫、還是充滿愛與自由的氣氛下的親子關係）或在社會文化的脈絡中。如果兒童在一個沒有愛的與壓迫的環境下成長，兒童本身的潛能會受到重大挫折，因而無法在其年紀尚輕時便能走上真實的反抗之途。他們要不就演變成完全的冷漠，受到權威人物及權威人物用以「塑造」其迷思的影響，而與現實疏離；要不便是可能從事不同形式的毀滅性行動。

前述的家庭氣氛又在學校獲得延續，因而在學校中學生很快地便發現（如同在家中）為了要獲得某些好處，他們就必須順應以前就已定下來的觀念，其中一個觀念就是不要思考。

透過學校所強調之嚴格的父權關係結構，年輕人將父權式權威予以內化，當這些年輕人變成專業人員（因為這些關係灌輸了

30 年輕人會逐漸將父母親、教師的威權主義視為與其自由間是對立的。職是之故，他們愈來愈反對那些限制其表達、阻礙其自我肯定的行動形式。這個具有正面意義的現象並非偶然，它其實是一種歷史氣氛的表現（如第一章中所言），代表了我們這個時代人類的特徵。因為這個原因，一個人不能（除非他對如此做有著個人的興趣）將年輕人的反叛僅僅視為兩代間傳統差異的例子，這其中其實有著某些更深層的意義。在年輕人的反叛中，他們對於宰制社會的不公義情形有著批評與譴責。不過這種具備特殊面向的反叛，其實也只是最近的事；我們的社會在性格上仍然是非常威權式的。

他們對於自由的恐懼）後，他們便傾向重覆其錯誤教育中的僵化關係。除了所處的階級位置外，這種現象或許可以說明為什麼有如此多的專業人員遵行著反對話行動。[31] 即使他們的專業會讓其與民眾有所接觸，他們仍然堅信他們的工作是在「給予」民眾知識與技術。他們將自己視為民眾的「推動者」，其行動方案（或許受到某些優秀的壓迫行動理論家的影響下）包含的是他們自己的目標、他們自己的信念與他們自己的看法。他們並未聆聽民眾，卻計畫去教導民眾如何「除卻導致其落伍的懶惰」。對於這些專業人員來說，以為需要去尊重民眾所抱持的「世界觀」是荒謬的，這些專業人員本身就有「世界觀」。他們亦認為下列的說法是荒謬的：當我們組織教育行動方案內容時，必須徵詢民眾。由於他們認為民眾是如此地無知，所以他們相信民眾只適合接受專家的教導。

156

然而在存在體驗的某個時刻，那些被侵略者會以某種或另種方式來拒斥侵略（對於侵略，他們原先的態度是順應），但這些專業人員們為了辯解他們工作的失敗，甚至會說，被侵略者是劣等的，因為他們都是「忘恩負義的、無用的、病態的」或是「血統不純的」。

那些善意的專業人員（他們之所以運用「侵略」，是源於其自身背景所致，而非思考過後的意識型態），終究會發現到，其某些教育工作之所以失敗，必須歸因為其自身侵略行動的暴力，而非歸因於這些單純民眾的天生劣等。當他們有此發現時，他們

31 這或許也解釋了為什麼有些人固然堅信自己獻身於革命，但他們仍表現出反對話行動。他們繼續對於民眾不信任、懼怕與民眾的聯合。這些人無意中仍然在自身之內保有壓迫者；因為他們身上「住著」主子，所以他們還是懼怕自由。

又會面臨一個困難的選擇：他們感到確有需要去放棄侵略，但是由於宰制的模式在其心中根深柢固，以致於這種放棄會對其自身認同產生威脅。放棄侵略，意味著他們要放棄同時身為宰制者與受宰制者的雙重身分，它也意味著要放棄所有利於侵略的迷思，然後開始進行對話行動。這意味著，為了*與*民眾在一起（像同志一樣），他們必須不再*高人一等*或僅僅*進入*民眾之中（像個外人一樣）。由於對自由的恐懼緊緊地攫住了他們，在這樣的創傷過程中，他們自然而然地就會傾向於用一些逃避來合理化他們的恐懼。

對於仍然在那些尚未發現自己行動中有著侵略本質的專業人員以及那些被告知其行動是非人性化的人來說，他們更畏懼自由。在針對具體情境進行解碼時，訓練課程的參與者經常以一種急躁的方式問協調者：「你想你會帶領我們到哪裡？哪裡都好。」協調者其實並不試圖「帶領」他們去哪裡；協調者所做的只是讓他們在面對具體情境時，能夠將具體情境當成一個問題。在過程中，參與者們開始瞭解，當他們對於處境的分析愈深入，他們要不就得除去在他們身上的迷思，要不就得重新肯定這些迷思。從自身上去除或放棄迷思，代表的是一種自我暴力的行動。從另一方面來說，重新肯定這些迷思，其實也正是暴露了參與者自己，對這些參與者來說，唯一的出路（其作用是一種防衛機制）就是將他們平常的做法投射到協調者身上：*駕馭*、*征服與侵略*。[32]

157

相同的倒退（雖然是小規模的）也發生於民眾中的某些人身上，特別是那些曾受過以慈善為名的實際壓迫情境之壓迫與馴化

32 參見我的《文化行動導論》（*Introducción a la Acción Cultural*）中的 “Extensão ou Comunicação?”，（Santiago, 1969）。

的人。一位來自「圓滿圈」(Full Circle)[33] 的教師，在紐約市於佛克斯（Robert Fox）的統合下，從事一項有價值的教育方案，他提到了下列的事件。紐約貧民區中的某個團體碰到了一個符碼化的情境。在某條街角有一大堆的垃圾——就在該團體開會的同一條街上。其中一個團體成員立即說:「我好像看到了非洲或是拉丁美洲的一條街。」教師問:「為什麼不是在紐約？」「因為我們是在美國，那不可能在此發生。」無疑地，這個人和其他同意其看法的同伴不太願意承認其所處現實是令人反感的，他們也不願相信現實其實是充滿威脅的。對於一個已異化的個人來說（受到追求成就與個人成功之文化的制約），發現其所處情境在客觀上是令人不快的時候，這似乎會妨礙其成功的可能性。

在前述以及在專業人員的例子中，可以看到，源於迷思的文化決定力量（這力量後來又為人所內化）是相當明顯的。在這兩個例子當中，宰制階級的文化對於人做為抉擇的存有形成了阻礙。無論是專業人員或是紐約貧民區的討論參與者，他們都不是具有歷史性及主體性的主體身分來為自己發言或行動，他們本身不是宰制的理論家也非思想家，相反地，他們先是宰制的*果*，惟後來又變成宰制的*因*。這正是當革命獲得權力後，它可能必須面對的最嚴重問題之一。這個階段需要領導者有最大的政治智慧、抉擇與勇氣，他必須有足夠的判斷力，而不要落入非理性的門戶之見中。

158

那些具有專業能力、大學學歷的專業人員，他們過去是受到宰制文化「由上而下決定」影響而產生的個人，[34] 宰制文化構成

33 有關該機構的活動，參見寇爾（Mary Cole），《城市之夏》（*Summer in the City*），（New York, 1968）。

34 見阿圖塞（L. Althusser），《馬克斯》（*Pour Marx*），（Paris, 1967），在其中他

了他們的雙重性存有（dual beings）。（如果他們是來自較低層的階級，也一樣是受到了錯誤的教育，甚至有可能更糟。）然而，對於新社會的重組來說，專業人員又是必要的。由於他們當中有許多人——雖然「懼怕自由」，也不願意去從事人性化的行動——實際上比其他人受到了更多的誤導，所以他們不僅可能、而且也應該受到革命的教化（reclamation）。

革命的教化，需要革命領袖發動「文化革命」來進行——它是從原先的對話行動中逐漸開展出來的。在這點上，革命力量超越了它本身原來做為一種必要之阻礙的角色——阻礙那些企圖否定人性的人，進而更據有一個新穎的與大膽的地位，它清楚地*邀請*了所有希望參與這場社會重建的人加入其中。在這種意義上，因為對話的文化行動在革命取得權力以前就已經實現，所以我們可以說「文化革命」是對話的文化行動必然的延續。

「文化革命」是要將整個社會予以重建，包括所有人類的活動在內，它將整個社會的重建當成改造行動的目標。社會不能以一種機械的方式進行重建；透過革命所創造出的文化，可說是重建的基本工具。「文化革命」是革命政權在*覺醒*工作方面所能做出的最大努力——不論每個人要走什麼路，文化革命應該達於每一個人。

159

是以，進行*覺醒*的努力不能滿足於具備意向之專家的技術或科學訓練，新的社會不只與舊的社會[35]有著性質上的不同，而且這種不同還不只是在某些層面上。在革命社會中，科技的目標與先前社會有所不同；因此，在兩個社會中，民眾的訓練也必須有所不同。因為在革命社會中，科學與科技的目的還是在進行恆久

花了整章來說明「*上層決定的辯證*」（*la dialectique de la surdétermination*）。

35 然而這個過程並非突然發生的，就像機械論者所做的天真的假定。

的解放與人性化，所以技術與科學的訓練也不一定會與人本教育相牴觸。

從這個角度來看，我們需要對個人所接受的職業訓練（因為所有的職業都是在特定時空中發生）進行下列的理解：（一）文化即一種超結構，它在歷經革命的改造後，仍可以在次結構中存留著過往的「殘跡」[36]；（二）職業本身就是一種改造文化的工具。當文化革命在新社會的創造實踐中深化了*覺醒*的意義時，民眾開始會注意到為何還有一些舊社會的迷思繼續殘存在新的社會中。因為這些舊社會迷思的幽靈對於新社會的建立是有妨害的，它們構成了每次革命中嚴重的問題，所以當民眾真正覺醒後，他們才能夠更迅速地自這些幽靈中脫身出來。原先透過這些文化的「殘跡」，使得壓迫社會遂行侵略——這一次，它則是侵襲了革命社會本身。

這樣的侵略特別地恐怖，因為它的產生不是來自宰制菁英的重整旗鼓，而是來自那些曾參加過革命的人。當人們身上「住著」壓迫者時，他們可能如同壓迫者一樣，會抗拒革命過程中必須採取的基本步驟。加上因為身為雙重人格的存有，這些人也會接受（這仍是由於文化殘跡的影響）那些已經科層化，而且以暴力手段壓迫他們的權力。在新社會的特定時空下，這種具有壓迫暴力的科層力量可以用阿圖塞所稱「舊因素的死灰復燃」[37] 來加以解釋。

160

基於上述原因，我將革命過程詮釋為對話性的文化行動，一

36 阿圖塞，如前引。

37 在這件事上，阿圖塞的評論是「*在一個沒有上層決定的辯證中，死灰復燃是無法想像的。*」（*Cette reactivation serait proprement inconcevable dans une dialectique dépourvue de surdétermination.*），阿圖塞，如前引，p. 116。

且在革命取得權力之後，這種文化行動將可以在「文化革命」中獲得延續。在對話性的文化行動與文化革命的兩個階段中，我們必須致力於一場嚴肅的與深層的*覺醒*的工作——透過真實的實踐，民眾能夠將原先客*體*的地位拋諸腦後，進而確立其歷史性主體的地位。

最後，文化革命會在民眾與領導者之間開展出一種不斷對話的實踐，民眾雖已掌握權力，它仍會進一步鞏固民眾的參與。因此，包括領導者與民眾在內，都能夠繼續他們的批判活動，而這將使得他們更易於抵制官僚體制（這可能導向新的壓迫形式）的傾向與「侵略」(都是相同的)。無論在資產階級還是在革命社會中，侵略者可能是一位農業經濟學家或社會學家、一位經濟學家或是公共福利工作者、一位牧師或是神職人員，一位教育工作者或是社會工作者，他也可能是一位革命分子。

文化侵略，其目的是在於征服並且維持壓迫，它總是與對於現實的褊狹觀點有關。它對於世界持著一種靜態的觀點，並且強把一種世界觀加在其他人的身上。它暗示了侵略者的「優越性」與被侵略者的「劣等性」，它把前者的價值強加在後者身上；侵略者是擁有被侵略者的，他害怕失去被侵略者。

文化侵略更進一步表示了，有關於被侵略者之行動的最後決定權並不是在被侵略者身上，而是在侵略者身上。當決定的權力不是在那些應該做決定的人身上時，那些原本應該做決定的人只能產生做決定的假象。這也就是為什麼在一個雙重人格的、「*反射性*」(reflex)、受到侵略的社會中，並沒有社會－經濟的發展可言。因為，經濟發展是否產生，取決於：(一) 在尋求發展者的身上應該有著尋求的運動及創造力，並且有做抉擇的空間；(二) 該運動不僅發生在空間中，也是發生在有意識之尋求者的

161

存在性時間之中。

因此，任何的發展都是轉化（transformation），但是所有的轉化並不都是發展。一粒種子內的轉化，是在一種適宜的條件下發芽成長，但這種轉化並不是發展。同樣的，動物的轉化也不是發展。因為種子與動物的轉化是受到其所屬的物種的決定；而且它們雖然發生於時間中，但它們並沒時間的概念。時間是只有人才有的。

在所有未完成的存有之中，人是唯一會發展的存有。做為一種歷史的、自傳式的「為己存有」，人的轉化（發展）是在其本身存在性時間之內發生的，而不會外於存在性時間。那些受制於具體的壓迫情境的人，由於他們錯誤的「為己存有」，處在壓迫情境時，會使得他們逐漸異化為「為他存有」，因而無法得到真實的發展。因為他們自身的決定力量受到剝奪（這種力量現在在壓迫者身上），他們只得接受壓迫者的命令。只有當受壓迫者超越其被糾結的矛盾時，受壓迫者才能開始發展，才能變成「為己存有」。

如果我們把社會當成一種存有，那顯然只有當其是一種「為己存有」的社會，它才能發展。社會本身若是雙重人格的、倒影的、受到侵略的、依存於宗主社會的，那它就不能發展，因為它們是異化的；它們的政治、經濟，與文化的決定權也不是在自己身上，而是在侵略社會身上。到最後，侵略社會決定了被侵略社會的命運：就是轉化；因為該社會的轉化——而*非*該社會的發展——才符合宗主社會的利益。

在此重要的是，不要將現代化與發展混為一談。現代化也許會影響到「附庸社會」（satellite society）中的某些群體，但它一直是被誘發的，而且是由宗主社會在攫取真正的利益。一個社會如果只有現代化而無發展，它將會繼續依賴外界——即便當它獲得了少量象徵性的決定權力。只要它一直保持依賴的狀態，這將是所有依賴社會的命運。 162

為了決定一個社會是否在發展中，我們必須超越以「國民平均所得」指標（以統計形式表達，它是一種誤導）為規準，也必須超越以總收入為主的研究。要斷定一個社會是否發展，基本的規準是在於它是不是一個「為己存有」的社會。如果不是，所有其他的規準所代表的都只是現代化而不是發展。

雙重性社會的主要矛盾在於其與宗主社會之間的依賴關係——一旦矛盾被克服時，透過「援助」而發生的轉化（這種轉化原先是主要有利於宗主社會），亦可變成真正的發展（現在則有利於「為己存有」）。

基於前述原因，這些社會（即使某些改革也許會帶給菁英團體成員一些恐懼，甚至讓一些反動分子感到驚慌）所嘗試之改良式的解決，其實並沒能真正解決其外在與內在的矛盾。宗主社會幾乎總是會去誘導出改良式的解決，以對於歷史過程的需求有所回應，但是實則它還是以一種新型方式來維繫霸權。宗主社會會說：「讓我們在民眾還未發動革命前，就先進行改革吧！」為了完成這項目標，宗主社會會對於依賴社會進行征服、操控、經濟與文化（有時是軍事）的侵略——在這種侵略中，被宰制社會的菁英領袖大部分所扮演的角色，其實都只是宗主社會中領導者的掮客而已。

結束對於反對話行動理論的探索性分析之前，我希望再次重申，革命領袖絕不可以運用和壓迫者相同的反對話行動；相反的，革命領袖必須遵守對話與溝通之道。

而在繼續分析對話行動理論之前，我們有必要簡短地討論革 163

命領導團體是如何形成的，以及在革命過程中所帶來的某些歷史及社會後果。通常革命領導團體是由那些原屬於宰制社會階層的人們所組成，然而在他們存在體驗的某一時刻，在某些歷史情境下，這些人放棄了他們所屬的階級，而在一種真實團結的行動中（或是他們希望真實團結）加入受壓迫者行列。不管這種凝聚是否來自於一種對於現實所進行的科學分析，它代表了（當其為真實的時候）一種愛與真正投入的行動。[38] 當他們加入受壓迫者時，他們必須走入受壓迫者，並且與後者進行溝通。民眾必須在這些興起的領導者中找到他們自己，而領導者也必須在民眾之中發現自己。

當革命領袖出現後，他們必然去反省那些宰制菁英透過受壓迫者所傳達給他們的矛盾。此時受壓迫者也許還未覺察到本身受壓迫的狀態，或者是尚未能批判地認知到他們與壓迫者的對立關係。[39] 他們也許仍處於前面所講的與壓迫者間有著「緊密附著」（adhesion）的狀態。但另一方面，由於某些客觀的歷史條件，受壓迫者也可能已對於其所處的壓迫狀態有著相當清楚的瞭解。

根據法農（F. Fanon）的論點，在前一個例子中，這種民眾與壓迫者間的附著（或是部分的附著），使得民眾不可能將受壓迫者定位於自身*以外*。在第二個例子中，民眾能夠將壓迫者定位，並且因此能夠批判地認知到其與壓迫者間的對立關係。

---

38 格瓦拉（Guevara）關於該主題的想法在前章中曾加以引用。古茲曼（German Guzman）曾這樣提及托瑞斯（Camilo Torres）：「……他給予了所有的事情。他總是一直保持著投入民眾的立場——做為一個神職人員、基督徒，與革命分子。」譯自古茲曼著，*Camilo—El Cura Guerrillero*（Bogotá, 1967），p. 5.

39「階級必然性」（class necessity）是一回事，「階級意識」（class consciousness）又是另一回事。

在前一個例子中，壓迫者是「居住」於民眾之內，而民眾因之產生的曖昧不清，會使得他們害怕自由。受到壓迫者的誘發，民眾會訴諸一種巫術的解釋或是對於神的錯誤觀念，將他們的受壓迫狀態的責任宿命地轉移到神的身上。[40] 對於這些無法自我信賴、受踐踏及無助的民眾來說，他們極不可能去追求自己的解放——但是他們卻可能把反抗的行動視為是一種對神的意志的不順服與反叛，也是一種面對命運的不當抗爭。（我們再次強調，必須要把將那些由壓迫者餵養給民眾的迷思當作*問題*）。在第二個例子中，當民眾已經對於壓迫的情形了然於心，並且能夠將壓迫者定位於自身以外時，他們會採取鬥爭來克服那些絆住他們的矛盾。在此時，他們克服了「階級必然性」與「階級意識」之間的距離。

164

在第一個例子中，革命領袖不幸地或是被迫變成民眾的對立面。在第二個例子中，領導者會接受到來自民眾的共鳴而且幾乎是立即的支持，這種支持會在革命行動過程中逐漸增加。革命領袖是以一種發乎自然的對話方式走入民眾，在民眾與革命領袖之間幾乎立即會產生一種同理心：他們幾乎是立即地就達成相互的承諾。基於他們之間的情誼，他們相信他們與宰制菁英之間同樣都有著矛盾。從這個時刻開始，民眾與領導者之間的對話實踐幾近是不可搖撼的，即便當他們共同掌權後，這樣的對話仍然會持續下去；而民眾也將會知道，*他們*已真正地獲得權力。

---

40 一位具有高度智識與才幹的智利神職人員，於 1966 年訪問海息飛（Recife）時告訴我：「當一位伯爾納布科（Pernambucan）來的同僚與我一起去訪視某些住在簡陋小屋的家庭，這些家庭的貧窮幾乎無法描述。我問他們如何能忍受這樣的生活，而答案永遠是相同的：『我能做什麼？它是上帝的旨意，而我必須接受』。」

這種分享並不會削弱身為革命領袖所需要具備的鬥爭精神、勇氣、愛的能力與大膽。卡斯楚（Fidel Castro）與他的同志（這些人其中有許多被名為「不負責的冒險者」）組成了一個以對話為主的領導團體，他們認同民眾——這些民眾生活在巴提斯塔（Batista）獨裁的暴力統治下。他們之間的凝聚並不容易，這需要領導者能夠有勇氣去完全地愛這些民眾，並且也願意為民眾來犧牲自己。它需要領導者勇氣的見證，使民眾能夠在每次災難後，仍然受到未來勝利希望的鼓舞，因而能夠重新出發。這種未來的勝利是與民眾一起獲得的，它不只是屬於領導者的，而是共同屬於領導者*與*民眾的——或者我們也可以說，它是屬於民眾的勝利，但又*包括*了領導者在內。

165

卡斯楚漸漸地使得古巴民眾原有的附著開始產生分裂，這種附著是後者與壓迫者之間的附著。因著其歷史的經驗，古巴民眾已開始打破其與壓迫者間原有的附著，而能和壓迫者「漸行漸遠」。這使得民眾能夠將壓迫者客觀化，並且將自己視為是壓迫者的矛盾。但卡斯楚本身則從未進入與民眾的矛盾之中——當然，革命的過程中仍會有一些零星的離棄或出賣的事，格瓦拉在其《革命戰爭憶往》（*Relato de la Guerra Revolucionaria*）對此曾有一些記錄，不過在該書中格瓦拉也提到了許多堅持到底的人。

基於某些歷史條件，革命領袖向民眾靠攏的運動，要不然便是水平的——領導者與民眾形成一體，而與壓迫者形成矛盾——要不然便是形成一種三角關係，在這種三角關係之中，革命領袖站在三角的頂點，而與壓迫者及受壓迫者同時位於矛盾中。如我們已經提到的，當民眾尚未對於壓迫現實具備一種批判性覺察時，領導者就得被迫面臨後一種處境。

然而一個革命領導團體幾乎不會察覺到它已與民眾間構成了

矛盾。的確，這種覺察是痛苦的，而其所產生的抗拒也會成為防衛的機制。對於領導者來說，他們原先是來自於與受壓迫者的凝聚中，但現在卻發現自己與受壓迫者處在矛盾之中。當我們在分析領導者——這些領導者本身並不願意變成民眾的矛盾（雖然不是敵對）——的某些行為形式時，能夠認知到這種「為難」是很重要的。

為了實現革命，革命領袖無疑地需要有民眾的擁護。但當領袖已經構成民眾的矛盾後，還要再追求這種凝聚時，卻會發現到他們與民眾間有某種的疏離與不信任，此時他們常常會認為這種反應，適足顯示了民眾身上的天生缺陷。他們把民眾意識中的某個歷史環節，解釋為這就是民眾本有缺陷的證據。由於領導者需要民眾的凝聚來完成革命（但卻又不信任這些不可信賴的民眾），他們就會受到引誘，而去使用與宰制菁英相同的壓迫手段。為了要使他們對於民眾的不信任合理化，領導者會說，由於在取得權力前，不可能與民眾間進行對話，故而他們才選擇反對話的行動理論。接下來——就像宰制階級的菁英一樣——他們試圖去征服民眾：他們開始以救世主自居；他們使用了操控的手段並且實施文化侵略。由於他們沿襲壓迫的老路，他們將不會完成革命；即使他們真的完成了所謂的革命，那也不會是真正的革命。 166

革命領導的角色應該是（可適用於所有的環境，但特別是適用於前述），即使在他們行動時，仍然要去嚴肅地考量民眾之所以產生不信任態度的原因，並且找出真正的與民眾聯合之道，發現能夠協助民眾對於壓迫現實進行批判性覺察的方法。

受宰制者的意識是雙重人格的、曖昧的、充滿驚懼與不信任的，[41] 在他於玻利維亞（Bolivia）進行抗爭時所記錄的日記裡，格瓦拉幾次提到缺乏農民參與的情形：

> 除了某些有點令我們煩惱的資訊收集的工作外，農民的動員並不存在。他們的動作不快，也不是非常有效率；他們可能繼續被壓迫下去……由於農民之間缺少結合，雖然他們逐漸不再懼怕我們，而且我們也成功地贏得他們的欽羨。它仍然是一個緩慢而又需要耐心的工作。[42]

167 農民的受宰制意識將壓迫者予以內化，這樣的情形說明了這些農民為什麼懼怕及無效率。

這些受壓迫者的行為與反應，固然會使得壓迫者能夠遂行他們的文化侵略，但也應該喚起革命成員產生一種不同的行動理論。使革命領袖不同於宰制菁英的，應該不只是他們的目標，也應該是他們所運用的程序。如果他們仍以相同方法行動，那他們的目標也會與宰制菁英雷同。對於宰制階級的菁英來說，如果他們將人與世界間的關係當成問題而向民眾提問，那他們就是自我矛盾的；同樣的，對於革命領導者來說，如果他們不將人與世界間的關係當成問題而向民眾提問，那他們也是自我矛盾的。

---

41 在這點上，參見弗洛姆（E. Fromm），〈人文心理分析在馬克斯主義上的應用〉（“The Application of Humanist Psychoanalysis to Marxist Theory”），載於《社會主義人文主義》（*Socialist Humanism*），（New York, 1966）；以及奧斯本（Reuben Osborn），《馬克斯主義與心理分析》（*Marxism and Psychoanalysis*），（London, 1965）。

42 格瓦拉（Che Guevara）著，《一場革命的祕密報告書：格瓦拉日記》（*The Secret Papers of a Revolutionary: The Diary of Che Guevara*），（The Ramparts Edition, 1968），pp. 105-106, 120。

現在讓我們來分析對話性文化行動理論，並嘗試去理解它的構成因素。

合作

在反對話行動理論中，與征服（為其主要特徵）有關的主體，是一種征服另一個人的主體，他嘗試要將別人轉化為一種「物」。但是在對話行動理論中，主體在合作中相遇，目的卻是為了改造這個世界。反對話、宰制的*我*（*I*），是去改變受宰制的、被征服的*您*（*thou*），使您變成*它*（*It*）[43]。然而對話的*我*卻是知道，唯有透過*您*（「非*我*」）（“not-*I*”）才能喚起*我*自身的存在。對話的*我*也知道，當*您*喚起其自身存在時，*您*本身也構成了一個*我*，並且也有相對於其本身的*您*。於是*我*與*您*便處於辯證關係中，兩個您會變成兩個我。

這種對話的行動理論，所牽涉到的主體並不是一種藉由征服來宰制的主體，它不是有一個宰制對象的主體。相反地，這種理論中所講的主體是複數的主體，這些主體在一起相遇，為世界*命名*，目的在改造世界。如果在某一個歷史關頭，受壓迫者因著前述種種原因，無法實現其身為主體的志業，那麼將其所受之壓迫當成問題提出來（這總牽涉到某種形式的行動），將可以幫助受壓迫者完成這個志業。

上述並不是意味著，在對話的工作中沒有革命領袖可以扮演的角色。它僅表示，雖然領袖有著重要的、基本的、不可或缺的 168

43 參見布伯（M. Buber），《我與您》（*I and Thou*），（New York, 1958）。

角色，但是他們並不「擁有」民眾，也沒有權利去盲目地駕馭民眾，卻還以為是將他們帶向救贖。因為這樣的一種救贖僅僅是由領袖「賞賜」給民眾的禮物——它打斷了民眾與領袖間對話的關係，將民眾由原先身為解放之共同創作者的地位貶低至解放行動的客體或對象。

合作，是對話行動中的一項特徵——它只在主體之間發生（不同主體也許有著不同程度的功能與責任）——合作僅能透過溝通完成。對話，是一種重要的溝通，它必須是所有合作的基礎。在對話行動的理論中，沒有所謂的為了獲得民眾的附著，因而以革命為名來遂行征服民眾之實。對話不是強加的，它也不是操控的；它不是馴化的，也不是光以「口號來宣傳」。然而這並不意味著對話行動理論沒有引領的方向；它也不意味著從事對話的個人對於其所企望的以及其所要投入的目標沒有任何清楚的概念。

革命領袖投身加入受壓迫者的行列，同時是一種對於自由的獻身。由於這種獻身，領導者無法試圖去征服受壓迫者，而是必須去完成他們對於解放的向心力。被征服者的向心力不是真正的向心力；它只是被征服者對於征服者的「附著」，征服者規定了被征服者的選擇可能。真正的向心力是抉擇一致性的自由；它不能離開民眾之間的溝通而發生，它是以現實為其中介。

因此，合作會引領對話主體，使他們將注意力集中於做為彼此之間中介的現實上，並且把現實當成具有挑戰性的問題。對話主體對於挑戰所做的回應就是實際行動，以便能改造現實。讓我再次強調，將現實當成問題提出，並不只是一種口號宣傳：它意味的是對於一個充滿問題的現實，進行批判的分析。

169 相對於宰制菁英所進行的迷思化工作，對話理論則主張世界應被揭示出來。然而，沒有人能為另個人揭示這個世界。雖然一個主體也許可以代表其他人來發動揭示的行動，但是其他人也必須成為此項行動的主體。唯有在真正的實踐中，透過對於世界以及自身的揭示，民眾的向心力才有可能出現。

當民眾覺察到革命領袖的奉獻與真誠時，這種向心力是與民眾對於自己、革命領袖的信任一致的。民眾對於領導者的信任，反映出領導者對於民眾的信任。

然而這種信任不應該是天真的，領導者必須真正相信民眾的潛能，他不能僅將民眾當成行動的客體；他們必須相信民眾能夠參與解放的行動。但是，領導者也必須不斷去懷疑受壓迫人們的*模稜兩可*、必須去懷疑那些「居住」於受壓迫者身內的壓迫者。因此，當格瓦拉勸說，革命總是應該懷疑的時候，[44] 他並沒有忽視對話行動理論的基本條件，我們僅能說他是一個務實主義者。

雖然信任對於對話來說是基本的，但是它不是後者*先天的*條件；信任源自當人們身為共同主體時，在譴責這個世界時、相互邂逅的結果，它是改造世界的一部分。只要受壓迫者「身內」的壓迫者比受壓迫者本身更為強大，受壓迫者對自由所油然而生的恐懼就有可能使他們去攻擊革命領袖！領導者不能過於大意，他們必須隨時警戒這種可能性。在格瓦拉的《古巴革命戰爭插曲》（*Episodes*）中便證實了這些危險性：不僅是背離，有時甚至是出賣。在該份文獻中，雖然格瓦拉承認，必須要對背離者懲罰以

---

44 格瓦拉對佩圖（*El Pato*）（一位瓜地馬拉人，他離開古巴，而至自己的國家中進行游擊活動）說：「懷疑：在起初，不要相信你自己的影子，也不要相信那些看似友善的農民、線民、嚮導及所接觸到的人。在一個區域還未被完全解放之前，不要相信任何人或事。」參見格瓦拉（Che Guevara），《革命戰爭的插曲》（*Episodes of the Revolutionary War*），（New York, 1968），p. 102。

170 維持團體的凝聚及紀律，但他也認知到背離的某些原因。其中的一個原因(或許可說是最重要的)，就是背離者本身的曖昧不明。

在格瓦拉記述之文件的另一部分，提到他在馬埃斯特拉山區(Sierra Maestra)的某個農業社區中的活動(他不僅是以游擊隊員出現，也以一個醫生的身分出現)，此一部分與我們前面關於合作的討論有關，令人相當印象深刻：

> 在每日與民眾接觸，瞭解他們的問題後，我們開始堅信，有需要在我們民眾的生活之中進行一番徹底的改變。農業改革的概念變得異常清晰。*與民眾融為一體(communion)*，不再是一個理論，而變成我們本身不可或缺的一部分。

> 游擊隊與農民間開始*融為一個堅實的整體*。在這樣的一個漫長的過程中，沒有人能準確地說是從何時開始，觀念變成現實，而我們也成為農民的一部分。就我個人而言，我與當地山區病人的接觸已經由*一種自發性的、有些情感成分的抉擇，轉變為一種更為尊貴的力量，它是一種截然不同的價值觀*。這些窮困的、忠實的山區居民，他們可能甚至沒想到*他們對於我們革命意識型態的形成有著多大的貢獻*。[45]

格瓦拉強調與民眾的*融為一體*(*communion*)，對於「由一種自發性的、帶有某些情感成分的抉擇，轉變為一種更尊貴的力

45 如前引，pp. 56-57，斜體字為作者強調處。

量，一種截然不同的價值觀」這樣的轉變而言，具有決定性的意義。正是透過與農民的對話，格瓦拉的革命實踐才變得有權威性。或許是基於謙遜的緣故，格瓦拉並沒有說到，是因為他自己本身的謙遜與愛的能力，所以才使得他與民眾融為一體變得可能。而經由這種無可置疑的對話所達成的融合才能變成合作。值得注意的是，格瓦拉（他沒有與卡斯楚及其同志攀越馬埃斯特拉山脈，後者在其冒險的過程中就像一個受盡挫折的年輕人）認識到，「*與民眾融為一體*，不再僅是一種理論，而變成一種他本身整體的一部分。」格瓦拉強調，從與農民*融為一體*的那時起，農民便成為其游擊隊「革命意識型態」的「鑄造者」（forgers）。

171

即使格瓦拉無誤地陳述了他本身以及他的同志的經驗，並且也以一種幾近宣教式的語言描述了他與那些「貧窮、忠厚的」農民的接觸，但由其中我們仍可發現到格瓦拉具有非凡的愛與溝通的能力。在那裡，我們亦可發現到他對另一位真摯伙伴的熱情證言中的力量。這位伙伴就是人稱「游擊司祭」（the guerrilla priest）的托瑞斯（Camilo Torres）。

沒有這種引發真正合作的聯合，古巴民眾早就會變成馬埃斯特拉山區革命活動的物或客體。當古巴民眾僅僅是物時，他們的凝聚就不可能。他們至多只能說是附著在一起。「附著」是宰制的一部分，不是革命。

在對話理論中，革命行動在每個階段都不能放棄與民眾的*融為一體*。*融為一體*會再引發*合作*，而*合作*則會使領導者與民眾達到格瓦拉所形容的*水乳交融*。這種水乳交融只有當革命行動是真正地*人性化*，能夠設身處地為人設想、充滿愛、溝通的、謙遜時，才會存在，它的目的是為了解放。

革命所進行的是愛與生命的創造；為了創造生命，它必須防止某些人將生命設限。除了自然中基本的生－死循環外，還有一種不屬自然的*行屍走肉*：在這種行屍走肉的狀態中，生命的豐盈被否定了。[46]

此處我們應該不必要去引用一些統計資料，來說明有多少巴西人（更普遍地說是拉丁美洲人）活著像「行屍走肉」或是其他人的「影子」，他們包括絕望的男人、女人與兒童，他們因著無窮無盡的「看不見的戰爭」[47] 而受苦。在這些「看不見的戰爭」中，連他們僅剩的生命殘餘也被肺結核、血吸蟲病、兒童痢疾等數目眾多的貧窮的疾病（其中大部分，以壓迫者的術語來說就是所謂的「熱帶病」）所吞噬。

172

關於前述的情境，查努神父（Father Chenu）做出了下列的評論：

> 許多人都害怕，包括參與諮議會的神職人員與有知識的平信徒在內，當我們面對世界的需要與苦難時，我們僅僅為了和緩貧窮與不義的外在症狀，只採取一種情感上的抗議，然而卻沒有去分析這些不義與貧窮的成因，沒

---

46 關於人為了防衛其自身的死亡，在目前的思想中，是隨著「上帝之死」（death of God）的觀點而來的。參見杜弗瑞尼（Mike Dufrenne），《論人》（*Pour L'Homme*），（Paris, 1968）。

47「許多人〔農民〕販賣他們自己或是他們家庭中的成員成為奴隸，以求不再飢餓。一份 Belo Horizonte 的報紙報導，大概共有 50,000 個受害者（賣了 150 萬元），而一位記者則證實了這個報導，他買了一個男人及他的妻子，總共是 30 元。『我看到好些人挨餓』，這個奴隸解釋；『這是為什麼我不在意被賣的原因』。當一個販奴者於 1959 年被逮捕時，他承認，為了他的商品曾與牧場主人、咖啡種植者及建築工地聯繫過——而十幾歲的女孩則是被賣至妓院。」吉拉西（John Gerassi），《大恐懼》（*The Great Fear*），（New York, 1963）。

有去致力廢除包括這些不義及導致這種貧困的政權制度。[48]

聯合以求解放

在反對話的行動理論中，宰制者必須要去分裂受壓迫者，以求更輕易地來維持壓迫的狀態；而在對話的理論中，領導者必須投身入一種無止盡的努力，以求在受壓迫者中進行聯合——以及領導者與受壓迫者間的聯合——為的是完成解放。

困難之處在於，對話行動（像其他一樣）的範疇不能沒有實踐而發生。對宰制階級的菁英來說，壓迫的實踐是容易的（至少不困難）；但是對於革命領袖來說，要實踐一種解放性的實踐並不容易。因為宰制菁英所依靠的是權力工具的使用；革命領袖的權力卻是用來反對權力的。前者能夠自由地組織自己，雖然也許會經歷偶發與暫時的分裂，但是在面對其基本利益遭受威脅時，它們仍然會很快地聯合在一起；後者在離開民眾時就無法存在，而此一條件即構成了其致力於組織時的第一道障礙。 173

對於宰制菁英來說，如果他們容許革命領袖組織起來，那他們就真的前後不一。因為宰制菁英如要進行內部的聯合來強化、組織其權力，它就需要民眾的分裂；而革命領袖的聯合則僅發生在民眾本身進行聯合，然後又與革命領袖聯合時，它才會存在。菁英間的聯合是來自於它與民眾的敵對；革命領導團體的聯合則

48 查努（M.-D. Chenu），*Temoignage Chrétien*，（April, 1964），被莫奈（André Moine）在 *Christianos y Marxistas después del Concilio*，（Buenos Aires, 1965），p. 167 中引用。

來自於與民眾（已經聯合在一起）的*融為一體*。透過去阻礙解放中不可或缺的聯合行動，壓迫的具體情境——將受壓迫者中的*我*雙重人格化，使得這個*我*變得模稜兩可、情緒不穩定並且懼怕自由——這會使得宰制者的分裂行動更加容易。

進一步來說，宰制本身在*客觀上*就是分裂的。宰制試圖使受壓迫的*我*「固著」於看似全面、無所不能的現實；宰制以神祕力量來解釋權力，使得受壓迫的*我*更加異化。在受壓迫的*我*中，有一部分是定位在其所「固著」的現實之中；有部分則定位於其自身之外，處在一種神祕力量中（是該神祕力量造就現實，他無法對現實做任何事）。在原為同一的過去與現在以及一個毫無希望的未來之間，個人被分裂開來。他（或她）是一個尚未覺察到自己是在*生成過程*中的人；他因此不能在與他人的聯合中建構一個未來。但是，當他打破他的「附著」，並且將他所掙脫而出的現實客觀化時，他開始能將自身統整為一個面對客體（指現實）的主體（一個*我*）。在這個時候，由於他粉碎了分裂自我的假統一，所以他成為了一個真正的個體。

為了要分裂受壓迫者，一個壓迫的意識型態是不可少的。相反的，為了完成受壓迫者的聯合，也需要有某種形式的文化行動。透過文化行動，受壓迫者他們會開始瞭解他們*為什麼*會固著於現實？以及他們是*如何*固著於現實的？——要完成受壓迫者的聯合，需要「去意識型態化」（de-ideologizing）。因此，致力於受壓迫者的聯合，並不只是把意識型態「變成口號」（sloganizing）。若只有做些口號上的宣傳，除了會對主體與客觀現實之間的真實關係造成扭曲之外，也會誤將整體的、不可分割的人格分割為*認知的*、*情意的*與*行動的*不同層面。

174　對話的－解放的行動目標，不是要從神祕現實中「移開」受壓迫者，卻又將他們「禁錮」於另一個現實。相反的，對話行動的目標是在使受壓迫者能覺察到他們的附著，進而有機會去改造一個不公義的現實。

由於受壓迫者的聯合與其彼此之間的團結有關，而與他們所處的特定社會地位無關，所以他們的聯合無疑地需要有階級意識。拉丁美洲農民一向是沉陷於現實之中，這是他們的特徵，這意味著他們在意識到本身是一個受壓迫的階級之前，就必須先（或是至少伴隨著）意識到他們是受壓迫的個體。[49]

對於一個歐洲農民來說，將本身是一個人這項事實當成問題來發問，是一件很奇怪的事，但對於拉丁美洲的農民來說則不是如此。拉丁美洲農民的世界通常僅止於地主領地的邊界，他們的活動方式，在某種程度上是模仿動物或樹木的，而且他們還常常會將自己等同於這些動植物。

那些受限於自然與壓迫者的人們，他們必須認識到他們自己是無法成為*存有的人*。發現他們自己，首先意味著發現他們自己是某某人，如派德羅（Pedro）、安東尼（Antonio），還是約瑟法（Josefa）。發現還包括了對於名稱（designations）的意義有著不同程度的覺察：一些字詞如「世界」、「人們」、「文化」、「樹木」、「勞動」、「動物」等，都又重新確立其真實意義。透過其創造性的勞動，這些農夫現在視他們自己是現實（先前是一個神祕

49 對於某個要批判地意識到本身是一個受到壓迫個人的人而言，他需要有一種批判性的認知，這種認知就是認識他所處的現實是一種壓迫性現實。為了這個原因，它需要「*對於社會的本質有所理解*」（*compréhension de l'essence de la societé*），這種理解對於盧卡奇而言，就是「*整體主要秩序之力量的因素，無疑是相同的純粹、單純力量進行決定的原因。*」盧卡奇（Georg Lukács）著，《歷史與階級意識》（*Histoire et Conscience de Class*），（Paris, 1960），p. 93。

的實體）的改造者。他們發現到——做為人——他們不再繼續是為其他人所擁有的「物」；而且他們能夠從意識到本身是受壓迫的個體開始，逐漸意識到他們是一個受到壓迫的階級。

175 盲動的做法則是以「口號」為基礎，但未處理基本的層面。任何嘗試以盲動來聯合民眾的做法，都只是將個人排排坐，個人的行動僅是機械性的。受壓迫者的聯合，是發生在人的層次，而不是發生在物的層次；它是發生在現實中的，而現實唯有在次結構與超結構之間的辯證中，才能真正地被理解。

對於受壓迫者來說，為了要聯合起來，他們首先必須切斷那把他們與壓迫世界連結起來的神話或迷思的臍帶；連結他們彼此的聯合必須具有一種不同的特性。為了完成這種重要的聯合，革命的過程必須從一開始就是*文化行動*。為了完成受壓迫者間的聯合，所使用的方法應與受壓迫者在社會結構內的歷史與存在體驗之間有著密切關係。

「封閉的」現實常帶有一種單一的、緊密的壓迫性決策核心，農民即是生活在這樣的封閉性現實中。而生活在都市內的受壓迫者，則是生活在一個日益擴大的環境中，在這樣的環境中，壓迫性命令是多元且複雜的。農民是在某單一宰制人物的控制下生活，這個宰制人物造成了整個壓迫體系；但在都市化的區域內，受壓迫者所受制的卻常是一種「壓迫性的非人格化」（oppressive impersonality）。在兩個例子中，壓迫的力量在某種程度上都是「不可見的」：在農業區域中，壓迫力量的「不可見」是由於其與受壓迫者過於接近；而在城市中，則是由於它過於分散所致。

雖然有不同的情境，但不同的文化行動形式畢竟有著相同的目標：無論這些客觀情境是否可見，就是要向受壓迫者釐清束縛他們的客觀情境。只有那些既能夠避免只是長篇大論的演講或是無效率的「胡扯」，另方面又能夠避免機械盲動的行動形式，才能夠抗拒宰制菁英的分裂性行動，並且朝向受壓迫者的聯合邁進。

組織

在反對話行動的理論中，操控是征服及宰制中所不可少的；在對話的行動理論中，民眾的組織則提供了與操控對立的另一方。組織不僅直接與聯合連結在一起，它更是聯合的自然發展。 176
因此，領導者所進行的聯合活動也必然是一種組織民眾的嘗試，它要求我們見證到下列的事實：為了解放所進行的鬥爭是一種共同的工作。這種持續的、謙遜的、有勇氣的見證（witness）出現在解放人群的共同努力合作之中，避免了屬於反對話控制的危險。由於每個社會有不同的歷史條件，所以見證的形式也會有所不同；不過在一個革命行動中，見證本身是一種不可缺少的因素。

為了決定這些見證的*內容與方式*，我們應該對於現在的歷史背景、民眾所持的世界觀、社會中的主要矛盾與該矛盾中的重要層面有著批判性的知識。由於這些面向是歷史性的、對話性的，也是辯證性的，見證因而不能僅僅是從其他脈絡中汲取養分，但卻沒有先分析其本身的脈絡。否則，這樣的見證將會使得相對的變成絕對化與迷思化；異化因而變成無可避免。在對話的行動理論中，見證是革命的文化與教育性格中主要的表達方式之一。

而見證中有某些因素是不隨著歷史性而有所不同的，這些因素包括：話語與行動之間的一*致性*；一種*果敢*，這種果敢激勵見證者能夠面對其存在即一種恆久的危機；一種*基進化*（而不是門戶之見），這種基進化會使得見證者與接受見證的人能夠逐漸增加行動；*有勇氣去愛*（這種愛不是去順應一個不公義的世界，而是為了人們的解放去改造這個世界）；以及對於民眾的*信心*等，因為見證是向著民眾進行的。雖然向群眾見證會由於其與宰制菁英的辯證關係，也會影響到宰制菁英（他們會以其慣有方式來回應這種見證）。

所有真正的（也就是批判的）見證，都與敢於冒險有關，它們可能會遇到下列的危險：領導者總不會立即贏得民眾的向心力。可能在某一個時刻之內，見證不會有著豐碩的成果，但在其他的情形下，它也有可能在第二天就有結果。由於見證不是一種抽象的態度，而是一種行動——它是一種與世界及群眾的相遇——它不是靜態的。它是一種動態的因素，這種動態的因素會在其所發生的社會背景中變成社會背景的一部分；從那時開始，它就不會停止對於社會背景的影響。[50]

177

在反對話的行動中，操控會麻痺民眾，使得對群眾的宰制變得更容易；但是在對話性的行動中，操控將被真實的組織所打敗。在反對話的行動中，操控的目的是為了征服；但是在對話的行動中，充滿勇氣與愛的見證，是為了組織而服務。

對於宰制菁英來說，組織所指的是將他們自己組織起來；但是對於革命領袖而言，組織表示的是，把他們自己*與*民眾一起組織起來。在前一個例子中，宰制菁英會逐漸將其權力結構化，以

50 由於被視為是一種過程，那些未能立即有結果的真實見證並不能被判定為絕對的失敗。那些殘害提拉丹泰（Tiradentes）的人固然可以將其屍體分解，但是他們卻不能消滅他的見證。

使其能更有效地進行宰制及非人格化；但在第二個例子中，若組織本身就構成了自由的實踐時，光組織就可以與其本質及目標相符應。因此，任何組織中所具有的紀律，不能與統治混為一談。事實上，沒有領導、紀律、決心與目標——沒有要完成的任務或是要進行的解釋——一個組織不可能繼續存在下去，而革命行動也因而會被稀釋。然而這個事實，並不能使我們因而就把民眾視為物。民眾已經被壓迫得非人格化——若革命領袖還去操控他們，而不是使他們*覺醒*，那組織的目標（就是解放）就會因而被否定。

組織民眾是一種過程，在這個過程中，這些也受限無法說出自己話語的革命領袖[51]開始了一種學習給世界*命名*的經驗。這種學習經驗是真實的，它也因而是對話的。所以在這種學習經驗中，領導者不能獨自地說自己的話，他們必須*與*民眾一起說。領導者若不是以對話方式行動，而是繼續強加自己的決定於民眾身上（那不是組織民眾）——那他們仍在操控民眾。他們不是在解放，他們也不是被解放的：他們僅是在壓迫。

178

那些組織民眾的領導者，本身無權可以獨斷地將其話語強加於民眾身上。然而這個事實並不意味著，領導者必須採取一種自由主義的立場，在民眾已經習於壓迫時，仍鼓勵他們的放縱。行動的對話理論既反對威權主義，也反對過分的放縱，它同時肯定權威與自由。如果沒有權威，就沒有自由；沒有自由，也沒有權

51 歐提茲博士（Dr. Orlando Aguirre Ortiz）是一間古巴大學的醫學院院長，曾經這樣告訴我：「革命與三個『P』有關：*palavra, povo, e pólvora*（字詞、民眾與火藥）。火藥的爆炸會釐清民眾對於其具體情境的知覺，進而透過行動從事他們的解放。」當我們在一篇論文中觀察到，一個參與革命的醫生是如何來強調字詞（*word*）時——字詞做為行動、反省，做為實踐——這是非常有趣的。

威。所有的自由都包括了下列的可能性——在某些特殊的環境下（且在不同的存有層次上），它可能變成權威。自由與權威不可能孤立，而是必須放在彼此間的關係中來考量。[52]

權威要能受到認定為真實可靠，不能僅僅透過權力的*讓渡*（*transfer of power*），而是透過*授權*（*delegation*）或是一種來自情感深處的*擁戴*。如果權威僅是由某個團體讓渡（或轉移）到另個團體，或是被加諸多數人身上，那它就會退化為威權主義。只有當權威是「由自由生成的權威」(freedom-become-authority）時，它才可以避免與自由之間的衝突。身體某一部分的腫大常會引起另一部分的萎縮。就像沒有自由，權威無法存在，反之若是；威權主義要存在，就必須否定自由，而放縱也必須否定權威的存在一樣。

在對話行動的理論中，組織需要有權威的存在，所以它不能是威權主義的；組織也需要有自由的存在，所以它不能是放縱的。組織是一種高度教育性的過程，在這樣的過程中，領導者與民眾一起經驗到真實的權威與自由，然後他們會透過對做為其中介的現實的改造，嘗試在社會中建立真實的權威與自由。

179

文化統合

文化行動總是一種有系統的、經過深思熟慮的行動形式，它是作用於社會結構之上的，同時也帶有維持該結構或是改造該結構的目標。做為一種深思熟慮與有系統的行動形式，所有的文化

---

52 如果客觀的情境是壓迫或放縱兩者之一時，這種關係將會是衝突性的。

行動都有它自己的理論，用以決定它的目的並界定其方法。文化行動要不就是以宰制（不管是有意的還是無意的）為目的，要不就是以人們的解放為其目的。當這些辯證地對立的不同形式文化行動在社會結構之內運作並且也對社會結構發生影響時，它們會在*不變*與*變*之間創造出辯證的關係。

社會結構的目的是*存在*（*to be*），它必須*生成*（*to become*）；用其他的話說，亦即用柏格森的意義來說，*生成*（*becoming*）是社會結構用以表達「*時間延續*」的方式。[53]

對話的文化行動不是以消解不變－變之間的辯證為它的目標，這是一個不可能的目標，因為辯證的消解會使社會結構本身的消失，甚而導致人們的消失；它的目標是在克服社會結構中對立的矛盾，來完成人們的解放。

另方面，反對話的文化行動的目標則是在將這樣的矛盾「迷思化」，並因而希望能夠避免（或是儘可能地阻礙）對於現實的徹底改造。反對話行動內外在的目標都是，在社會結構內維持有利於其本身行動主體的情境，而後者是不會接受對於現實有著徹底的改造，因為這種改造會造成對立矛盾的消除；他們也許會接受那些不會影響到他們決定受壓迫者之權力的改革。這種行動的模式與對於民眾的*征服*、*分裂*、*操控*及*文化侵略*有關，它必然且基本上是一種*誘發的*行動。不過對話行動的特點，卻是在於對誘發這一面的克服，反對話的文化行動無法克服其誘發的性格，因為它的目標是宰制；但是對話的文化行動卻能做到這點，因為它的目標是解放。

180

---

53 讓一個結構成為一個社會結構（因而是歷史－文化的結構）的，既非絕對的不變亦非變，而是兩者之間的辯證關係。到最後，存在於社會結構的不是不變，也不是變，而是不變－變之間辯證的本身。

在文化侵略中，行動者由其自身的價值與意識型態中導引出他們行動的課題內容；他們以他們自己的世界為起點，然後進入他們所侵入的世界中。在文化統合中，雖然是來自另個世界的行動者，進入民眾所處的世界，但他們所做的卻不同於侵略者。他們不是去教或是*傳遞*、*給予*一切事情，而是去學習，和民眾一起學習，學習有關民眾世界之事。

在文化侵略中，行動者（他們甚至不需要親自到被侵略的文化中；他們的行動逐漸會由科技工具實現）將他們自己強加在民眾身上，民眾則被分配到旁觀者與客體的角色。而在文化融合中，行動者與民眾統合在一起，民眾是行動的共同作者，他們共同執行著這種對於世界的行動。

在文化侵略中，包括旁觀者與所要維持的現實都是行動者行動的客體或對象。在文化融合中，沒有旁觀者；行動者行動的對象就是為著解放人們時所要去改造的現實。

當文化成為形塑文化之結構的保存者時，文化統合就是一種面對文化本身的行動模式。文化行動，做為一種歷史行動，它是一種克服宰制異化性文化的工具。在這個意義上，每個真正的革命都是一場文化革命。

在第三章中，我們曾描述了對於民眾的創生課題或是有意義論題進行探究，它們是文化統合行動過程的起點。的確，我們不太可能將這個過程分成兩個步驟：首先是*課題探究*，然後再是*文化統合的行動*。這樣的二分法，代表了在開始的階段中，民眾是被動的對象，他們是被研究、分析與探究者所探究的對象——這個程序剛好與反對話行動相符。這樣的分法會產生一種天真的結論，那就是以為做為統合的行動是跟隨在做為侵略的行動之後。

181

在對話理論中，這種二分不可能發生。課題探究中的主體不僅是專業探究工作者，也是民眾中的所有人們（其課題論域是我們要尋覓的）。探究可說是文化統合行動的第一個環節，它建立了一種創造的氛圍，這種氛圍可能會在行動的後續階段中獲得進一步發展。這樣的一種氛圍並不存在於文化侵略中。透過異化，文化侵略會扼殺了被侵略者的創造性熱情，使被侵略者變得無望、懼怕冒險的實驗。然而，沒有希望、沒有冒險，就沒有真正的創造。

那些被侵略的人，無論他們的層級如何，很少超過侵略者所規定他們的模式。在文化統合中，沒有侵略者的存在；因此，也沒有強加的模式存在。在文化統合的立場中，行動者是批判地分析現實（但不是將分析與行動分開），同時他們也是以歷史過程裡主體的身分進行介入。

領導者與民眾之間是相互認同的，他們共同創造行動的綱領，但不是遵照事先決定的計畫進行。在文化統合中，領導者與民眾是以某種方式，自新的知識與新的行動中重生。對於被異化之文化的知識會引致改造行動的發生，進而產生一種不再異化的文化。領導者的知識則會在民眾的經驗知識中，重塑得愈來愈精細；反之，民眾的經驗知識也會受到領導者知識的粹鍊。

在文化統合中（而且只有在文化統合中），才有可能解決民眾與領導者世界觀之間的矛盾，並且使兩者更豐富。文化統合並未否認這兩種世界觀的差異；甚至更正確地說，它其實是奠基於這些差異之上的。它所*真正*否定的是，某一世界觀對另一世界觀的*侵略*；至於它所肯定的，則是兩個世界觀間無法否認的相互*支持*。

革命領袖必須避免離開民眾來組織他們自己；他們與民眾間的矛盾無論其發生是如何地偶然（因為某些歷史條件而發生），　182

還是必須予以解決，這種矛盾不能被一種外加關係的文化侵略所強化。文化統合是唯一的路。

革命領袖若沒有考慮如民眾的世界觀一般真實的事物，那他們就會犯許多錯誤並且失算。民眾的世界觀（內在的與外在的）包括了民眾的關切、民眾的疑慮、民眾的希望，以及他們看待領導者的方式、他們對於他們自身以及壓迫者的知覺、他們的宗教信仰（幾乎都是融合各教派的）、他們的宿命觀、他們的抗爭反應。這些因素不能分開來看，因為它們是在互動中構成了一種整體。壓迫者有興趣認識這種整體性，但其目的是為了做為其侵略行動的輔助，以便能進行宰制或達到宰制的目標。對革命領袖而言，當其進行文化統合行動時，這些關於整體性的知識是不可或缺的。

文化統合（真的因為它是一種統合），並不表示革命行動的目標應該完全受限於民眾世界觀中所表現的期望。如果這種情形真的發生（在尊重民眾世界觀的外表下），革命領袖將會被動地受制於它。我們一方面不能接受領導者對於民眾世界觀的侵入，但另方面也不能接受領導者僅是順應於民眾的（通常是天真的）期望。

再更具體地來說：如果在某特定的歷史時刻裡，民眾的期望並沒有比要求加薪更進一步時，此時領導者可能會犯下兩種錯誤。其一，他們可能會限制自己的反應在激發這樣的需求上；[54]

---

54 列寧嚴厲地攻擊俄國社會民主黨（Russian Social Democratic Party）對於無產階級把經濟需求當成革命鬥爭工具的強調，這種實際過程他名之為「經濟的自發性」（economic spontaneity）。參見〈怎麼辦？〉（“What is to be Done?”）一文載於《論政治與革命——選集》（*On Politics and Revolution, Selected Writings*），（New York, 1968）。

其二是他們可能會去壓制這種民眾的期望，並且進而用某些影響更深遠的事物來代替——這些事物目前還未受到民眾的注意。在第一種錯誤中，革命領袖是跟隨著民眾的需求而去順應；在第二種錯誤中，因為他們對於民眾期望的不重視，他們又會落入文化侵略中。 183

解決上述問題的方式就在文化統合：一方面領導者必須認同民眾對於加薪的需求，但另方面他們又必須將這種需求的意義當成一種問題來提出。透過如此的做法，領導者將一個真實的、具體的歷史情境（薪資的需求僅是其中一個面向）當成一個問題來提出，因此，民眾會逐漸瞭解到，單單只有薪水的需求並不能帶來一種真正的解決。解決的關鍵本質，在於如前述之第三世界主教們的說法：「如果勞工們不能成為他們自身勞動的擁有者，所有結構性的改革都是無效的……他們必須成為他們勞動的擁有者，而不是勞動的販賣者……因為任何對於勞力的購買或販賣都是某種形式的奴役。」

為了達到對於下列事實的批判意識：這些事實包括「一個人必須成為其本身勞動的擁有者」、勞動「構成了人類位格的一部分」以及「一個人既不能被販責，他也不能販賣他自己」等，我們必須要跨出一步，直接越過緩步解決的欺騙手段。我們必須從事現實的真正改造，透過使現實更人性化，而使所有人們更加人性化。

在反對話的行動理論中，文化侵略是以操控為目的，然後操控又會以征服為目的，最後征服又會以宰制為目的。至於文化統合則是以組織為目的；組織再以解放為目的。

這本書所處理的其實是一個非常顯而易見的真理：就如同壓迫者為了遂行壓迫，因而需要一種壓迫行動的理論一樣；對於受壓迫者來說，為了要變得自由，他們也需要有一種行動的理論。

壓迫者在闡釋其理論時並沒有將民眾包括在內，因為他是反對民眾的。當民眾還受到壓榨、壓迫，並將壓迫者的形象內化之時，他們無法去建構自身的解放行動理論。只有在民眾與革命領袖的邂逅中——在他們的契合裡，在他們的實踐下——理論才能夠真正被建造出來。

「戰鬥還在繼續」：《受壓迫者教育學》的後記

伊拉・索爾（Ira Shor）
（紐約市立大學史泰登島學院，美國）

現在我不再是「群眾」的一員，我是「人民」，且我可以要求我的權利。

弗朗奇斯卡・安德拉德，
在安日庫斯辦理的弗雷勒式識字圈的學生，1963
（Kirkendall, 40）

185

安日庫斯（Angicos）識字圈在 1963 年的 4 月 2 日慶祝最後一次的會議，其中保羅・弗雷勒有出席，且自由派的共和國總統若昂・古拉特（Joao Goulart）也有出席。弗雷勒告訴總統：「今天出現了可以做決定、起義、對自己的命運有所覺知的人民，且他們開始參與在巴西不可逆的歷史過程中。」（Kirkendall, 40）在這個儀式中，另一位有參加的重要人物，即翁貝托・卡斯特略・布朗庫（Humberto Castelo Branco）將軍，其在約一年後翻轉了民主政體，推翻古拉特政權，摧毀保羅所設立的國家課程，並且將保羅關入監獄。

這樣的光明在巴西後續幾年已經衰退，或許可以說這本書就是在黑暗中誕生的，更好的說法則為它是為*對抗黑暗*而生，再更好點地說是它因著希望與抗拒壓迫而生。弗雷勒以便宜的費用在 40 小時內教會文盲讀寫，此有助於推進巴西的民主運動。一旦能夠基本識字，貧窮的農夫與勞工在長期由上而下的壓制緘默之後終於可以有資格投票，大大擴大選民由下而上的權利。如果數千個弗雷勒式文化圈在恐怖的 1964 年 4 月後仍能如期展開，百萬計的勞工階級文盲就能夠讀寫、成為新的選民，而成為政治力量的多數。獨裁者與其軍隊為了阻止這種民主的可能性，而推翻了所選出的古拉特政權及其所任命的弗雷勒與其位置。弗雷勒在經歷過審問與坐監後，直到 1980 年他被迫離開祖國，帶著妻子艾爾莎（Elza）與五名孩子在世界流浪，在他主要的政治生涯中，他的書籍在巴西被禁、被自己的家鄉放逐。那些其他未能及時逃離者，則在將軍們復辟其保守菁英莫名其妙的權力後被監禁、鞭打，或被追逼。其後，保羅善加利用自己的倖存日子，在歐洲與北美進行大型的演講，也與政府、非政府組織與地方的計畫進行諮詢，他成為所處時代最有名的教育家，並且做為社會正義最重要的倡議者，他在政變的傷口仍新時，出版了《受壓迫者教育學》：「提問式教育是革命性的未來……任何情況中弱勢有一些個體阻止他人進行探詢的過程，就是暴力的一種。」（65, 66）

186

很少書曾被這樣廣泛地討論、引用、節錄，且在師培教育、研究所與大學課程及一些高中（如書中所述在 2012 年土桑市禁止此書）中使用。五十年後，我們可以如何解釋《受壓迫者教育學》非比尋常的吸引力？

在本書的四章文字中，保羅・弗雷勒融入了一系列令人關注的問題：

1. 一種用批判教育學的理論與實踐質疑以社會正義為名的現狀。
2. 一個融入「情境教學」的理論與實踐，可適應多樣的地方、不同的利益相關者，與不同的狀況。

3. 這種情境教學提供實踐的豐富詞彙：教學的對話法、「提問式探究」而非「囤積式教學」記憶，「未經測試的可行性」、「界限處境與界限行動」、「文化圈」、「教師學生與學生教師」、「字彙庫」、「創生課題與創生字彙」、「編碼和解碼」、意識*覺醒*或進入批判意識、「鏈結的課題」與「人類學的文化觀」，*實踐*或行動／反省——週期性地進行實踐的理論化與理論的實踐。

4. 這些批判理論和實踐的詞彙，是隨保羅在政變前用於正式學校系統之外，進行十五年的成人識字教育演變而來。之後並被用於 K-12 與高等教育的課程中。
5. 這本書向不同的批判實踐情境開放，且與當時同樣以平等、民主，與社會正義為目標相似傾向的多元文化、反種族主義與女性主義教學及運動的路線交會。
6. 正當追求基進改變的大眾運動成為全球現象，如米歇爾．傅柯（Michel Foucault）所指：在這個以「對事物、制度和實踐以及論述的廣大和激增的批評能力」（6）聞名的時期，並且以學生為中心的取向與建構主義式的方法都在教育圈中也正採取攻勢，這本書的社會正義傾向也隨之凸顯出來。
7. 弗雷勒的理論與實踐，包括：以學生為中心的、建構主義者，與對不平等的批判，都基於假設所有教育具有政治性。沒有教學可能是中性的，因為其均以某種方式發展人類主體與產生意識，端賴內容的意識型態、論述的社會關係，以及課程的學習過程。任何未能質疑現狀的教學或課程，就是默認或是在積極地支持現狀。

8. 這樣的學習過程提供了一種吸引人的道德價值——即：基於共同性的倫理學與專業責任，以增進一個較不暴力與不殘忍的世界而進行教學。弗雷勒在積極投入人性化與非人性化的探討領域上，可謂居於首創地位。
9. 最後，「第四章」是給那些想要成為革命領袖者的特別書信，不只是給批判教育學者的建議而已。其指責反對派的領導者在針對統治進行譴責之際，卻以獨裁者的獨白、告誡、抽象、官僚規範，與宣導（在弗雷勒式的課堂是不被允許的）方式進行。

188　以上各點有助於解釋這本小書的長遠影響，該書並非以寫作學術論文為目的，而是出自於弗雷勒從自身實踐與經驗反思的總結。如弗雷勒在「前言」中所寫的：「單單僅是思想與研究並無法產出《受壓迫者教育學》」，他寫道這本書「是深植於我直接觀察或間接透過我的教育工作課程中所得到的實際狀況並描述勞工（農夫或在都市的勞工）以及中產階級人士的反應。」（19）

保羅認為在學校或在社會運動中的批判教育在智識上有其必要性，且在政治上是一種冒險。具有內部教育計畫的運動，所面對的是如保羅所稱的「強權現在正在掌權」這樣強大的權威。在學校與大學，教師與學生每天都在預備好自己，但仍受限於其所具備的外部與上層結構條件（「界限處境」與批判教學的「界限行動」相對抗）。保羅特別以在大眾運動中可能存在的批判教學（「尚未掌權的權力」）為主要工作，但卻在 1989 年勞工政黨政府為教育部長時被任命掌管巴西聖保羅的 643 所學校。對保羅而言，在他的生活與工作中，這本有名的書中強調的基本問題持續存在：我們生活在哪樣的世界？為何是這樣子的世界？我們想要的是哪一種世界？我們如何從現在（前者）這樣的世界邁向（後者）那一種世界？

4 月，2017 年，紐約，美國

參考資料

Foucault, Michel, "*Society Must Be Defended*". Picador: New York. Translated by David Macey, 2003.

Freire, Paulo, *Pedagogy of the Oppressed*. Continuum: New York. Translated by Myra Bergman Ramos. Rev. 20th Anniversary Edition, 1993.

Kirkendall, Andrew J., *Paulo Freire and the Cold War Politics of Literacy*. UNC Press: Chapel Hill, 2010.

訪談當代學者

瑪琳娜・阿帕里西奧・巴伯蘭
（Marina Aparicio Barberán）
（保羅・弗雷勒中心，西班牙）

請告訴我們你的背景與目前所在的專業領域。 191

我是一名政治學家（擁有自龐培法布拉大學——Pompeu Fabra University 的學士學位），我的專長在公共與社會政策分析與評估（從美國約翰・霍普金斯大學的公共政策中心與瓦倫西亞學院得到兩個碩士學位）。我的研究領域是政策分析、政治與選舉行為，及政治與國會菁英分析。

你首次讀到弗雷勒所著《受壓迫者教育學》的經驗為何？

我第一次讀到《受壓迫者教育學》是在 2006 年，我當時是參與在 Pep Aparicio Guadas（1999/2013）主持的繼續教育和資源中心（CREC- 瓦倫西亞的代表團）中並擔任合作成員。我主辦這個中心的出版業務，並且辦理與我所受訓練與領域相關的組織與教育功能業務，同時也持續進行我的政治學研究，以及參與其他社會運動。

在之前，我有閱讀過一些弗雷勒的其他著作，但我想提一下為何這本書是如此地吸引我……弗雷勒在其中的分析、字詞與弗雷勒連結我們所在的不同現實方式等，以及他的實際、他的理念、他的遠見、他的一致性等等。我們可以說像《受壓迫者教育學》、《問題的教育學》，或是《希望教育學》這些書都是形塑閱讀這個世界、書寫這個世界與字彙的觀點或動力，以及將這樣的觀點付諸實際的關鍵。

192 **你認為保羅．弗雷勒會對他的理論今日被使用的情況說些什麼？**

從我的觀點，弗雷勒應該會有很複雜的感受。一方面他會很高興看到因著女人與男人積極涉入在主體性與／或覺察的過程中，而於世界與社會中如雨後春筍般地湧現他的「烏托邦」、理念與實踐、他的生活與做事的方式。

另一方面，弗雷勒可能會因為看到許多在地實踐（如在大學、政府、社會運動）誤用他的概念而感到悲傷。他也可能會對於在《受壓迫者教育學》中的分析與論點有多少部分仍可於現在的脈絡中使用感到困惑。

你認為一間今日的弗雷勒式的大學（Freirean University）看起來會是如何的模樣？

一間弗雷勒式的大學核心，是採取理論與實踐介入的方法論行動，其引領出一種覺醒的實踐，並增進一種在大學中的參與及合作文化，即同儕之間會透過對話與持續質疑以經歷覺察的過程，並建構出解放的過程。因此，我們將能解除我們內在對於那些動力、行動、程序的理解，而邁向一個民主的、彈性的、開放的、共同的社會，克服宗派主義，並成為「主體」與具思考能力的男人、女人，與孩童（而非受壓迫的主體）。

如果學生能從閱讀《受壓迫者教育學》的經驗中學到一個重點，你希望是哪一點？

我不能夠只限於選擇一點，我會選擇對話方法、解放方法，對於政治、倫理與教育的問題概念。我還會選擇對於特定現實狀況的 193 批判分析。但首先，我會選擇閱讀世界先於閱讀文字這樣的提議，在世界與文字都持續轉變的過程中，我們將總是扮演這些行動的主要角色。

諾姆・喬姆斯基（Noam Chomsky）
（麻省理工大學，美國）

194 **請告訴我們你的背景與目前所在的專業領域。**

語言學、認知科學、哲學。

你認為保羅・弗雷勒會對他的理論今日被使用的情況說些什麼？

我想他大致上會對於現今的考試領導教學政策感到驚駭。

你認為一間今日的弗雷勒式的大學看起來會是如何的模樣？

教學應該拒絕教育做為將水倒入容器這樣的概念（這是在啟蒙運動所使用的詞彙，弗雷勒使用的是「囤積模式」），而應讓學生在教師－學生合作環境中以主動渴求理解的模式進行教育。這與科學教學的模式相似，但最好的情況應該是在每一個科目教學皆以如此的方式進行。

如果學生能從閱讀《受壓迫者教育學》的經驗中學到一個重點，你希望是哪一點？

他們應該瞭解教育是一個自我發現、發展自身能力、以一種開放與獨立的想法追求自身利益與關心的事、與他人相互合作的過程。

古斯塔沃・E. 費雪曼（Gustavo E. Fischman）
（亞利桑那州州立大學，美國）

請告訴我們你的背景與目前所在的專業領域。 195

我是教育政策領域的教授，並且擔任亞利桑那州州立大學 Mary Lou Fulton 教師學院中 edXchange 中心的主任。我自 1980 年代早期於阿根廷開始以大眾教育學者身分在教育領域工作，當時並未具備任何正式的教學或研究訓練。大眾教育在當時與弗雷勒式的理念密切相關，並且傾向於以非威權主義式的方式運作，採取引導式的教學取向，欲達社會解放目標。

你首次讀到弗雷勒所著《受壓迫者教育學》的經驗為何？

我第一次聽到關於《受壓迫者教育學》並非是被邀請去閱讀它，而是被命令要忽略它。在 1977 年，我當時 16 歲正在布宜諾艾利斯的一間職業學校讀工業化學。我並非特別政治化，但就像其他人一樣，我敏銳地意識到我們正生活於殘忍的獨裁統治之下。回想到當校長依據教育部的條文在我的中學張貼告示——宣布單純擁有任何一本所列的「不道德和危險的閱讀」書籍，即是「同情恐怖主義」的證據，並足以為從學校開除的原因。這讓我非常困惑，我現在想起仍感到憤怒。我記得我對這本被列入「危險」長書單的與教育相關的書籍感到十分好奇。

七年之後，在 1984 年 9 月，我當時是大眾教育團體的一員，在布宜諾艾利斯一個棚戶區的成人識字計畫中擔任義工，當我的同伴告訴我國際成人教育評議會（ICAE）在找義工組織他們的 196
1985 年年會，而其主題演講的講者是保羅・弗雷勒，這是他在自己的書籍於國內被禁止後第一次返國，我立即自願成為組織會議團隊中的一員，並且得到一本二手的《受壓迫者教育學》，也開始我所有關於弗雷勒式事物的非正式教育。

你認為一間今日的弗雷勒式的大學看起來會是如何的模樣？

根據弗雷勒的名言：簡單但不過分簡單，一間弗雷勒式的大學應該具備三個關鍵的定義特徵。第一，它的結構應該是實現一種致力於自由、公平、包容和團結原則的解放教育學。解放教育學將包括好奇、嚴謹，和有用的教學、服務和研究議題。第二，學生、教師、行政人員應該與他們的社會組成一樣多元。多元性是在兩種不同但相關的意義上：服務社會中多元的部門與所有社會團體，同時也包括理念與取向的多元性。第三，一間弗雷勒式的大學將組織成一個民主參與治理的實驗室。

你能夠描述弗雷勒的著作對於教學有如何，且到何種程度的影響？

我認為弗雷勒的著作最大的影響是他證明民主的學校教育——在單一教室、在學校內或外部、與孩童或成人——即使是再短暫都值得追求。這些經驗教導我們不只是要對我們自己身為教育者與學習者存有更多期待，並且也建立個體及社會行動與平等及團結目標之間的連結。

拉蒙‧費萊察（Ramón Flecha）
（巴賽隆納大學，西班牙）

請告訴我們你的背景與目前所在的專業領域。 197

我致力於探究智識與人類卓越的科學研究，期發現足以解決在不同社會領域（民族的與少數族群；性別議題，特別是在男性陽剛之氣質研究、教育研究；與經濟領域，特別是聚焦在成功克服所得不平等的組織等）不平等的行動。換句話說，我並不對分析不平等本身感到興趣，因為這樣的分析只對那些形成不平等現狀的人們有益。反而，我對於人類如何主動行動以克服不平等的分析有興趣，這也是弗雷勒非常欣賞的。

你認為保羅‧弗雷勒會對他的理論今日被使用的情況說些什麼？

我不知道弗雷勒會怎麼想，但我會說的是弗雷勒有很強的直覺，並且總是領先於他所在的時代概念。1969 年，在《受壓迫者教育學》一書中，他已經發展出對話行動的理論，這在社會科學領域要到 12 年後，在 1981 年哈伯瑪斯（Habermas）的溝通理論中才出現。而弗雷勒所定義的對話行動，或是對話觀點，在經濟學、社會學、人類學，與政治學的領域，都是現在社會科學的趨勢。我認為弗雷勒會很滿意於看見今日的社會科學符合他在 1960 年代時即預見的對話觀點。

你能夠描述弗雷勒的著作對於研究有如何，且到何種程度的影響？ 198

我認為弗雷勒的著作對於研究的影響是極端正面的。其提出的對話觀點，有助於呈現與在研究中身為客體的人們開啟對話的必要性。但常發生的是在進行研究時並沒有很好地理解對話的意義，以及對話對弗雷勒的意義。進行研究時，應該是真實地與研究中的目標對象進行對話，即使對方可能是進行家事清潔 8 小時的人，而研究者常是被聘請以進行閱讀與研究科學知識的。但不幸地，一些人只瞭解「進去並與對象進行對話」的部分，而未進行其餘像弗雷勒所辛苦進行的預備工作（如沒有閱讀可應用的社會科學文獻，以助其具備與對方進行對話的知識等）。

你能夠描述弗雷勒的著作對於教學有如何，且到何種程度的影響？

老實說，弗雷勒的著作在全世界都有著深遠的影響。弗雷勒可能是教育領域最具影響力的學者，但問題是這樣的影響並未常常導致教育實踐。例如，在大學，許多人宣告他們自己是弗雷勒的門徒（Freirean），但他們並未幫助轉變實際的學校狀況或是教育實踐以符合其所自稱的「弗雷勒門徒」作為。

如果學生能從閱讀《受壓迫者教育學》的經驗中學到一個重點，你希望是哪一點？

我特別希望學生會優先認識到一些在教育體系中常被忘記的部分，就是所有孩童都有權利接受教育。目前所在做的卻常與基於改善所有孩童教育成果的理想甚遠。在教育體系中的學生擁抱這樣的道德與人類承諾是很重要的，這將會是他們應負的真正專業任務。

羅納德・大衛・格拉斯（Ronald David Glass）
（加州大學聖塔克魯茲分校，美國）

請告訴我們你的背景與目前所在的專業領域。 199

我是基進的教育哲學家，工作就是在為了爭取正義而奮鬥。我主持加州大學「為公平加州進行合作研究的中心」（Center for Collaborative Research for an Equitable California），並且我們與一些受欺凌的群體一起合作，提出在經濟、就業、教育、住宿、食物系統、公共健康，與環境的重要議題。我也主持一個調查社會科學研究中進行倫理議題的計畫。

你認為保羅・弗雷勒會對他的理論今日被使用的情況說些什麼？

我很幸運地且有榮幸與保羅・弗雷勒在 1984 年時有一同深入工作的經驗。當時他與我同住一個月並且在「成人教育發展計畫」（Adult Education Development Project）的社會正義運動建造活動中一同合作。我們最後有討論到在不同的國家如何在不同的部門提及與實踐他的理論。他同意我所說的，大部分在美國學校所發生的「批判教學」以及宣稱弗雷勒的理論是其基礎者，即使其建構出更為人性形式的學校教育，實際上卻是在馴化他理念中的基進基礎。教育做為一種自由的實踐，必然連結改變世界的實際努力與鬥爭，也包括改變我們自己內在自我（因為世界的壓迫存在於我們之中，也存在於每天生活的結構與過程中）。但弗雷勒不論是理論上或是實踐上都並非是純粹主義者。他致力於進行任何可以創造出開放空間的努力，因此我相信他會感到欣慰與高興，因為知道世界上的人們發現弗雷勒的理論對他們而言是有用的， 200

並可以運用在他們自己特定的脈絡中為著前方的正義進行鬥爭。

你認為一間今日的弗雷勒式的大學看起來會是如何的模樣？

基於弗雷勒的理論運作的大學，會組織以解決最緊迫的社會、經濟，與政治不公平議題。它會自最受欺凌的群體之中找到研究議題與方向；它會確認知識主張與知識生產的倫理與政治面向；它會尊崇多元的認知方式；它會承認學者及其所屬學科和大學本身受到壓迫和剝削的歷史和意識型態的污染。它對資格認證專家並沒有太大的關注興趣，其更重視的是有生命力的好奇心、有紀律的批判探究習慣，以及一生之久持續奮鬥追求正義的承諾。

你能夠描述弗雷勒的著作對於教學有如何，且到何種程度的影響？

我認為，弗雷勒的著作在美國的學校教學上只有相當有限的影響。我認為他的理論主要是被用做在道德的或是政治的標誌，表明教師有意尊重學生的多元背景經驗。這常常是透過（有點膚淺的）像是《受壓迫者教育學》第二章中所述，其中如囤積式與對話式或是提問式教學間的對比。這種馴化的批判教育學當然更加人性化，提供了學生發聲與興趣的空間，也為公立學校中的主流論述與教學實踐提供了對立的位置。一些教師，例如那些在「追求社會正義的教師」組織，已經體現出理論的更深內涵，並且正在尋求將課堂學習與更大社會運動進行連結，以追求社群改變。弗雷勒的理論已被教學性地運用在社會運動發展過程中（特別是在拉丁美洲）。

瓦萊麗．金洛克（Valerie Kinloch）
（匹茲堡大學，美國）

請告訴我們你的背景與目前所在的專業領域。 201

我是匹茲堡大學教育學院的 Renée 與 Richard Goldman 院長，在這裡我與同事們一起從事重要的在地、國家，與全球教育的事務。在擔任院長之前，我曾是俄亥俄州立大學的識讀研究系（Literacy Studies）教授與副院長，在那裡我促進關於教育、國際教育夥伴關係，以及學校和社區參與的多樣性和包容性的倡議行動。我的研究在檢視學校內外年輕人與成年人的文化和社區參與狀況。我在種族、地方、識讀，與多元性方面有相關的學術著作，目前我則在致力於與上述相關的研究與計畫。

你首次讀到弗雷勒所著《受壓迫者教育學》的經驗為何？

在我就讀於約翰遜．史密斯大學（Johnson C. Smith University）英文系時，我「發現」了弗雷勒的《受壓迫者教育學》。回想無數次與朋友及一些教授之間關於黑人文學、黑人生活、壓迫、語言與識字的力量等的對話，我深受感動且繼續閱讀黑人作者與學者所著的各種文本，在其中，「閱讀文字與世界」這樣的概念向我展現出來，而當我去尋找這樣詞彙的意義時，保羅．弗雷勒的名字與書就出現了。因此，我閱讀了《受壓迫者教育學》，並且愛上了他對於批判意識的討論以及應該要在教師、學生與世界之間發生的連結。

你認為一間今日的弗雷勒式的大學看起來會是如何的模樣？ 202

我認為它應該會包括開放的空間讓人們可以與其他人一起互動、

去分析世界上正在發生的事情、檢視對抗壓迫與不公平的方式，並拆除種族主義、階級主義、性別主義、不平等與資本主義。它應該是免費的！開放給每一個人。它將基於下列的需求而建立，創造和加強我們與批判意識相關的立場、傾向和意識型態、與他人合作、為了必要的社會政治改變，以及超越自我的思考的引導進行組織與運作。它將是一個人性化的、充滿豐富文化的學術空間。

你能夠描述弗雷勒的著作對於研究有如何，且到何種程度的影響？

及至今日，弗雷勒持續促使學者考慮用複雜的方式思考教育中關於認同與地點的細微差異；他鼓勵我們以批判的觀點與社區脈絡中的人們進行合作，並以批判的觀點解決關於不平等的普遍問題。他也在日常生活的範圍進行研究——日常現實、生命、生活條件、鬥爭和人們的希望等——使研究本身能夠與我們所合作的對象及所書寫的對象／夥伴更為靠近。因此，研究並非單純地出版文章與書籍，而是在透過書寫新的方式，以從根本上將世界改變得更為美好。

如果學生能從閱讀《受壓迫者教育學》的經驗中學到一個重點，你希望是哪一點？

我希望會是這個：弗雷勒（1971）堅持我們要剷除壓迫的制度，「以致於〔學生〕可以『為自己而存在』，而非學生被迫『融入』壓迫的結構」（p. 55）。我相信他所指的改造壓迫制度，是指所有制度中的所有壓迫點——學校、大學，與我們所生活的獨特脈絡中的政治制度等。它還說明了我們需要團結一致，以徹底改革與改造世界。

203

彼得·梅奧（Peter Mayo）
（馬爾他大學，馬爾他）

請告訴我們你的背景與目前所在的專業領域。 204

我在馬爾他長大，也在當地做過幾年兼職的記者，之後就開始教學，並在加拿大的阿爾伯塔大學（University of Alberta）與多倫多大學的安大略教育研究機構（OISE/University of Toronto）獲得研究所的學歷後，一直在學術界工作。我的專長主要是在教育社會學領域進行成人教育方面的研究，也參與大學外展開發項目，以深植意識中的議題與慶典為基礎，進一步引發社區成員的創造力。

你首次讀到弗雷勒所著《受壓迫者教育學》的經驗為何？

閱讀到《受壓迫者教育學》的場合是在我於加拿大埃德蒙頓市的阿爾伯塔大學就讀研究所時，而這本書對我而言充滿啟示，其似乎包含了許多必要的見解和要素，使我對於之前在馬爾他的教學背景有更深的理解，包括次等的、殖民時代遺留的產物、相對貧窮、階級議題（包括語言議題），以及與種族主義相關的議題（在當時馬爾他社會尚不是近期所展現的多民族社會樣貌，而我們學校中有非裔的馬爾他學生）。

你認為一間今日的弗雷勒式的大學看起來會是如何的模樣？

該機構本身與其所提供的教育都被視為是公共財，而非消費財，其重視社群的積極參與，它會將學生的存在情境當做是學習的起點，而其知識是源於社群的主題研究複合體，透過納入講者、學生與社群成員的共同研究，以取代講授的課程模式，集體調查研 205

究的目的是在以議題辯論引發「認識論的好奇心」。

你能夠描述弗雷勒的著作對於研究有如何，且到何種程度的影響？

弗雷勒在研究領域的最大影響應是參與式行動研究，這是社區成員的共同研究形式，他們進行影響自身與環境生活議題的深入研究。我會說弗雷勒在關於研究倫理方面，即那些正被審視其生活與問題的人在多大程度上參與確定研究議程和過程等，實在是有很多可以提供給我們啟示之處。這些人會從在整體研究程序及成果的共同所有權中受益，這樣的研究過程與成果應該要用以改善他們的生活方式。這是一種價值承諾的努力，其肯定了研究的選擇與目的，符合知識和研究並非中立的觀點。簡而言之，他的研究不僅是為了要解釋世界，而是旨在改變世界。

你能夠描述弗雷勒的著作對於教學有如何，且到何種程度的影響？

弗雷勒激勵許多人從一種分等級的、權威的教學和學習模式，轉變為更民主的方法，這種方法建立在教師的民主權威之上，而不會墮落為專制主義。避開任何中立的藉口，並且最重要的是他強調學習的集體面向，並需要從學習者的存在情境及差異為起點，以邁向學習與知識的更高層次。

206

彼得・麥克拉倫（Peter McLaren）
（查普曼大學，美國）

請告訴我們你的背景與目前所在的專業領域。 207

我曾在加拿大多倫多一個公共住宅學區的珍芬治走廊（Jane-Finch Corridor）小學擔任教師，這個區域是以高犯罪率出名，我曾在這裡因為在勞工階級移民子女的教育方面教學成功，而獲得難得的好名聲。

我後來申請多倫多大學的教育系博士學程並獲接受，在那時我也出版了在小學教師期間所做的日記，我將其稱為《走廊的哭泣》（*Cries from the Corridor*），其在 1980 年是加拿大的最暢銷書籍之一。而在我完成辛苦的國家巡迴書展之後，我其實已經對於該書中所述說的事實產生自我批判，因為可悲地是其中缺乏足以幫助讀者理解在我課堂中學生所經歷的暴力與異化的理論架構。在過去幾十年來，進步主義與基進教育學者一直在全國全心全力地進行認真的教育改革，建立了一種標準的陷入泥沼的藉口，以嚴肅挑戰教育在資本主義國家權力與特權的不對稱關係再製上所扮演的角色。而我擔心我的書對於深入理解資本主義下的學校教育沒有太大助益。為了彌補教育官員的冷漠與我自己發展不夠的理論重心，我開始進行跨領域的閱讀，將我自己早期在喬叟（Chaucer）、貝奧武夫（Beowulf）、莎士比亞（Shakespeare），與布萊克（Blake）的興趣轉向至與知識社會學、人類學、批判理論與符號學進行結合。我去旁聽米歇爾・傅柯、翁貝托・埃可（Umberto Eco）、埃內斯托・拉可勞（Ernesto Laclau）與其他訪問學者的課程。最終我在 1984 年取得博士學位，但仍感覺到還有許多需要學習。

208 我的博士論文已經以《做為一種儀式表現的學校教育》（*Schooling as a Ritual Performance*）出版，並且最興奮的是亨利．吉魯（Henry Giroux）教授願意為該書撰寫序言。亨利成為我的導師，並且邀請我加入他在俄亥俄州的邁阿密大學的學系。亨利介紹我認識他的好友之一：多納度．馬賽多（Donaldo Macedo），我從馬賽多那裡學習到許多關於保羅．弗雷勒與他的著作。亨利並安排我在 1985 年與保羅見面，我那時感到驚訝——不，是震驚——的是保羅已經對我的著作相當熟悉。事實上，他將我看做他的「知識表弟」，並且成為他的教學家庭中的一員。在隨後的幾年，他很慷慨地為我的兩本著作寫了序言，並且也寫了第三本書的推薦序。他直到過世，都始終對我與我在北美——以及後來主要是在拉丁美洲與亞洲脈絡中——持續發展的批判教學計畫展現出精神上支持的善意。

你首次讀到弗雷勒所著《受壓迫者教育學》的經驗為何？

當我在多倫多念博士時讀到《受壓迫者教育學》。這並非是我任何課程的必讀閱讀書籍，但是我的左翼朋友說這是一本必讀的作品，所以我就將其和其他當時正在閱讀的其他教育學者與社會和政治理論家的作品一起閱讀。保羅的作品因與我自身做為學生與教育者的生命經驗十分相關，而對我更具戲劇性的重要性。它幫助我更敏銳於理解實踐的意義，及理解參與在社會鬥爭與返回檢視理論與哲學作品以釐清這些經驗深度的必須性。

你認為保羅・弗雷勒會對他的理論今日被使用的情況說些什麼？

我認為像保羅如此謙遜的人，一定會很感激他的作品對於眾多的領域有極大影響，並且能對普遍的社會與政治健忘症，以及對於刻意忘記在社會四處圍繞的暴力進行有效的解毒劑功能。但我也相信他會對於那些自稱是弗雷勒式的教育取向，但卻在馴化弗雷勒的作品，並從其基礎中汲取出批判資本主義的基進政治者（可稱之為社會主義者）進行批判。

209

你認為一間今日的弗雷勒式的大學看起來會是如何的模樣？

在北美脈絡的弗雷勒式大學會是以消滅經濟不平等，與社會關於性傾向、年齡、人種、性別、白人優越，與權力的殖民性、任何有關於資本和資本主義價值生產本身的不平等所有權，以及伴隨它的剝削、異化和抽象邏輯等壓迫關係為關注的核心。資本的不平等所有權不能夠在新階級經濟的模式中因更高的成長率而得到補救，只能夠透過社會主義式的替代方案以超越資本主義。弗雷勒式大學將會重建公部門、民主化職場、建立公共理事會，以致力於參與的模式與主持民主、消除種族、階級與性別的對立，創造一個超越私人財產，並致力於一個納入學習者的各樣社群的革命性批判人性主義，以免費地與在推動真實的全球公共利益的勞工進行合作。

你能夠描述弗雷勒的著作對於研究有如何，且到何種程度的影響？

弗雷勒的作品對於批判教學論的源起與持續的發展有著驚人的重大影響。批判教學是由與弗雷勒相關的作品及重視實踐的批判社會理論所共同構成的。批判教學論的領域近年擴展其範圍，包括：完全創新的批判教學，這是一種透過由黑格爾與人文主義哲學家所驅動的實踐哲學發展，以重新宣示弗雷勒的馬克思認識論根基。弗雷勒的研究在神學、識讀素養、作品分析、文學分析、應用語言學、社會學、人類學，與政治哲學等領域中都有其影響。他的作品在許多研究領域中因交互影響而使之更為豐富，見證其確實跨學科地進行希望、自我及社會轉型的去殖民化教育學。

210

如果學生能從閱讀《受壓迫者教育學》的經驗中學到一個重點，你希望是哪一點？

那就是希望他們永遠不要從閱讀保羅·弗雷勒的作品中只學到一樣東西，而是要瞭解到他們的每日生活總是對他們具有教學的意義，並且這些教學將同時伴隨著政治面向出現，即挑戰我們對窮人、貧困者、一無所有者所應有的義務，這強化了我們在本體論和認識論的明瞭程度，並挑戰我們建立一個擺脫不必要的異化與人類痛苦的更美好世界。

馬戈·岡澤－雷伊（Margo Okazawa-Rey）
（舊金山州立大學，美國與菲爾丁研究生大學，美國）

請告訴我們你的背景與目前所在的專業領域。 211

我的主要工作範圍——教學、研究與行動——主要是聚焦在軍國主義、武裝衝突，與暴力對待女性。我檢視軍國主義、經濟全球化，及在南韓國境中對於居住於美國軍事基地附近當地與移民女性的影響。我在尼日爾三角洲（Niger Delta）區域、迦納、塞拉利昂（Sierra Leone），與利比里亞（Liberia）實施了女性主義行動研究方法論訓練課程。我在社區環境、自己的大學課堂與研究所課程中，使用大眾教育的形式，以落實反種族主義與多元文化教育的工作坊。

你首次讀到弗雷勒所著《受壓迫者教育學》的經驗為何？

在1970年代晚期，一小群在美國波士頓的女性主義行動者，開始一起閱讀與學習《受壓迫者教育學》，努力理解與創造基進方法論，以活出、理解、教導女性主義的口號：「個人就是政治的。」還有什麼比從弗雷勒的概念來學習更好？在那之前，我們不知道女性主義的意識覺醒團體是基於（或至少是未知的相關於）弗雷勒的作品。弗雷勒的寫作方式有時較為浮誇，而我們有時候也因其所使用男權的語言（如「他」、「男人」）而備感挑戰。儘管如此，我們繼續閱讀他的作品，並得到了對我們自身極大的益處。

212

你認為保羅・弗雷勒會對他的理論今日被使用的情況說些什麼？

我在 1980 年代曾有榮幸與弗雷勒當面接觸，對於他的樸實無華感到十分驚訝。因此，我相信他會對現今自己的作品被全世界教育者所廣泛使用的程度感到十分驚喜。他也會對於一些重要概念被扭曲和貶低感到極為在意與沮喪，如從學生經驗談起——閱讀世界就是在閱讀文字，到技術專家概念——像是「學習者中心」被意指為「你們學生可以對所學的有所表示，但我們教師才是在控制課程的。」或許更為重要的，弗雷勒持續陳述且一再闡述的教育之解放目的，已在現今公共教育為小學生、中學生與大學生所預備的機械化學習與教學脈絡中被置之不理了。

弗雷勒一定會因他的作品能在與其發展初期的相似地域（世界上的農村），以及像美國這樣的「已發展」國家得到理解而感到高興，在其中不論是否識字的農夫與勞動階級都在學習分析、理解與改變其壓迫與使其被邊緣化的狀況。

你認為一間今日的弗雷勒式的大學看起來會是如何的模樣？

「弗雷勒式的大學」在今日會是矛盾的。無論大學的名稱如何改變，新自由主義與保守主義勢力吞噬了大多數的大學，而弗雷勒式的大學也會受到同樣的傷害。能夠應用與推進弗雷勒作品的最基進教育環境，我將其稱為「自由的空間」這樣的非正式環境，當我們面對物質與社會狀況是這樣嚴重與可怕地影響我們的生活時，並且當我們認知到我們的共同命運、受壓迫者與壓迫者、統治者與被統治者、有話語權者及沉默者與被噤聲者，可以透過行動主義者的活動，以及在大學這樣正式的環境中一起進行學習和教學。

213

你能夠描述弗雷勒的著作對於研究有如何，且到何種程度的影響？

我最熟悉的解放方法論——女權主義與去殖民化——就是植基在弗雷勒式、女權主義與原住民的知識論與研究方法之上。保羅・弗雷勒的理論確實可以被有創造性地且可令人信服地應用在研究之中。

英文版初版序（1970）

理查．索爾（Richard Shaull）

在過去幾年來，巴西教育學者保羅．弗雷勒（Paulo Freire）的思想與著作已經從巴西的東北部逐漸散播到整個美洲大陸，並且不僅在教育領域有著深遠的影響，其在國家發展的整體奮鬥中也有著深刻的影響力。就在這個時候，正當拉丁美洲那些貧窮群眾逐漸由其慣有的冷漠中覺醒，並且渴望以主體（Subjects）的身分參與其國家的發展時，弗雷勒已經完成一種教導不識字者的方法，這種方法對於整個過程貢獻甚多。事實上，這些群眾在學習到如何讀與寫的過程中，就會對於自我有著更新的知覺，而且開始以一種批判性的眼光看待其社會情境。在該社會情境中，他們發現到他們自身，他們因而更能夠時常地採取行動來改造那個過去曾剝奪其參與機會的社會。教育再次成為一種顛覆性的力量。 214

在這個國家中，我們逐漸認識到弗雷勒的著作，但是至今為止，我們仍然從其對於第三世界成人識字教育的貢獻來考量。然而，如果我們更進一步地來看時，我們也許會發現到他的方法論與教育哲學對於我們來說其實是與對拉丁美洲窮人一樣重要的。後者為了成為自由的主體且能夠參與社會改造所做的奮鬥，在許多方面都與黑人和墨裔美國人的奮鬥類似，也與美國中產階級青年群眾的努力相仿。而在發展中國家進行鬥爭的尖銳與激烈，它也可以在我們面對本身情境時，提供我們新的看法、新的模式與

215 新的希望。職是之故，我認為英文版《受壓迫者教育學》的出版可以說是一個重要的大事。

弗雷勒的思想代表了一個創造性心靈與敏銳的良心對於其周遭受壓迫者所受到了極端不幸與痛苦的反應。弗雷勒 1921 年生於海息飛（Recife），該處可說是位居第三世界裡極度貧窮與低開發情況的中心。他很快地就被迫體驗到現實。當 1929 年於美國所發生的經濟危機開始影響到巴西時，弗雷勒所出身的中產階級家庭原先的小康立即有所變故，他也發現到自己已開始遭受「世上之不幸者」的困境。弗雷勒瞭解到飢餓的苦痛及因飢餓的倦怠而導致學業成績落後時，這種困境對其生命產生了深遠的影響；這種困境也使得他在 11 歲時便立下心願，決定將其生命投入對於飢餓的抗爭中，以使得其他的孩子都不會再知曉他過去所經歷的痛苦。

由於弗雷勒很早便對於窮人的生活有所體會，這也使得他發現窮人中存在著所謂的「緘默文化」（culture of silence）。他理解到窮人的無知與冷漠其實是整個經濟、社會與政治宰制的情境——以及父權主義——的直接產物，在這樣情境中，窮人們成了犧牲品。他們並不被鼓勵或是預備好去瞭解其所處世界的具體現實並對於現實做出回應，相反地，他們是「沉陷」於某個情境，在這樣的情境中，包括如批判性意識與回應在實踐上都變得不可能。弗雷勒很清楚地瞭解到，在這種情境下，整個教育體系也變成了維護緘默文化的主要工具之一。

弗雷勒對於前述的問題有著親身的體會，因此他將其注意力轉到教育領域，並且實際從事教育的工作。在過去一些年來，弗雷勒從事了一系列的研究與反省，使得他在教育哲學方面產生了某些相當新穎與創造性的看法。由於他實際參與解放人們及女性的鬥爭（為了創造新的世界），他對於許多不同情境中的經驗與思想以及不同的哲學立場都有所涉獵：以他自己的話來說，包括了「沙特（Sartre）與蒙尼耶（Mounier）、弗洛姆（E. Fromm）與阿圖塞（L. Althusser）、奧提嘉（Ortega y Gasset）與毛澤東、金恩（Martin Luther King）與格瓦拉（Che Guevara）、烏納木諾（Unamuno）與馬庫色（Marcuse）」。他運用了這些人的觀點發展出其對於教育的觀點，而這個觀點是真正地屬於他自己的，這個觀點也試圖去對於拉丁美洲具體現實有所回應。 216

他的教育哲學觀點是在 1959 年畢業於海息飛大學的博士論文中首度披露，後來並在其成為海息飛大學教育哲史的教授時的著作中再度出現，此時他也在海息飛城中進行不識字者的教學實驗工作。他所發展出來的方法後來廣泛地為天主教教會及巴西東北部其他從事識字運動的工作者所採用。弗雷勒因而被保守者視為對於舊秩序的一種威脅，在 1964 年所發生的一場軍事政變後，弗雷勒立即被補入獄。7 天後，弗雷勒被釋放但被要求離開巴西。後來弗雷勒前往智利，在智利他花了 5 年的時間，與聯合國教科文組織（UNESCO）以及智利農業改革研究所一起從事成人教育的工作。然後，他擔任哈佛大學教育學院的顧問，並且與許多在郊區及市區從事新型教育實驗的團體緊密合作。目前弗雷勒正在擔任位於日內瓦的世界教會聯合會（World Council of Churches）教育部門的特別顧問。

弗雷勒已經以葡萄牙文及西班牙文寫作了許多文章，他的第一本書《批判意識的教育》（*Educação como Prática da Liberdade; Education for Critical Consciousness*）於 1967 年時在巴西出版。而他晚近完成之最完整的著作：《受壓迫者教育學》則是他的著作第一次在這個國家中出版。

在這短短的序言中，我無意以簡略的篇幅描述弗雷勒的著作重點，因為此舉會對其思想中的豐富、深邃及複雜造成冒犯。不過或許我可以站在一個見證人的個人立場來說明，為何與弗雷勒217的思想進行對話實則是一種令人興奮的冒險。今日的學術圈中充斥了太多抽象而枯燥的作品，此時一種立足於歷史脈絡中的反省出現了，且這種反省是一種抗爭，它企圖去創造一種新的社會秩序，也代表了理論與實踐的統合，我個人即深為此種歷程感到興奮。特別是當目睹像弗雷勒這樣的一個人，他試圖去重視發現知識分子的人性使命，並且想要透過思想的力量去否定既定的限制，以為新未來開闢一條出路時，我個人也深深受到激勵。

弗雷勒之所以能做到這些，主要是來自於下列基本的假定：人的存有志業（他是如此稱呼）就是要成為一個能在世上活動及進行改變工作的主體（Subject），唯有成為這樣的一個主體，才能使個人與群體的生命更加的豐富，也有更多的新的可能性。人所發生關連的*世界*，不是一個靜態與封閉秩序的世界，在其中人只能被動地接受*既定*現實或是調整自己；相反地，人所處的世界，其中有著種種問題及工作等待人們去解決與從事。世界對於人來說，是人用以創造歷史的素材，是一項交付人類必須去克服特定時空環境中非人性景況以創造新世界的任務。弗雷勒認為，西方世界中的先進科技固然提供了目前任務所需的資源，但是第三世界人民的苦難與奮鬥的社會景況使我們必須去否定目前的秩序，並且也顯示了人類的歷史仍未完成。

此外，弗雷勒也相信（後面有其廣泛的經驗背景予以支持），每個人不管是如何「無知」或是活在「逆來順受的文化」中，都仍能夠以批判性的眼光看待他的世界，並且與其他人間產生一種「對話性的邂逅」。倘使在這種對話性的邂逅關係中，能夠提供其適當的工具，他將可以漸漸察覺到個人與社會的現實及內含其中的矛盾，並且能夠以批判的態度來處理現實中的問題；在這樣的過程中，原本老舊的、父權式的師生關係即被超克。一位農夫對於其鄰居來說，將可比外來的「教師」更有效地達成這個過程。「人透過世界的媒介，可以彼此地教育。」

當上述的一切發生時，世界將獲得新的力量。當人類去命名周遭事物時，他所進行的不再只是一種抽象或是魔法，而是一種人們發現自我及潛能的方法。如同弗雷勒所說的，每個人都贏回了他自己的權利，*去說自己的話，去命名這個世界*。 218

當一個不識字的農民參與這樣的教育經驗後，他會對於自我有一種新的知覺，對於尊嚴有了新的體會，而且也會產生一些新的希望。經過一些時數的上課之後，農民已可以用下列令人印象深刻的話語來表達自己的經驗：「我如今瞭解我是一個人，一個受過教育的人。」「過去我們看不見，如今我們的眼已被打開。」「在此之前，任何的文字對我皆無意義，但如今它們可以向我說話，我也可以使它們說話。」「現在我們不再只是集體農場上的行屍走肉。」在學習閱讀過程中，當前述種種發生時，人們會發現他們是文化的創造者，他們所進行的一切工作都可以是創造性的。「我工作，藉著工作我改變了世界。」當那些原屬社會邊緣的人們被徹底的轉變時，他們就不再願意只做一個被動回應周遭改變的「客體」或「對象」；而有可能決定去採取某些抗爭行動，來改變那些原先壓迫他們的社會結構。為了這個原因，一位傑出的研究國家發展的巴西學生，在最近證實了，這種形式的教育代表了社會改造與發展中一個新的因素。「對於第三世界來說，它是一個新的行為工具，透過這樣的教育，它可以克服傳統的結構，並且進入現代世界中。」

乍看之下，弗雷勒在拉丁美洲教導不識字者的教學方法似乎與我們目前情境距離相當遙遠，當然，若要將其全盤照抄，其實是十分荒謬的。但在兩個情境中，仍然有些可供參照之處是不能忽視的。我們社會中科技的進步，使得我們之中大部分的人都成為了「客體」，而且也很技巧地使我們必須規格化地符應整個體系的邏輯。就某個程度來說，我們也逐漸在一種新的「緘默文化」中沉淪。

219

弔詭之處是在於，使我們成為「客體」的科技，卻也同時創造出一種新的感受性。特別在年輕人身上，由於新式媒體的出現，再加上傳統觀念的消逝，使得他們有機會對於這種新的束縛產生敏銳的認知。年輕人瞭解，他們說自己語言的權利已被偷走，而且少有事情比贏回這樣的權利更為重要。他們也瞭解到今日的教育體系——從幼稚園到大學——都是他們的敵人。

沒有所謂*中立的*教育過程存在。教育要不就是做為一種統整年輕一代進入現存體系並且使他們能順應體系的工具；要不便成為一種「自由的實踐」(practice of freedom)，藉著它，所有人們都可以批判地或是有創造力地去面對他們的現實，發現如何去參與改變世界的歷程。促進後者的教育方法的發展無疑會在我們的社會中造成緊張關係，但它對於「新人類」的形成應該頗有貢獻，它也標誌了在西方歷史中一個新時代的來臨。對於那些投身於此種教育工作及尋求教育實驗觀念與工具的人來說，弗雷勒的思想將可以在未來的歲月中做出重要的啟發。